国家文化产业资金支持媒体融合重大项目

21世纪高职高专精品教材·人力资源管理专业

全细珍 主 编

龙云兰 田辉鹏 副主编

劳动关系管理法律实务

微课版

Laodong Guanxi Guanli Falü Shiwu

东北财经大学出版社

Dongbei University of Finance & Economics Press

大连

图书在版编目（CIP）数据

劳动关系管理法律实务 / 全细珍主编. 一大连：东北财经大学出版社，2020.1

（21世纪高职高专精品教材·人力资源管理专业）
ISBN 978-7-5654-3762-5

Ⅰ. 劳…　Ⅱ. 全…　Ⅲ. 劳动法-中国-高等学校-教材　Ⅳ. D922.5

中国版本图书馆CIP数据核字（2020）第008889号

东北财经大学出版社出版
（大连市黑石礁尖山街217号　邮政编码　116025）
网　　址：http://www.dufep.cn
读者信箱：dufep@dufe.edu.cn

大连天骄彩色印刷有限公司印刷　　　　　东北财经大学出版社发行

幅面尺寸：185mm×260mm　　　　字数：371千字　　　　印张：16.75
2020年1月第1版　　　　　　　　　　　2020年1月第1次印刷
责任编辑：郭海雷　赵　楠　王芃南　　责任校对：张爱华　曲以欢
　　　　　徐　群　时　博
封面设计：冀贵收　　　　　　　　　　版式设计：原　皓

定价：35.00元

前言

在现代社会中，无论是普通职员，还是经验丰富的人力资源（Human Resources，HR）经理人，不仅需要具备一定的专业知识和管理技能，还需要掌握一定的劳动法律法规知识。为了更客观、全面地探索不断变化的管理实际，适应高等职业教育技能型人才培养的需要，根据高等职业教育的特点，在融合了现代管理理念、参阅了大量的有关书籍资料、吸纳了最新的劳动法律法规的基础上，我们编写了本教材。

本教材紧紧围绕劳动关系管理实践，在内容、体系构建和教学情境设计上以人力资源管理工作开展的业务流程为主线，将招聘、录用、签约、履行、离职以及非标准化用工等方面的劳动法规内容作为学习内容。本教材共设计了8个模块23个任务。模块一，人员招聘管理，主要介绍人员招聘的风险防范；模块二，劳动合同签订，主要介绍劳动合同主体资格合法性的审查、劳动合同期限选择、工作时间和休息休假制度执行、工资支付问题、社会保险问题、工伤问题、劳动保护问题、劳动合同内容合法性的审查、劳动合同订立等方面的风险防范；模块三，劳动合同的履行与变更，主要介绍劳动合同履行、劳动合同变更等方面的风险防范；模块四，试用期员工管理，主要介绍试用期员工管理的风险防范；模块五，核心员工管理，主要介绍企业出资培训员工、商业秘密保护的风险防范；模块六，员工离职管理，主要介绍劳动合同终止、劳动合同的协商解除、劳动者单方解除劳动合同、用人单位辞退员工、离职手续办理等方面的风险防范；模块七，非标准用工管理，主要介绍劳务派遣用工、非全日制用工等方面的风险防范；模块八，劳动争议预防与处理，主要介绍劳动争议的预防和处理。

本教材在遵循基本理论"必需、够用"的前提下，注重应用性和实战性，能够让学生了解新的管理理念，掌握新的思维模式。其特点主要体现在以下几个方面：

1.实用性。本教材结合我国高职教育能力本位原则与"必需、够用"的理论教学要求，系统、全面地介绍了劳动法、劳动合同法等法律知识，教材中引入大量有趣的案例，注重法律知识的运用，便于学生对知识点的理解和掌握。

2.创新性。本教材根据高等职业教育的教学特点，在内容、结构、体系等方面进行了大胆的尝试和创新。这主要体现在：一是按照人力资源管理的内在逻辑创新了劳动关系管理实务的内容结构体系，融入劳动关系管理最新的研究成果，突破了劳动关系管理教材的传统结构，创造性地以模块教学为载体，把劳动法律法规应用与人力资源管理紧密结合起来。二是本教材力求彰显工学结合的先进理念，编者结合多年的科研和教学成果，每个任务以"案例研讨"开头，并且在课程的内容、结构、体系等方面进行了大胆的尝试和创新，具有较强的可读性。每个任务中所选用的案例都经过精选加工，真正起到了画龙点睛的作用，学生通过案例分析可以加深对劳动法律知识深层次的理解和把握。三是在目录中提纲挈领地将每个任务下的知识点列示出来，成为一本"手册式"教材，让读者一目了然，便于查阅。

3.趣味性。本教材重视密切结合高职学生的特点，寓教于乐，每个任务开篇设计了"案例研讨"，以引起学生的兴趣与思考，此外设计了"知识点学习""自学测试""巩固与提高"等栏目，切实贯彻"在快乐中学习，在学习中掌握知识与技能"的思想，旨在丰富教学内容，调动学生学习的兴趣，激发他们学习的热情，培养学生的主体意识、法律意识，使学生真正成为学习的主人、课堂的主人，获得应有的收获。

本教材为线上线下相结合的混合式教学课程配套教材，通过二维码将自学课件、微课、自学测试等内容与课程平台顺畅衔接，丰富了教师信息化教学的手段和方法。另外，本教材配套了教师教学课件、学生自学课件、课前案例动画、微课、案例研讨参考答案、自学测试参考答案、巩固与提高参考答案等资源，任课教师可登录东北财经大学出版社网站（www.dufep.cn）免费下载使用。

本教材由全细珍任主编，龙云兰、田辉鹏任副主编。具体编写分工如下：全细珍编写模块一、模块二、模块五、模块六；王森编写模块三；龙云兰编写模块四；周旖编写模块七；田辉鹏编写模块八；韦曼妮参编模块二。本教材在编写过程中参阅了大量有关资料，从中获益不少，在此向参考资料的作者表示最诚挚的感谢！由于编者能力和时间有限，书中难免有疏漏和不妥之处，敬请读者批评指正。

编　者
2019年10月

目录

模块一
人员招聘管理

　　人力资源是企业最重要的资源，企业之间的竞争说到底是人才的竞争。如何挑选和录用人才，不仅关系到企业的市场竞争力，还关乎企业的生死存亡。招聘就是企业吸引应聘者并从中选拔、录用企业需要的人的过程。因此，招聘环节对企业来说是至关重要的。《中华人民共和国劳动合同法》（以下简称《劳动合同法》）、《中华人民共和国就业促进法》（以下简称《就业促进法》）等法律的颁布实施，解答了企业在招聘员工时存在的诸多疑惑，但如何行使用工自主权，建立健康、和谐、合法的用人机制，减少劳动争议案件的发生，避免法律风险，一直是用人单位需时刻面对的一项重大考验。本模块将为您解读关于人员招聘过程中风险防范的对策。

任务　人员招聘的风险防范

学习目标

◆知识目标

正确理解招聘的重要性；

掌握企业招聘时的义务；

掌握招聘环节的法律风险控制的方法；

掌握员工背景调查的内容和途径。

◆能力目标

能够依法进行员工招聘活动，防范招聘不当给企业带来的风险。

重点难点

◆教学重点

企业招聘时的义务。

◆教学难点

招聘环节的法律风险防范。

自学任务

◆自学内容

（1）线上或线下学习本部分教学内容，重点关注以下问题：企业在招聘时有哪些义务？招聘环节法律风险控制有哪些方法？

（2）自学完后完成本任务的自学测试。

自学课件 1-1-1：
企业在招聘时的义务

自学课件 1-1-2：
招聘环节的法律风险防范

案例研讨

在线上或线下自学的基础上，以课程学习团队为单位，由团队负责人组织团队成员对案例进行讨论，达成一致意见，并制作PPT，选派一名代表在课堂上展示案例研讨结果。

案例1　小李是一名高职学生，时值毕业前夕，她想应聘某公司的总经理助理职位。但该公司发布的任职资格条件如下：①22~28周岁，限男性，形象好，气质佳。②身高175cm以上，大专以上学历；③城市户口。小李觉得该公司的招聘信息中存在就业性别歧视的问题。

请问：该公司的招聘信息中是否有违法之处？

案例2 孙某于 2018 年 3 月参加了某公司组织的校园招聘活动，应聘美术设计职位，因面试表现优异被当场录取。在入职体检中，孙某被查出乙肝表面抗原呈阳性，该公司遂取消了对孙某的录用，孙某很苦恼。

请问：该公司的做法合法吗？

案例3 某公司准备开展一次招聘活动，为了避免大量的应聘者申请职位，减轻招聘人员的工作负担，该公司要求应聘者报名时需要交 30 元的报名费，从而排除一定数量的应聘者；同时，向每位报名者收取 10 元的考试费，以收回一定的招聘成本（试卷费、考场租用费、监考费等）。

请问：该公司的做法合法吗？

案例4 某乡砖厂为了扩大生产规模，最近招收了一批工人，其中有 8 名不满 16 周岁，有人认为这样做违反劳动法，可砖厂负责人认为这是双方自愿的，没有问题。

请问：砖厂的做法合法吗？

案例5 B 公司于 2018 年 1 月通过公开招聘录用了姜某为公司技术研究中心的技术总监，并签订了劳动合同。姜某刚入职 2 个月，B 公司便被姜某原工作单位 A 公司告上了法庭，理由是姜某与 A 公司在 2015 年 12 月签有 3 年期限的劳动合同，双方仍存在劳动关系，姜某的行为给 A 公司造成了 20 万元的经济损失。B 公司对姜某与 A 公司仍存在劳动关系并不知情，现 A 公司要求 B 公司承担连带责任。

请问：B 公司该不该承担连带责任？为什么？

知识点学习

一、招聘工作面临的挑战
（一）员工辞职自由与招聘
《劳动合同法》第三十七条规定："劳动者提前 30 日以书面形式通知用人单位，可以解除劳动合同。劳动者在试用期内提前 3 日通知用人单位，可以解除劳动合同。"这一规定重申了劳动者的辞职权。这要求企业在招聘时要考虑员工的流动性，降低员工离职概率。企业不仅要能把人招来，更要能把人留住。能否留住，既要靠招聘后对人员的有效培养和管理，也要靠招聘过程中有效的选拔。那些认可公司的价值观，能找到适合自己兴趣、能力的岗位的人，离开公司的可能性就会小一些，而这就有赖于企业在招聘过程中对应聘者的准确评价。

（二）企业解雇限制与招聘
与员工辞职自由相对应的是法律对用人单位解雇劳动者的限制，尤其是用人单位在试用期解雇劳动者受到严格限制。《劳动合同法》第二十一条规定："在试用期中，除劳动者有本法第三十九条和第四十条第一项、第二项规定的情形外，用人单位不得解除劳动合同。用人单位在试用期解除合同的，应当向劳动者说明理由。"由此可见，用人单位在试用期内原则上不得解除劳动合同，除非员工有《劳动合同法》第三十九条规定的6种过失或者第四十条前两项规定的医疗期届满的员工和不能胜任工作的员工情形。这些规定给用人单位的招聘工作也提出了严峻的挑战。在以往的实践中，企业对招聘工作不是很重视，习惯于先把人招进来再说，不合适的再在试用期内解雇。这种做法已经无法适应《劳动合同法》的要求，用人单位必须转变观念，在招聘阶段下功夫，避免招聘后再解雇的不恰当做法。

二、企业招聘时的义务

(一) 提供公平就业机会的义务

反对就业歧视、提倡就业机会均等是现代法治理念的必然要求，但是在实践中，用人单位在发布招工条件时往往会在不经意间暴露出就业歧视倾向，如对容貌、身高、疾病、户籍等的限制。搜狐网曾经以《一则招聘广告，六种就业歧视》为题转载了一则招聘广告：

本公司欲招职员，条件如下：男，南京户口，身体健康，本科以上学历，身高1.70米以上，30岁以下。

一则看起来似乎很平常的招聘广告，却几乎包含所有的就业歧视：性别歧视（不招女性）、年龄歧视（30岁以上就嫌大）、身体歧视（个子矮点都不要）、健康歧视（残疾者可能被拒绝）、地域歧视（外地户籍限制）等。包含类似问题的招工广告，几乎随时、随处可见。

对于就业歧视，我国的法律是明令禁止的。《中华人民共和国劳动法》（以下简称《劳动法》）第十二条规定："劳动者就业，不因民族、种族、性别、宗教信仰不同而受歧视。"《就业促进法》第三条规定："劳动者依法享有平等就业和自主择业的权利。劳动者就业，不因民族、种族、性别、宗教信仰等不同而受歧视。"《劳动法》第十三条规定："妇女享有与男子平等的就业权利。在录用职工时，除国家规定的不适合妇女的工种或者岗位外，不得以性别为由拒绝录用妇女或者提高对妇女的录用标准。"《劳动部关于〈中华人民共和国劳动法〉若干条文的说明》也对反歧视作出进一步的明确的规定，"平等的就业权利"是指劳动者的就业地位、就业机会和就业条件平等。"国家规定的不适合妇女的工种或者岗位"具体规定见《女职工劳动保护特别规定》（国务院令第619号）。如《中华人民共和国传染病防治法》中规定了禁止传染病歧视，任何单位和个人不得歧视传染病病人、病原携带者和疑似传染病病人。在实践中，针对"乙肝"病原携带者的歧视就比较普遍，为此，原劳动和社会保障部于2007年5月颁布了《关于维护乙肝表面抗原携带者就业权利的意见》，对乙肝歧视作了详细规定，规定了用人单位不得以劳动者携带乙肝表面抗原为理由拒绝招用或者辞退乙肝表面抗原携带者；除法定工作外，用人单位不得强行将乙肝病毒血清学指标作为体检标准。对于残疾人就业歧视问题，2007年5月，国务院制定的《残疾人就业条例》规定禁止在就业中歧视残疾人。《就业促进法》将反对就业歧视问题作为立法重点，专设一章对就业歧视问题进行规定，扩大了反对就业歧视的范围，规定劳动者就业不因民族、种族、性别、宗教信仰、年龄、身体状况等因素而受歧视。农村劳动者进城就业享有与城镇劳动者平等的劳动权利，禁止对农村劳动者进城就业设置歧视性限制。与《就业促进法》配套规定的《就业服务与就业管理规定》则对反对就业歧视问题作出了进一步的详细规定。

与此同时，随着社会公众法律意识和维权观念的增强，人们对就业歧视也越来越关注，就业歧视案例也经常见诸报端。

互动课堂1-1

> 高先生曾是上海一家单位的助理工程师。据他说，他之所以要跳槽，最初是比德创展公司先找到了他，希望他能到比德创展公司工作。经过慎重考虑，高先生表示同意。此后，高先生还完成了一份由比德创展公司经理发来的测试卷，该经理在看过测试卷后称可以接收其到公司任职。不久后，高先生按照公司的要求进行了体检，体检结果显示其为乙肝"小三阳"。当高先生拿着体检结果及相关材料到比德创展公司报到时，公司拒绝与其签订劳动合同。高先生认为，比德创展公司的行为违背了"用人单位招用人员，不得以乙肝'小三阳'为由拒绝录用"的原则，属于就业歧视，因此将其告上了法庭。
>
> 对此，比德创展公司一直辩称，高先生并不是因为乙肝体检结果被拒绝录用的，而是因为培训不合格，不符合上岗要求，以及其他综合因素。
>
> 请问：你如何看待这个案件？

互动课堂1-1

分析提示

（二）不得让员工提供担保的义务

在实践中，有些用人单位习惯于以防偷、防跑、防犯规等为由向劳动者收取"押金""保证金""抵押金"。有的是变相收取押金，如扣除试用期期间的工资作为抵押。对于用人单位在签订劳动合同时收取押金的问题，《劳动合同法》第九条规定："用人单位招用劳动者，不得扣押劳动者的居民身份证和其他证件，不得要求劳动者提供担保或者以其他名义向劳动者收取财物。"用人单位违反《劳动合同法》规定，扣押劳动者居民身份证等证件的，由劳动行政部门责令限期退还劳动者本人，并依照有关法律规定给予处罚。用人单位违反《劳动合同法》规定，以担保或者其他名义向劳动者收取财物的，由劳动行政部门责令限期退还劳动者本人，并以每人500元以上2 000元以下的标准处以罚款；给劳动者造成损害的，应当承担赔偿责任。

（三）如实告知的义务

《劳动合同法》明确规定，用人单位在招聘劳动者时有如实告知的义务。

《劳动合同法》第八条规定："用人单位招用劳动者时，应当如实告知劳动者工作内容、工作条件、工作地点、职业危害、安全生产状况、劳动报酬，以及劳动者要求了解的其他情况。"

这一规定包含了以下几层含义：①告知义务是主动的告知义务，即使求职者没有提出要了解某项具体情况，用人单位也必须主动履行告知义务；②如实告知，即用人单位要遵循诚实信用原则，如实告知求职者相关内容；③告知的时间是在劳动合同签订之前，而不是在签订之后；④告知的内容包括工作内容、工作条件、工作地点、职业危害、安全生产状况、劳动报酬，以及劳动者要求了解的其他情况。

《劳动合同法》在规定用人单位在招录员工时需要履行告知义务的同时，还规定了用人单位不履行告知义务的，可能构成欺诈，导致劳动合同无效。我国《劳动合同法》第二十六条第一款规定，"以欺诈、胁迫的手段或者乘人之危，使对方在违背真实意思的情况下订立或者变更劳动合同"属于无效劳动合同。而劳动合同一旦被认定为无效，用人单位还需要承担以下法律责任：

1. 支付劳动报酬的义务

《劳动合同法》第二十八条规定："劳动合同被确认无效，劳动者已付出劳动的，用人单位应当向劳动者支付劳动报酬。劳动报酬的数额，参照本单位相同或者相近岗位劳动者的劳动报酬确定。"

这就意味着，劳动合同被确认无效后，劳动者只要付出了劳动，用人单位就应当向劳动者支付劳动报酬，劳动报酬的数额，不是按照已经履行的标准确定，而是参考用人单位同类岗位或相近岗位劳动者的劳动报酬确定。

2. 支付经济补偿金的义务

《劳动合同法》第三十八条第一款第五项规定："因本法第二十六条第一款规定的情形致使劳动合同无效的，劳动者可以解除劳动合同。"此时，用人单位还需要向劳动者支付经济补偿金。

3. 赔偿损失的义务

《劳动合同法》第八十六条规定："劳动合同依照本法第二十六条规定被确认无效，给对方造成损害的，有过错的一方应当承担赔偿责任。"也就是说，用人单位需要赔偿劳动者因劳动合同无效遭受的损失。

因此，用人单位需要根据《劳动合同法》的精神，谨慎设计招聘制度，避免在告知义务方面出现瑕疵。

在实践中，一旦因告知义务产生纠纷，用人单位如何证明自己已履行了告知义务呢？最好的办法当属书面的告知证明，如招聘时设计相应的告知单，然后让求职者在告知单上签字，用人单位保留好求职者签过字的告知单，即可避免此类纠纷。

（四）对员工资料保密的义务

用人单位在招聘过程中，会接触到求职者的个人信息。此外，在招聘过程中，用人单位也有可能让劳动者提供相应的智力成果作为招聘考察的内容。对此，《就业服务与就业管理规定》第十三条规定："用人单位应当对劳动者的个人资料予以保密。公开劳动者的个人资料信息和使用劳动者的技术、智力成果，须经劳动者本人书面同意。"由此可见，用人单位对招聘过程中接触到的求职者的个人信息负有保密义务。泄露劳动者个人信息或者擅自使用劳动者的智力成果的行为属于侵权行为，需要承担相应的法律责任。

三、招聘环节的法律风险防范

(一) 招聘准备阶段的法律风险防范

1.防止部门私自用工，规范招聘流程

大企业用工权分散，部门可能也有用工权，或者部门没有用工权而擅自用工，这些做法都是有风险的，因为《劳动合同法》强调用人单位用工的规范性。而部门领导对劳动人事法律不熟悉，出现随意招用、随意辞退、不签书面劳动合同的现象，容易导致用工不规范。因此，为防范招聘准备阶段的法律风险，用人单位需要将用工权集中，由熟悉劳动人事法律的人力资源管理部门负责掌管企业的用工权。同时，要规范企业的招聘流程，明确规定企业内部用工申请的提出、审批程序，使各部门各司其职、各负其责。

2.做好各类人员的用工风险及成本分析

在实践中，用人单位用工还有可能会涉及其他特殊的对象，如实习生、退休人员、协保人员（与单位协议保留社会保险关系的人员）、内部退养人员、停薪留职人员等。这些特殊的用工对象在身份上或社会关系上与正常劳动者有很大的不同，用人单位在招用这些特殊对象时需要关注的权利和义务也有所不同。

就目前的实践而言，用人单位招用实习学生的，一般是签订实习协议，而不签订劳动合同，因此用人单位可以不用为实习学生缴纳社会保险，解除实习协议也无须支付经济补偿金，甚至工资标准也可以不按最低工资标准执行。用人单位招用退休人员的，如果退休人员能依法领取基本养老保险，这些对象已不具有劳动法上的主体资格，用人单位与这些对象签订聘用协议即可，也无须按照《劳动合同法》签订劳动合同；不用缴纳社会保险，解除聘用协议也可以不用支付经济补偿金。对于用人单位招用协保人员、内部退养人员、停薪留职人员，各地的操作方式不大相同，有的地方（如上海）将其归类为特殊劳动关系，用人单位招用这些人员时在工作时间、劳动保护、最低工资方面需要遵守国家的劳动基准，至于其他的劳动保障待遇则可以通过双方协商确定。

由此可见，用人单位招用这些特殊对象时，受劳动法律限制相对较少，劳动法上的义务也较少，很多事项可以协商确定。但是，在使用这些特殊对象时，需要考虑在工作中发生伤害事故的风险和成本负担，因为这些特殊对象在工作中的伤害事故是工伤保险无法覆盖的。因此，要防范此类风险，只有通过商业保险来解决这个问题。

(二) 招聘阶段的法律风险控制

1.设计招工条件和详细的录用条件

招工条件和录用条件是不同的。招工条件是用人单位在招聘时选择劳动者的基本资格要求。它是用人单位筛选人才的第一道门槛，也是求职者向企业递交求职简历的门槛。它可以相对简单，以吸引更多的求职者到用人单位面试。

录用条件是用人单位确定所要聘用的劳动者的最终条件，是用人单位确定所要聘用劳动者的素质条件，如果劳动者不具备这些素质条件，用人单位是可以解除劳动合同的。《劳动合同法》第三十九条规定，用人单位在试用期间被证明劳动者不符合录用条件的，可以解除劳动合同。可见，录用条件是用人单位解除试用期劳动者劳动合同的重要依据。

在招聘阶段，用人单位的重点应放在录用条件的设计上。因为，目前很多企业对试用期内辞退员工存在误区，很多用人单位的管理人员认为试用期辞退员工是无条件的，试用期就是双方关系不确定的时期，想让劳动者离开就可以让其离开。其实不然，用人单位在试用期辞退员工必须证明劳动者不符合录用条件。其中最容易被忽视的关键点就在于"被证明"以及"录用条件"，而这正是容易被对方抓住把柄的地方。因此，企业必须在招聘时将录用条件明确化、具体化，切忌"一刀切"以及将录用条件空泛化、抽象化。比如说"符合岗位要求"，就不能仅仅说"符合岗位要求"，而应该把岗位要求是什么，怎么衡量是否符合岗位要求固定下来。如果用人单位在招聘时没有制定详细的录用条件，那么用人单位在试用期无风险辞退员工是非常困难的。

需要提醒企业的是，招工条件不能替代录用条件，因为如果用人单位只有招工条件而没有明确的录用条件，宽泛的招工条件将被视为录用条件，用人单位也很难证明劳动者不符合"录用条件"。

2.做好员工的背景调查，防止员工的欺诈和商业间谍活动

背景调查的目的主要有两个：其一是核实应聘者提供材料的真实性或澄清某些疑问，以提高招聘的准确度；其二是规避法律风险，如应聘者与原单位没有解除劳动合同或者负有竞业限制的义务，招聘单位审查不严的，需要承担赔偿责任。

《劳动合同法》第八条规定，用人单位有权了解劳动者与劳动合同直接相关的基本情况，劳动者应当如实说明。在实践中，劳动者与劳动合同有关的情况主要体现在年龄、身体状况、工作经历、知识技能以及就业状况等方面。因此，招聘员工时员工的背景调查的内容主要集中在以下几个方面：

（1）年龄是否达到16周岁

禁止使用童工是国际社会的普遍做法，我国也明确规定禁止使用童工。童工是指未满16周岁的劳动者。《劳动法》第十五条规定："禁止用人单位招用未满16周岁的未成年人。文艺、体育和特种工艺单位招用未满16周岁的未成年人，必须遵守国家有关规定，并保障其接受义务教育的权利。"《就业服务与就业管理规定》第十四条第四款规定："用人单位不得招用未满16周岁的未成年人以及国家法律、行政法规规定不得招用的其他人员。"企业在招聘时，不论有意或无意招用未满16周岁的未成年人，均属于违法行为，要承担法律责任。

对劳动者的年龄，查验其身份证即可，用人单位可从公安部门、街道办事处、居民委员会等机构查询应聘者的身份，或者通过网站http://www.nciic.com.cn对应聘人员的身份证件进行核实。

（2）学历、工作经历等信息是否真实

如果在招聘时对应聘人员的身份、学历、资格、工作经历等审查不严格，而应聘人员的身份、学历、资格、工作经历等有弄虚作假的，会导致其无法胜任单位的工作，那么用人单位只有提前解除劳动合同。按照《劳动合同法》的规定，这属于劳动者欺诈用人单位的情形，用人单位发现后可以依据《劳动合同法》第三十九条的规定，与劳动者解除劳动合同并且不需要支付经济补偿金。也就是说，从法律角度来说，用人单位在招聘时即便审查不严，劳动者提供虚假证明的材料且后果严重的，事后用人单位可以解除劳动合同，且一旦由此产生纠纷，用人单位也可以胜诉。但是，从管理的角度来说，这

种胜诉是得不偿失的，因为招聘是要花费成本的，在支出招聘成本的同时，不仅没有招到合适的人员，还带来了不必要的损失和纠纷。因此，用人单位在招聘时，需要严格审查劳动者的学历、工作经历，防止虚假学历、工作经历的求职者进入单位。对此，用人单位可以从教育部门、学校查询应聘者的学历信息，或通过中国高等教育学生信息网验证劳动者学历、资格证件的真实性。

（3）是否存在潜在疾病、残疾、职业病等

根据《劳动合同法》第四十条的规定，劳动者患病或者非因工负伤，在规定的医疗期满后不能从事原工作，也不能从事由用人单位另行安排的工作的，用人单位提前30日以书面形式通知劳动者本人或者额外支付劳动者1个月工资后，可以解除劳动合同。这意味着，用人单位解除患病职工劳动合同的条件十分严格。首先，医疗期不能解除劳动合同，即用人单位应按照法律规定给劳动者一定的医疗期；其次，医疗期满后，劳动者不能从事原来工作，也不能从事用人单位另行安排的工作的，用人单位在提前30日通知或支付1个月工资后才能解除劳动合同。更为麻烦的是，如果企业招聘来的员工患有职业病，那么企业将为此付出更为沉重的代价。因此，在招聘时审查求职者是否存在潜在疾病十分重要。对于企业来说，最好的防范措施就是要求求职者进行入职前健康检查，这是用人单位降低法律风险的有效保障。

（4）是否与其他单位存在未到期劳动合同

《劳动合同法》第九十一条规定："用人单位招用与其他用人单位尚未解除或者终止劳动合同的劳动者，给其他用人单位造成损失的，应当承担连带赔偿责任。"因此，一旦用人单位招用还与其他单位有劳动关系的劳动者，会面临承担连带赔偿责任的法律风险。为防止招用尚未解除劳动关系的劳动者，导致承担对原用人单位造成经济损失的赔偿责任，企业在招聘时，除新参加工作的劳动者外，一定要查验其与原单位解除、终止劳动关系的证明，以及其他能证明该劳动者与任何单位不存在劳动关系的凭证，方可与其签订劳动合同。

很多国有企业在这方面做得比较细致，在录用新人之前一般都会到该员工档案所在地进行"调阅档案"和"政审"，这有点儿过于烦琐不太可取。但是非公有制企业则走入另一个极端，那就是在新员工报到之前对于新员工的了解渠道仅限于求职信、简历和面试。很多单位要求应聘者前来报到时手持原单位"离职证明"即可，不再进一步验证。实际上，应聘者有可能在同原单位关于解除合同、办理离职手续出现纠纷等情况下，拿不到本单位的"离职证明"，就持一份与自己并不相干的其他单位盖章的"离职证明"前来报到，甚至是连身份证都是假的，这种情况屡见不鲜。一旦发生这种情况，用人单位就以"不知情"为由将过错全都推到当事员工头上，很难得到认同。原因很简单：用人单位有甄别的义务，出现类似情况说明用人单位管理上存有瑕疵。

（5）是否与其他单位存在竞业限制协议

在现代商业社会中，每个企业都有自己的商业秘密。用人单位有可能与一些知识型、技术型或从事重要岗位的劳动者签订竞业限制协议。一旦招聘的员工应对原单位负有竞业限制义务，原单位就有可能将该员工和新单位一起告上法庭。因此，招聘员工前，审查确认其是否与其他单位签订竞业限制协议也是非常重要的。审查确认的方法，可以审阅员工与原单位签订的劳动合同，或向原单位致电、致函进行调查。同时，用人单位可以让拟录用的员工写下保证书，保证其在原单位工作期间无保密和竞业限制的约定，否则责任自负。

拟录用员工的背景调查的项目及途径见表1-1。

表1-1　　　　　　　　　　　**拟录用员工的背景调查的项目及途径**

调查项目	调查途径
考察简历的真伪	根据候选人的回答判断简历各项内容的真实性
核查身份证的真伪	登录全国公民身份证号码服务中心网站（www.nciic.com.cn）核查
毕业证、学位证书是否造假	通过中国高等教育学生信息网查询
职称、职业任职资格等证书是否造假	通过相关考试培训认证机构或网络查询
工作经历是否属实	向候选人的原单位查询
是否与前用人单位解除劳动关系	要求候选人提供离职证明
是否签有竞业限制协议并在期限内	向候选人的原单位查询
职业道德如何，是否有职务犯罪记录	向候选人的原单位查询（尤其是经理以上及其他重要职位）
离职的真实原因	根据候选人的回答向其原单位查询，判断两者的一致性

（三）录用阶段的法律风险控制

1.录用通知书的法律风险

在招聘阶段，经过笔试、面试、背景调查等程序，用人单位决定录用求职者时，一般会向其发送"录用通知书"，英语称为 Offer Letter。在实践中，因录用通知书产生的纠纷时有发生，纠纷产生的主要原因是用人单位随意撤销录用通知书。在用人单位的眼里，仅仅是发出录用通知书，而没有签订劳动合同，双方劳动关系还没有确定，即使撤销录用通知书也没有任何法律责任。其实，这种认识是错误的。虽然在《劳动合同法》中找不到关于录用通知书的法律规定，但并不意味着录用通知书没有法律效力。事实上，录用通知书在法律上应为"要约"的性质。所谓要约，一般的法律定义是以一定契约之成立为目的的确定的意思表示，或者是当事人一方向另一方提出合同条件，希望另一方接受的意思表示。通俗地说，要约就是一个希望订立合同的意思表示。要约人发出要约后，接到要约的一方一旦表示同意（即承诺），即达成"合意"，也就是合同宣告成立。从法律上说，要约人发出要约后，要受法律规定的限制，不能随意撤回或者撤销。尽管录用通知书不等于劳动合同，但是用人单位向求职者发出录用通知书，就是传递愿意同求职者建立劳动关系的意思表示，求职者可以选择拒绝或接受，而一旦求职者承诺同意按录用通知书与用人单位建立劳动关系，那么通知的内容对双方都有约束力。当然，录用通知书并不能替代劳动合同，用人单位还应依法与劳动者订立劳动合同。

用人单位发出录用通知书后是否可以撤销呢？根据《合同法》的规定，撤销要约的通知应当在受要约人发出承诺通知之前到达受要约人。有下列情形之一的，要约不得撤销：（1）要约人确定了承诺期限或者以其他形式明示要约不可撤销；（2）受要约人有理由认为要约是不可撤销的，并已经为履行合同做了准备工作。

互动课堂1-2

　　某公司通过校园招聘会招募新员工，经过多次甄选和面试后，决定录用小王，并向小王发出了一封 Offer Letter，载明了职位、劳动报酬、工作地点、工作时间、福利待遇、入职时间等基本情况，并要求小王收到 Offer Letter 后15日内作出答复。发出 Offer Letter 后，该公司发现了更合适的人选，决定不再录用小王，但未及时通知小王。小王在收到 Offer Letter 后的第5日就向该公司表示同意。

互动课堂1-2

分析提示

　　请问：该公司若不录用小王是否要承担法律责任？

　2.录用手续办理与人事资料保管

在录用阶段，用人单位还需要为新录用的人员办理录用手续，如填写相关人事资料表格、递交体检合格证明书原件、提供社会养老保险账号、核对并递交学历证书原件、核对并递交身份证原件和当地政府规定的各类就业证件原件、提供婚育证明、提交照片、提供家庭地址等。对于劳动者在入职时提交的资料、填写的各类表格，用人单位需要妥善保管。因为，事后因入职产生的纠纷，这些材料和表格均可以作为处理劳动争议的证据使用，一旦用人单位保管不善丢失，可能处于不利地位。

　3.签收试用期录用条件告知书及其他法律文本

在录用阶段，用人单位还需要让劳动者签收试用期录用条件告知书和其他有关的法律文本。用人单位不仅要事先设计录用条件，还需要把录用条件事先告知劳动者。否则，即便再完备的录用条件，劳动者事先不知道的话，事后也不能用作试用期辞退劳动者的依据。而事先告知劳动者录用条件最简便的操作是让劳动者在入职时签收录用条件告知书。在录用阶段需要签收的其他法律文书，主要包括用人单位的规章制度（员工手册）、保密协议或竞业限制协议等。如果不事先将用人单位的规章制度（员工手册）告知劳动者，那么其事后也不可以作为处理劳动争议的依据。

自学测试

一、选择题

1.用人单位在招聘中应履行的义务包括（　　　）。

A.提供公平就业机会的义务　　　　　　　B.不得让员工提供担保的义务

C.如实告知的义务　　　　　　　　　　　D.对员工资料保密的义务

2.对员工进行背景调查，调查的内容是（　　　）。

自学测试1-1

A.年龄是否达到16周岁

B.学历、工作经历等信息是否真实

C.是否有潜在疾病、残疾、职业病等

D.是否与其他单位存在未到期劳动合同

E.是否与其他单位存在竞业限制协议

3.招聘准备阶段要防范法律风险应该做好的工作包括（　　）。

A.防止部门私自用工，规范招聘流程

B.做好各类人员的用工风险及成本分析

C.录用通知书的发放要慎重

D.录用手续办理与人事资料保管

二、判断题

1.用人单位招用劳动者，不得扣押劳动者的居民身份证和其他证件，不得要求劳动者提供担保或者以其他名义向劳动者收取财物。　　　　　　　　　　　　　　（　　）

2.用人单位招用劳动者时，应当如实告知劳动者工作内容、工作条件、工作地点、职业危害、安全生产状况、劳动报酬，以及劳动者要求了解的其他情况。　（　　）

3.以欺诈、胁迫的手段或者乘人之危，使对方在违背真实意思的情况下订立或者变更劳动合同属于无效劳动合同。　　　　　　　　　　　　　　　　　　　（　　）

4."妇女享有与男子平等的就业权利。在录用职工时，除国家规定的不适合妇女的工种或者岗位外，不得以性别为由拒绝录用妇女或者提高对妇女的录用标准。"（　　）

▶ 巩固与提高

一、选择题

1.用人单位招用劳动者，（　　）扣押劳动者的居民身份证和其他证件，不得要求劳动者提供担保或者以其他名义向劳动者收取财物。

A.可以　　　　　　B.不应　　　　　　C.应当　　　　　　D.不得

2.按照《劳动合同法》的规定，用人单位违反《劳动合同法》规定，以担保或者其他名义向劳动者收取财物的，由劳动行政部门责令限期退还劳动者本人，并以每人（　　）元以上（　　）元以下的标准处以罚款。

A.500，1 000　　　B.500，2 000　　　C.1 000，2 000

3.招聘阶段的法律风险控制的措施有（　　）。

A.设计好招工条件和详细的录用条件

B.做好员工的背景调查，防止员工的欺诈和商业间谍

C.录用通知书的发放要慎重

D.做好各类人员的用工风险及成本分析

4.蓝天百货公司招聘一批采购人员，在签订劳动合同时要求聘用人员（共10名）交纳500元的押金和身份证件，劳动行政部门发现后对蓝天百货公司进行了相应处罚。下列处罚措施中，不符合《劳动合同法》规定的是（　　）。

A.责令蓝天百货向聘用人员退还收取的500元押金

B.责令蓝天百货向聘用人员退还扣押的身份证件

C.对蓝天百货处以总额为2 000元的罚款

D.对蓝天百货处以总额为5 000元的罚款

二、判断题

1.地方各级人民政府和有关部门、公共就业服务机构举办的招聘会，可以适当向劳动者收取费用。　　　　　　　　　　　　　　　　　　　　　　　　　　　　　　　（　　）

2.录用通知书没有法律效力，可以随时撤销。　　　　　　　　　　　　　（　　）

3.对于乙肝表面抗原携带者，用人单位可以以劳动者携带乙肝表面抗原为理由拒绝招用或者辞退。　　　　　　　　　　　　　　　　　　　　　　　　　　　　　（　　）

4.只要双方愿意，用人单位可以招用未满16周岁的未成年人。　　　　　（　　）

5.用人单位招用与其他用人单位尚未解除或者终止劳动合同的劳动者，给其他用人单位造成损失的，应当承担连带赔偿责任。　　　　　　　　　　　　　　　　　（　　）

6.招工条件就是录用条件。　　　　　　　　　　　　　　　　　　　　　（　　）

三、案例分析题

某公司2018年5月招聘了3名硕士研究生作为公司的重点培养对象，并与之签订了5年的劳动合同。为了防止人才流失，确保这3名员工的稳定性，公司扣留了他们的毕业证和学位证。2019年4月，3名硕士研究生之一的小张想要回毕业证和学位证，但公司声称不还，还是统一由公司保管。

请问：这家公司以扣押小张等人毕业证和学位证来留住人才，合法吗？为什么？

四、问答题

1.用人单位在招聘时应履行哪些义务？

2.对员工进行背景调查，应调查哪些内容？

3.如何防范人员招聘中的法律风险？

模块二
劳动合同签订

　　正确签订劳动合同，防范因签订劳动合同不当给企业带来的风险是企业人力资源管理中最基础工作。怎样下好这一步棋，为以后的各个环节开好头？本模块将针对订立劳动合同涉及的方方面面问题从法律的角度进行剖析，为你开出一剂良药，解除你的后顾之忧。

任务一　劳动合同主体资格合法性的审查

学习目标

◆知识目标

正确理解劳动合同主体资格的认定条件。

◆能力目标

能够正确审查劳动合同主体资格合法性。

重点难点

◆教学重点

劳动合同主体资格的认定条件。

◆教学难点

劳动合同主体资格的审查。

自学任务

◆自学内容

（1）线上或线下学习本部分教学内容，重点关注以下问题：①劳动者主体资格如何认定？②用人单位主体资格如何认定？

（2）自学完后完成本任务的自学测试。

自学课件2-1-1：
劳动主者主体资格的认定

自学课件2-1-2：
用人单位主体资格的认定

案例研讨

在线上或线下自学的基础上，以课程学习团队为单位，由团队负责人组织团队成员对案例进行讨论，达成一致意见，并制作PPT，选派一名代表在课堂上展示案例研讨结果。

案例1　老范是一家建筑设计院的高级工程师，年满60岁后与公司办理了退休手续。没过多久，由于单位人员变动，老范的工作岗位出现了空缺却没有招到合适的人员，于是单位与老范协商，返聘他回原岗位继续工作。

老范答应了单位的要求，双方签订了劳动合同，约定合同期限为2年，工资和退休前一样，同时要遵守单位的规章制度。老范重返工作岗位。但是在1年后，老范所在建筑设计院因经营不善，与当地的一家房地产公司合并，老范随即被解聘。老范认为，既然单位已经与自己签订了正式的劳动合同，合同的期限还未满，自己也没有违反合同的规定，单位不能解聘自己，于是他向当地的劳动争议仲裁委员会申请劳动仲裁，要求单位继续履行与自己签订的劳动合同。

请问：老范有没有资格签订劳动合同？为什么？

案例2 2018年5月，某民营企业招聘员工，未满16岁的赵某应聘，双方签订了1年的劳动合同，试用期为30天，从事货物装卸工作。合同规定：如赵某提前解除劳动合同则视为违约，应支付违约金1 000元。

请问：该企业与赵某签订的劳动合同是否有效？为什么？

案例3 小朱于2018年6月15日被某汽修厂招工进厂，不久因病在家休息，6月25日该厂通知小朱回厂签订劳动合同。小朱的父亲见他病未好，也未向小朱说明，就去厂里代替小朱在劳动合同上签了字。8月20日小朱回厂上班。9月2日厂里发工资时，小朱工资在扣除病假后只剩1 257元，他对此提出异议，质问厂方为什么工资比招工时许诺的报酬要少140多元。领导说这是劳动合同约定的，你父亲已代你签了字，合同一经订立，就具有法律效力。

请问：小朱的父亲未征得小朱同意所代签的劳动合同成立吗？为什么？

案例4 王明为某市下岗工人，到某市的钢铁厂的轧钢车间工作，并与该车间签订了为期3年的劳动合同。在工作期间，王明经熟人介绍与花园小区的物业管理委员会签订了劳动合同，并向钢铁厂辞去了其在轧钢车间的工作。钢铁厂以王明在未与该厂解除劳动合同的前提下，私自与花园小区签订劳动合同为由向市劳动仲裁委员会提出申诉，要求解除王明与花园小区物业管理委员会的劳动合同，并由王明与花园小区物业管理委员会连带承担钢铁厂因王明误工而造成的损失。该市劳动仲裁委员会以钢铁厂的轧钢车间不具备劳动合同主体资格为由，判定王明与轧钢车间签订的劳动合同无效，驳回了钢铁厂的申诉。钢铁厂又向法院提起了诉讼，法院最终也维持了该市劳动仲裁委员会的裁决。

请问：王明与轧钢车间签订的劳动合同为什么无效？

▶ 知识点学习

《劳动法》第十六条规定："劳动合同是劳动者与用人单位确立劳动关系、明确双方权利和义务的协议。"

劳动合同的主体一方是劳动者，另一方是用人单位。

在实践中，如何认定用人单位和劳动者资格是关键。

一、劳动者主体资格的认定

在我国劳动者还没有一个统一的、明确的定义。一般而言，受雇于用人单位，在用人单位的管理和指挥下从事劳动，并从中获取劳动报酬的自然人，就可以认定为劳动者。

自然人要成为劳动合同的缔约主体，除了必须具备一般民事合同主体的缔约能力外，还必须具备一定劳动合同主体的特殊缔约能力。因此。对于自然人劳动合同缔约能力判断的标准，除了年龄标准和精神标准外，还应该有健康标准和人身自由标准等。

（一）年龄标准

劳动法对年龄条件的规定主要有三种：

1.法定最低就业年龄

《劳动法》第十五条规定："禁止用人单位招用未满16周岁的未成年人。文艺、体育和特种工艺单位招用未满16周岁的未成年人，必须遵守国家有关规定，并保障其接受义务教育的权利。"这意味着我国劳动者的起始年龄应年满16周岁。

2.退休年龄

《国务院关于安置老弱病残干部的暂行办法》和《国务院关于工人退休、退职暂行办法》（国发〔1978〕104号）明确规定，国家法定的企业职工退休年龄是男年满60周岁，女工人年满50周岁，女干部年满55周岁。从事井下、高温、高空、特别繁重体力劳动或者其他有害身体健康工作的，退休年龄是男年满55周岁，女年满45周岁。因病或非因工致残，由医院证明并经劳动鉴定委员会确认完全丧失劳动能力的，退休年龄是男年满50周岁，女年满45周岁。

《劳动合同法》第四十四条规定："劳动者开始依法享受基本养老保险待遇的，劳动合同终止。"

《中华人民共和国劳动合同法实施条例》（以下简称《劳动合同法实施条例》）第二十一条规定：劳动者达到法定退休年龄的，劳动合同终止。

从这些规定可以看出，劳动法上的劳动者达到法定退休年龄就不再具有劳动法上的主体资格。

综上所述，根据《劳动法》和《劳动合同法》的立法精神，年满16周岁到依法可以享受基本养老保险待遇年龄之间的自然人，都属于劳动者的范畴。

随着人口老龄化加速发展，我国适时研究出台渐进式延迟退休年龄等应对措施。我国逐步延龄退休，到2045年，不论男女，退休年龄均为65周岁。按照退休年龄改革方案：到2022年正式实施，女性退休年龄每3年延迟1岁，男性退休年龄每6年延迟1岁，直到2045年同时达到65周岁。

（二）健康标准

健康身体是自然人从事一定工作的必备条件。自然人必须具备自己所从事的职业所必需的健康条件。

1.疾病限制

各个岗位的职工，都不得患有本岗位所禁忌或不宜的特定疾病。

2.残疾限制

完全丧失劳动能力的残疾人为无劳动行为能力人。部分丧失劳动能力的残疾人只能从事其残疾状况所允许的职业。

（三）智力标准

自然人具备劳动主体资格必须具备一定智力，包括对自己行为的判断能力和一定的文化技能。具体而言，自然人必须具备以下智力条件：

1.精神健全

这是对劳动行为能力的起码要求，因而精神病患者被规定为无劳动行为能力人。

2.文化水平

我国规定，禁止任何组织或个人招用应当接受义务教育的适龄儿童、少年就业。招工必须以具有初中以上文化程度的公民为对象。

3.技术水平

对于一些技术性较强的职业，具有一定技术水平是劳动者从事该职业的必备条件。在有关法规中，对某些特定岗位的劳动者应具有的技术水平还作出了严格的规定。例如，驾驶员、电工、司炉工、电焊工、起重工等特种作业人员，必须经技术考核合格并取得驾驶执照、操作证等证件，方可从事该项工作。

（四）行为自由标准

人身自由是劳动关系得以产生的前提。公民的行为自由如果被依法剥夺或受到特定限制，就无法实现劳动力使用权的自由处分。例如，因触犯刑法而被处以刑罚的公民，在服刑期间由于无行为自由而无权自由支配自己的劳动能力，就不具备签约主体资格，在校学生也由于这种行为自由受到限制，不得成为招工对象。

原劳动部《关于贯彻执行中华人民共和国劳动法若干问题的意见》（309号文）明确规定，在校生利用业余时间勤工俭学不视为就业，未建立劳动关系，可以不签订劳动合同，因此在校学生不受劳动法调整和保护。

公务员、军人也不是劳动合同的主体。

（五）签订劳动合同一般应是劳动者本人

未经过本人同意或授权代理，事后又不作追认的，他人代签的劳动合同无效。

二、用人单位主体资格的认定

《劳动合同法》第二条规定："中华人民共和国境内的企业、个体经济组织、民办非企业单位等组织（以下称用人单位）与劳动者建立劳动关系，订立、履行、变更、解除或者终止劳动合同，适用本法。

国家机关、事业单位、社会团体和与其建立劳动关系的劳动者，订立、履行、变更、解除或者终止劳动合同，依照本法执行。"

（1）用人单位在地域上有具体要求，即必须在中华人民共和国领域内有办事机关。例如，外资公司在国内开设的子公司、分公司或办事处。

（2）具备劳动合同主体资格的用人单位应当是依法成立的企业、个体经济组织、民办非企业单位、国家机关、事业组织、社会团体等。

"企业"包括各类型的企业。以所有制类型分为国有企业、民营企业、外资企业等。

"个体经济组织"，在我国主要是指个体工商户。

"民办非企业单位"，根据《民办非企业单位登记管理暂行条例》的规定，是指企业事业单位、社会团体和其他社会力量以及公民个人利用非国有资产举办的，从事非营利性社会服务活动的社会组织，如民办的幼儿园、学校、敬老院、医院等。

"等组织"是一个兜底规定，《劳动合同法实施条例》第三条规定，依法成立的会计师事务所、律师事务所等合伙组织和基金会，属于劳动合同法规定的用人单位。

"国家机关"，包括国家权力机关、行政机关、司法机关、军事机关、政协等，它们招用公务员以外的人员，如工勤人员等，也属于劳动法上的用人单位。

"事业单位"，目前比较复杂，但是对于事业单位录用的人员实行公务员管理或参照公务员管理的，不属于劳动法上的用人单位，而这些事业单位在招用工勤人员时，则属于劳动法上的用人单位。

《劳动合同法》第九十六条规定："事业单位与实行聘用制的工作人员订立、履行、变更、解除或者终止劳动合同，法律、行政法规或者国务院另有规定的，依照其规定；未作规定的，依照本法有关规定执行。"

这是关于实行聘用制的事业单位的规定。对于实行聘用制的事业单位，国务院对其招用人员有特别规定的，不属于劳动法上的用人单位。如果国务院对其没有特别的规定，则属于劳动法上的用人单位。

"社会团体"，是指中国公民自愿组成，为实现会员共同意愿，按照其章程开展活动的非营利性社会组织。从社会团体的范畴上讲，社会团体包括人民团体、社会公益团体、文艺工作者团体、学术研究团体、宗教团体等。对于列入国家编制序列的社会团体，其招用的人员除参照公务员进行管理外，属于劳动法上的用人单位，其余的社会团体招用劳动者，属于劳动法上的用人单位。

此外，《劳动合同法实施条例》第四条规定：劳动合同法规定的用人单位设立的分支机构，依法取得营业执照或者登记证书的，可以作为用人单位与劳动者订立劳动合同；未依法取得营业执照或者登记证书的，受用人单位委托可以与劳动者订立劳动合同。由此可见，用人单位的分支机构如果依法取得了营业执照或登记证书，或者未取得营业执照或登记证书但获得了用人单位的授权的，均可以直接以自己的名义与劳动者签订劳动合同，也属于用人单位范畴。

通过上面的分析可以看出，在《劳动合同法》中，用人单位的范畴是比较宽泛的，除了国家机关是公务员或者参照公务员管理的单位外，其他组织或单位都可以被认定为劳动法上的用人单位。

未经登记的单位或没有用工资格的单位，不能与劳动者签订劳动合同。

企业的下属单位、车间，公司的分支机构，集体所有制的农业生产经营组织、农户，除个体工商户以外的公民个人等都不能独立与劳动者签订劳动合同，即使签了劳动合同，也会因不符合法律规定的主体资格而归于无效。

需要特别注意的是，在实践中还常出现在劳动合同中将单位的人事部门作为合同一方当事人的错误做法。一般情况下，虽然是由本单位人事部门的负责人或其他有关人员代表用人单位与劳动者签订合同，但是合同上注明的一方当事人仍是该单位而非人事部门。

三、劳动合同主体资格合法性的风险防范

劳动合同主体资格不合法，会导致劳动合同无效。

无效劳动合同是指所订立的劳动合同不符合法定条件，不能发生当事人预期的法律后果的劳动合同。

它虽然是双方当事人协商订立的，但因违反法律、行政法规规定，国家不予承认，

法律不予保护。无效的劳动合同，从订立的时候起，就没有法律效力。劳动合同部分无效的，如果不影响其余部分的效力，其余部分仍然有效。劳动合同的无效，由劳动争议仲裁委员会或者人民法院确认。

无效劳动合同的签订，无论是企业的原因还是劳动者的原因，都会给企业带来损失。特别是由于企业的原因订立无效劳动合同或者是部分无效劳动合同的，法律规定，给劳动者造成损害的，应当比照违反和解除劳动合同经济补偿金的支付标准，赔偿劳动者因无效劳动合同受到的经济损失。

为了避免无效劳动合同，企业在签订劳动合同时要注意确保自己有签订劳动合同的主体资格，核实劳动者签订劳动合同的主体资格。

互动课堂2-1

张某2018年毕业后到上海汽车集团公司工作，因其所学的专业是车辆工程，故被公司分配到集团的分支机构沈阳汽车设计所工作。在签订劳动合同时，张某发现合同中的用人单位是沈阳汽车设计所，而不是上海汽车集团公司，于是提出异议，认为该设计所不是独立的法人，没有营业执照，不能直接与劳动者签订劳动合同。该设计所负责人表示，受上海汽车集团公司的委托，沈阳汽车设计所可以签订劳动合同。

请问：受上海汽车集团公司委托的沈阳汽车设计所，能否直接与张某签订劳动合同？为什么？

互动课堂2-1
分析提示

自学测试

自学测试2-1

一、选择题

1.劳动合同的主体包括（　　　）。

A.劳动者　　　　　　　　　　　　　B.用人单位

C.退休职工　　　　　　　　　　　　D.用人单位的部门

2.下列组织或单位中不能认定为劳动法上的用人单位有（　　　）。

A.未经登记的单位　　　　　　　B.企业的车间

C.集体所有制的农户　　　　　　D.单位人事部门

二、判断题

1.依法成立的会计师事务所、律师事务所等合伙组织和基金会，属于劳动合同法规定的用人单位。　　　　　　　　　　　　　　　　　　　　　　　（　　　）

2.未成年工是指年满16周岁未满18周岁的劳动者。　　　　　　　（　　　）

3.劳动合同是指劳动者与用人单位之间为确立劳动关系，明确双方权利和义务的协议。　　　　　　　　　　　　　　　　　　　　　　　　　　　　（　　　）

4.在校大学生顶岗实习可视为就业，因此在校大学生是劳动合同主体。（　　　）

巩固与提高

一、选择题

1.我国法律规定，作为劳动合同主体的劳动者，必须是年满（　　）以上的劳动者。

A.15周岁　　　　　　B.16周岁　　　　　　C.17周岁　　　　　　D.18周岁

2.《劳动合同法》规定的"用人单位"，包括（　　）。

A.有限责任公司　　B.个体经济组织　　C.合伙企业　　　　D.基金会

二、判断题

1.境内企业、民办非企业单位、国家机关、事业单位与劳动者建立劳动关系，适用《劳动合同法》；但是会计师事务所等合伙组织和基金会与劳动者建立劳动关系，不适用《劳动合同法》。（　　）

2.公司法人的分支机构，不具有独立法人资格，不得作为用人单位与劳动者订立劳动合同。（　　）

3.未经登记的单位或没有用工资格的单位，不能与劳动者签订劳动合同。（　　）

4.劳动合同的主体一方是劳动者，另一方是用人单位。（　　）

5.签订劳动合同一般应是劳动者本人，但父母朋友代签也可以。（　　）

6.公务员、军人是劳动合同的主体。（　　）

三、案例分析题

2018年1月，王某拿着北京某大学的"2018届毕业生双向选择就业推荐表"前往上海某公司应聘市场业务员工作，此时她尚未毕业。公司经过审核和面试后，便通知王某上班，随即签订了劳动合同，约定合同期限为3年，其中试用期为6个月。3月初，王某在公司上班时被掉下来的吊灯砸伤了头部并发生右臂骨折，住院治疗了3个月，其间经学校同意以邮寄方式完成学位论文的写作及答辩，并于2018年6月底正式毕业。7月初，伤愈后的王某多次向公司交涉，要求公司认定工伤并为其报销部分医疗费用，但遭到公司拒绝。王某认为双方既然签订了劳动合同，她的身份是公司员工，根据《劳动合同法》应该享受工伤待遇。公司则认为王某在签订劳动合同时是在校大学生，归学校管理，而不应由公司负责，故公司没有为其缴纳社会保险，更不需要为其报销医疗费用。

请问：在校大学生王某与公司签订的劳动合同是否有效？王某应如何维护自身权益？

四、问答题

1.劳动合同中"劳动者主体资格"认定标准有哪些？

2.劳动合同中"用人单位"有哪些？

任务二　劳动合同期限选择的风险防范

▶ 学习目标 ▮▮▮

◆ 知识目标

理解固定期限劳动合同、无固定期限劳动合同、以完成一定工作任务为期限的劳动合同的含义及法律规定；

掌握劳动合同期限的选择方法。

◆ 能力目标

能够在签订劳动合同时正确选择劳动合同期限，减少用工成本和防范风险。

▶ 重点难点 ▮▮▮

◆ 教学重点

劳动合同期限的选择。

◆ 教学难点

无固定期限劳动合同正确签订。

▶ 自学任务 ▮▮▮

◆ 自学内容

（1）线上或线下学习本部分教学内容，重点关注以下问题：①如何正确签订固定期限劳动合同？②如何正确签订无固定期限劳动合同？③如何签订以完成一定工作任务为期限的劳动合同？

（2）自学完后完成本任务的自学测试。

自学课件 2-2-1：
固定期限劳动合同
签订的风险防范

自学课件 2-2-2：
无固定期限劳动合同
签订的风险防范

自学课件 2-2-3：
以完成一定工作任务为
期限的劳动合同签订

▶ 案例研讨 ▮▮▮

在线上或线下自学的基础上，以课程学习团队为单位，由团队负责人组织团队成员对案例进行讨论，达成一致意见，并制作 PPT，选派一名代表在课堂上展示案例研讨结果。

案例 1　某公司内部通过了鼓励员工"先辞职再竞岗"的改革方案，并与老员工私下沟通，取得共识。按照该公司的改革要求，工作满 8 年和 8 年以上的员工，由个人向公司提交一份辞职申请，在达成自愿辞职共识后，再竞争上岗，与公司签订新的劳动合同，工作岗位基本不变，薪酬略有上升。包括总裁、副总裁在内的一批公司创业元老，也进行了"先辞职再竞岗"。所有自愿离职的员工都获得了公司相应的补偿，该公司为此支付的赔偿费用总计10亿元。这起引发7 000名员工集体辞职的"辞职门"事件成为媒体关注的事件之一。

"辞职门"事件，后来被解读为有意规避"无固定期限劳动合同"的事件。《劳动合同法》规定，"连续工作满10年"应该签订无固定期限合同。人们认为该公司之所以选择8年以上工龄的员工"自动辞职"，就是想规避"连续工作满10年"这个构成要件。

请问：该公司重签劳动合同"归零"的做法符合法律规定吗？为什么？

案例2　老刘在某工厂工作了10年，还有两个月劳动合同就到期了。考虑到自己别无所长，重新就业很困难，他想继续留在工厂工作。于是，老刘找到厂长商量，表示自己想留在原岗位工作。厂长告诉他厂里要进行技术革新，一线技术人员要年轻化，实现减员增效。老刘从朋友处听说了无固定期限劳动合同签订的条件，觉得正好适合自己，就再次找到厂长，提出签订无固定期限劳动合同的要求。结果厂长取笑他滥用法律，无固定期限劳动合同必须双方协商一致才能签订，不是劳动者一个人说了算。老刘不知道厂长说的话有没有道理，于是向专家咨询。

请问：厂长"无固定期限劳动合同协商一致才能签订"的观点，合法吗？为什么？

案例3　某IT公司主要开展办公软件的开发业务，由于软件人才流动率高，所以公司也不愿与新员工订立长期的劳动合同。2018年2月，公司招用了一批研发人员，并与他们签订了1年的劳动合同。2019年2月，由于公司新接到一批软件开发项目，公司人力资源部的赵经理准备清理将要到期的劳动合同，并决定是否续签。赵经理发现2月到期的劳动合同一共有10份，其中6份是连续签订了两次的劳动合同。赵某按照以前无固定期限劳动合同的拒签思路，认为无固定期限劳动合同的订立首先是基于双方协商一致，公司单方面通知不续签可以阻止无固定期限劳动合同的签订，于是，在征求总经理的意见后，书面通知这10位研发人员到期不再续签。但其中6位研发人员不服，认为两次签订固定期限合同后，劳动者就享有和公司签订无固定期限劳动合同的权利。公司不同意这种说法，不打算与这些研发人员签订无固定期限劳动合同。

请问：这些研发人员有权要求签订无固定期限劳动合同吗？为什么？

案例4　徐某与某公司签订了为期3年的劳动合同，合同约定试用期为4个月。徐某在试用期间表现尚可，但试用期满后考试成绩却不甚理想。公司决定延长徐某的试用期半年，延长试用期间不按原劳动合同享受有关工资和其他待遇。徐某认为试用期满后，公司应履行劳动合同，按合同约定享受有关工资和其他待遇。双方对此各持己见。徐某无奈，向劳动争议仲裁委员会提出申诉。

请问：企业能否任意延长劳动者试用期？为什么？

➡ 知识点学习 ▌▌

一、劳动合同期限的含义

劳动合同期限是指劳动合同规定的双方当事人权利和义务的有效时间。

二、劳动合同期限的选择

《劳动合同法》第十二条规定："劳动合同分为固定期限劳动合同、无固定期限劳动合同和以完成一定工作任务为期限的劳动合同。"

（一）劳动合同期限类别

劳动合同期限分为三种：固定期限、无固定期限、以完成一定工作任务为期限。

微课 2-2-1

固定期限劳动合同签订的风险防范

（二）劳动合同的类别

1.固定期限劳动合同

（1）固定期限劳动合同的概念

《劳动合同法》第十三条第一款规定："固定期限劳动合同，是指用人单位与劳动者约定合同终止时间的劳动合同。"

由此可见，固定期限的劳动合同，是指有固定的开始时间和终止时间的劳动合同。固定期限既有短期的，如半年、1年、2年，也有较长时间的，如5年、10年，甚至更长时间。不管时间长短，劳动合同的开始时间和终止时间都是固定的。

（2）固定期限劳动合同的签订

《劳动合同法》第十三条第二款规定："用人单位与劳动者协商一致，可以订立固定期限劳动合同。"

从这一规定可以看出，固定期限劳动合同的签订完全由用人单位与劳动者协商确定。

（3）固定期限劳动合同签订的风险防范

①注意规避不续签的责任。《劳动合同法》第四十六条第五项规定："除用人单位维持或者提高劳动合同约定条件续订劳动合同，劳动者不同意续订的情形外，依照本法第四十四条第一项规定终止固定期限劳动合同的，用人单位应当向劳动者支付经济补偿。"由此可见，固定期限劳动合同到期后，如果用人单位不愿意与劳动者续签劳动合同的或者愿意续签劳动合同但提供的劳动合同续签的条件低于原劳动合同标准的，用人单位均需要向劳动者支付经济补偿金。

②注意签订的次数限制。根据《劳动合同法》第十四条第二款第三项的规定，连续订立2次固定期限劳动合同，且劳动者没有本法第三十九条和第四十条第一项、第二项规定的情形，续订劳动合同的，除劳动者提出订立固定期限劳动合同外，应当订立无固定期限劳动合同。

从这一规定可以看出，用人单位连续与劳动者签订2次固定期限的劳动合同，就面临无固定期限劳动合同条件成立的风险。因此，用人单位在操作上必须改变一年一签劳动合同的做法，固定期限劳动合同的期限的设计需要用人单位根据用工的实际进行规划，需要考虑长、中、短期劳动合同的合理搭配。

2.无固定期限劳动合同

微课2-2-2

无固定期限劳动合同签订的风险防范

有人说，无固定期限劳动合同就是"铁饭碗""长期合同""终身合同"，只要一个人就业进入了单位，就如同进了"保险箱"，只要没有极其特殊的原因（比如被追究刑事责任），哪怕是出工不出力、耍滑都不会被解雇。那么无固定期限劳动合同真是"铁饭碗"吗？

（1）无固定期限劳动合同的概念

《劳动合同法》第十四条第一款规定："无固定期限劳动合同，是指用人单位与劳动者约定无确定终止时间的劳动合同。"

这里的"无确定"，顾名思义也就是没有确定期限的长短，也就是期限可长可短的合同形式，只要法定条件出现即可解除或者终止。

（2）无固定期限劳动合同的成立条件

为鼓励我国劳动关系走向长期稳定，根据法律规定，无固定期限劳动合同的成立条件有以下三大类：

①协商成立。《劳动合同法》第十四条第二款规定："用人单位与劳动者协商一致，可以订立无固定期限劳动合同。"这一款是任意性条款，只要双方愿意签订无固定期限劳动合同，就可以订立无固定期限劳动合同。

②法定成立。根据《劳动合同法》第十四条第二款的规定，有下列情形之一，劳动者提出或者同意续订、订立劳动合同的，除劳动者提出订立固定期限劳动合同外，应当订立无固定期限劳动合同：劳动者在该用人单位连续工作满10年的；用人单位初次实行劳动合同制度或者国有企业改制重新订立劳动合同时，劳动者在该用人单位连续工作满10年且距法定退休年龄不足10年的；连续订立2次固定期限劳动合同，且劳动者没有本法第三十九条和第四十条第一项、第二项规定的情形，续订劳动合同的。

这一款是强制性条款，只要上述三种情形之一出现，用人单位就要面临无固定期限劳动合同条件成立的风险，除非劳动者主动提出来签订固定期限劳动合同，用人单位必须与其签订无固定期限劳动合同。

第一项是针对劳动者在该用人单位连续工作满10年的。连续工作满10年的计算，《劳动合同法实施条例》第九条规定："劳动合同法第十四条第二款规定的连续工作满10年的起始时间，应当自用人单位用工之日计算，包括劳动合同法实施前的工作年限。"

《劳动合同法实施条例》第十条规定："劳动者非因本人原因从原用人单位被安排到新用人单位工作的，劳动者在原用人单位的工作年限合并计算为新用人单位的工作年限。原用人单位已经向劳动者支付经济补偿的，新用人单位在依法解除、终止劳动合同计算支付经济补偿的工作年限时，不再计算劳动者在原用人单位的工作年限。"

第二项是针对两类特殊用人单位的。一类是用人单位初次实行劳动合同制度，另一类是国有企业改制重新订立劳动合同。在上述两类情况下，劳动者在该用人单位连续工作满10年且距法定退休年龄不足10年的，有权要求该单位签订无固定期限劳动合同。

第三项是针对固定期限劳动合同签订次数的限制。用人单位连续与劳动者签订2次固定期限劳动合同的，劳动者有权要求用人单位签订无固定期限劳动合同。

这个条件需要把握以下几点：一是劳动合同的类别必须是固定期限劳动合同，如果签订的是以完成一定工作任务为期限的劳动合同，则不受限制。二是签订的固定期限劳动合同的次数之间必须是连续的，不能中断。三是次数的限制，即2次。需要指出的是，关于2次的计算，《劳动合同法》第九十七条规定："本法施行前已依法订立且在本法施行之日存续的劳动合同，继续履行；本法第十四条第二款第三项规定连续订立固定期限劳动合同的次数，自本法施行后续订固定期限劳动合同时开始计算。"由此可见，这里的2次的起算应从《劳动合同法》实施之后，即从2008年1月1日之后开始算。换言之，2008年1月1日前签订的次数不计入2次。

③视为成立。根据《劳动合同法》第十四条第三款的规定，用人单位自用工之日起满1年不与劳动者订立书面劳动合同的，视为用人单位与劳动者已订立无固定期限劳动合同。这也属于强制性条款。这就要求用人单位在用工时必须与劳动者签订书面劳动合同，否则，自用工之日起满1年还未与劳动者签订书面劳动合同的，就视为已订立无固定期限劳动合同。

这里需要说明，"无固定期限劳动合同"并不是"铁饭碗""终身制"。有些用人单位不愿意签订无固定期限劳动合同，认为一旦签了，就要对劳动者长期、终身负责，如果劳动者偷懒，用人单位毫无办法；有的劳动者也认为无固定期限劳动合同就意味着终身捆绑在企业中，丧失了选择的机会，实际上这是一种误解。只要出现《劳动合同法》规定的情形，不论用人单位还是劳动者，都有权依法解除劳动合同。订立无固定期限劳动合同，可以更有利于促进劳动关系的稳定。

（3）用人单位不签订无固定期限劳动合同的责任

如果用人单位与劳动者之间具备签订无固定期限劳动合同的条件，尤其是法定条件具备，劳动者要求用人单位签订无固定期限劳动，用人单位拒不签订的，需要承担哪些责任呢？

《劳动合同法》第八十二条第二款规定："用人单位违反本法规定不与劳动者订立无固定期限劳动合同的，自应当订立无固定期限劳动合同之日起向劳动者每月支付2倍的工资。"

由此可见，订立无固定期限劳动合同的法定条件一旦具备，劳动者要求用人单位签订无固定期限劳动合同，用人单位不签订的，将面临高昂的惩罚成本。

（4）无固定期限劳动合同的利弊

无固定期限劳动合同的积极方面主要体现为：

①对员工而言，可以获得职业稳定感，利于其在本单位的本职工作中积累经验、提高工作的熟练程度，从而也有利于提高用人单位的效率。

②对用人单位而言，可以保持岗位和团队稳定性，减少员工频繁流动带来的不利影响。

③从法律规定来看，无固定期限劳动合同的劳动者达到退休年龄的，不需要支付经济补偿金，可以节约用工成本。

无固定期限劳动合同的消极方面主要体现为：

①从员工的角度来看，劳动者长期在一个单位，容易滋生惰性心理，可能导致工作

积极性降低。

②从用人单位的角度来说，无固定期限劳动合同的员工稳定性的成本高，因为劳动者的医疗期、病假工资、带薪年休假等都与劳动者的工作年限挂钩。

③最关键的是，用人单位的用工机制受到限制，因为无固定期限劳动合同没有确定终止时间。虽然无固定期限劳动合同的解除条件与固定期限劳动合同完全一样，但用人单位解除劳动合同需要具备法律规定的条件，相对于终止不需要条件而言，无固定期限劳动合同下的用工自主权受到的影响较大。

（5）无固定期限劳动合同的法律风险防范

是否签订无固定期限劳动合同，不能一概而论，关键看岗位员工是否适合签订无固定期限劳动合同。

①选择适合岗位签订。无固定期限劳动合同比较适合于用人单位需要保持长期工作稳定性的岗位。因此，那些对用人单位价值较高的岗位，可以选择签订无固定期限劳动合同。

②采取措施预防无固定期限劳动合同条件的成立。对于不需要签订无固定期限劳动合同的岗位，用人单位需要采取措施预防无固定期限劳动合同条件的成立。具体可用的措施有以下几类：

一是阻止法定条件成立。无固定期限劳动合同的三类成立条件，对用人单位影响最大的是法定成立，而法定成立影响最大的是连续用工10年和连续2次签订固定期限劳动合同。

二是采用其他用工形式。例如，劳务派遣、非全日制用工不可能导致无固定期限劳动合同条件的成立。

三是选择业务外包。在业务外包中，用人单位与外包服务商的劳动者没有任何关系，更不可能导致固定期限劳动合同条件的成立。

③加强管理。签订无固定期限劳动合同之后，要发挥无固定期限劳动合同的积极性，限制其消极性，用人单位需要加强管理。

◆建立健全激励约束机制。用人单位的很多制度，如薪酬制度、考核制度、奖惩制度等，都要围绕如何激励无固定期限劳动合同的员工来设计。

◆完善规章制度，细化解除情形。用人单位与劳动者签订无固定期限劳动合同之后，如果发现劳动者不符合用人单位的需要，只能选择提前解除劳动合同。而用人单位解除劳动合同有两类：一是与劳动者协商解除劳动合同。二是用人单位单方面与劳动者解除劳动合同。根据《劳动合同法》第三十九条、第四十条、第四十一条的规定条件与劳动者解除劳动合同。而这三条关于用人单位解除劳动合同的条件，大致可以分为两类：一类是法定解除条件，如劳动者被追究刑事责任、欺诈、胁迫、乘人之危都需要根据法律规定判断。另一类是法定加自定的解除条件，如劳动者不符合录用条件的，劳动者严重违反用人单位规章制度，劳动者严重失职、营私舞弊，给用人单位的利益造成重大损害的等，这些解除条件虽然也是法律规定的，但是"录用条件"是什么，哪些是"严重违反用人单位规章制度"的行为，什么是"重大损害"等，均需要用人单位事先确定。这些可以称为法定加自定的解除条件。显然，用人单位利用法定加自定的解除条件相对较为容易。这就要求用人单位必须事先完善规章制度，细化劳动合同的解除条件，将法律赋予用人单位的权利予以补充、细化。如果用人单位不事先完善这些工作，要想与无固定期限劳动合同的劳动者提前解除劳动关系，是十分困难的。

微课 2-2-3

以完成一定工作任务为期限的劳动合同的签订

3.以完成一定工作任务为期限的劳动合同

（1）以完成一定工作任务为期限的劳动合同的概念

《劳动合同法》第十五条第一款："以完成一定工作任务为期限的劳动合同，是指用人单位与劳动者约定以某项工作的完成为合同期限的劳动合同。"

由此可见，以完成一定工作任务为期限的劳动合同是指用人单位与劳动者约定把完成某一项工作或工程，确定为劳动合同起始和终止的期限。某一项工作或工程的开始之日，即为合同开始之时，此项工作或工程完毕，合同即告终止。这种劳动合同实际上属于定期的劳动合同，只不过表现形式不同。它与固定期限劳动合同的区别在于，这种合同不直接在劳动合同中约定合同的开始和终止日期，而是以工作或工程的实际起始日期和终止日期来确定合同的有效时间。

（2）以完成一定工作任务为期限的劳动合同的适用范围

在实践中，有下列情形之一，用人单位与劳动者可以签订以完成一定工作任务为期限的劳动合同：

①以完成单项工作任务为期限的劳动合同。

②以项目承包方式完成承包任务的劳动合同。

③因季节原因临时用工的劳动合同。

④其他双方约定的以完成一定工作任务为期限的劳动合同。

《劳动合同法》第十五条第二款规定："用人单位与劳动者协商一致，可以订立以完成一定工作任务为期限的劳动合同。"

由此可见，以完成一定工作任务为期限的劳动合同的签订条件与固定期限劳动合同的签订条件一样，完全由双方协商确定。

这种合同在工程建设方面比较多见，工程结束合同也就结束了。

互动课堂2-2

刘女士被上海一家药业公司聘用，她在2018年6月4日与公司签订了一份聘用合同，约定合同期限为2018年6月4日到同年12月31日。聘用合同中约定试用期为3个月，试用期底薪为人民币2 000元，转正后为人民币2 500元。同年7月12日，公司通知刘女士停止工作。

刘女士不再上班后，觉得当初聘用合同中3个月试用期的约定不符合法律规定，遂于同年10月13日将该药业公司告上了上海市杨浦区法院。

请问：药业公司与刘女士3个月试用期的约定符合法律规定吗？为什么？

互动课堂2-2

分析提示

自学测试

一、选择题

1.有下列情形（　　　）之一的，用人单位与劳动者可以签订以完成一定工作任务为期限的劳动合同。

A.以完成单项工作任务为期限的劳动合同

B.以项目承包方式完成承包任务的劳动合同

C.因季节原因临时用工的劳动合同

D.其他双方约定的劳动合同

2.根据法律规定，无固定期限劳动合同的成立条件有（　　　）。

A.协商成立　　　　B.法定成立　　　　C.视为成立　　　　D.口头成立

3.对于不需要签订无固定期限劳动合同的岗位，用人单位需要采取措施预防无固定期限劳动合同条件的成立，具体措施有（　　　）。

A.阻止法定条件成立　　　　　　　　B.采用其他用工形式

C.选择业务外包　　　　　　　　　　D.提高用人标准，让劳动者自动离开

4.无固定期限劳动合同的法定成立条件有（　　　）。

A.劳动者在该用人单位连续工作满10年的

B.用人单位初次实行劳动合同制度或者国有企业改制重新订立劳动合同时，劳动者在该用人单位连续工作满10年且距法定退休年龄不足10年的

C.连续订立2次固定期限劳动合同，且劳动者没有《劳动合同法》第三十九条和第四十条第一项、第二项规定的情形，续订劳动合同的

D.劳动者在该用人单位连续工作满20年以上的

5.劳动合同的类别有（　　　）。

A.固定期限劳动合同

B.无固定期限劳动合同

C.以完成一定工作任务为期限的劳动合同

D.半固定期限劳动合同

6.劳动合同期限分为（　　　）。

A.固定期限　　　　　　　　　　　　B.无固定期限

C.以完成一定工作任务为期限　　　　D.半固定期限

二、判断题

1.以完成一定工作任务为期限的劳动合同，是指用人单位与劳动者约定以某项工作的完成为合同期限的劳动合同。　　　　　　　　　　　　　　　　　　（　　　）

2.无固定期限劳动合同比较适合于用人单位需要保持长期工作稳定性的岗位。因此，对于那些对用人单位价值较大的岗位，可以选择签订无固定期限劳动合同。（　　　）

3.用人单位自用工之日起满1年不与劳动者订立书面劳动合同的，视为用人单位与劳动者已订立无固定期限劳动合同。　　　　　　　　　　　　　　　（　　　）

4.无固定期限劳动合同，是指用人单位与劳动者约定无确定终止时间的劳动合同，

无固定期限劳动合同就是铁饭碗。　　　　　　　　　　　　　　　　　　　（　　　）

5.连续订立2次固定期限劳动合同，且劳动者没有《劳动合同法》第三十九条和第四十条第一项、第二项规定的情形，续订劳动合同的，除劳动者提出订立固定期限劳动合同外，应当签订无固定期限劳动合同。　　　　　　　　　　　　　　　　（　　　）

▶▶ 巩固与提高 ▮▮▮

一、选择题

1.根据《劳动合同法》第十三条的规定，固定期限劳动合同是指（　　　）。

A.用人单位与劳动者约定以某项工作的完成为合同期限的劳动合同

B.用人单位与劳动者约定合同终止时间的劳动合同

C.用人单位与劳动者约定无确定终止时间的劳动合同

D.固定1年不变的劳动合同

2.用人单位应签但不签订无固定期限劳动合同的责任有（　　　）。

A.赔偿损失

B.支付违约金

C.自应当订立无固定期限劳动合同之日起向劳动者每月支付2倍的工资

3.我国法律规定，劳动者在同一用人单位工作满（　　　），双方同意续延劳动合同，劳动者提出订立无固定期限劳动合同的，应当订立。

A.5年　　　　　　　　B.10年　　　　　　　　C.15年　　　　　　　　D.20年

4.根据《劳动合同法》第十四条的规定，无固定期限劳动合同是指（　　　）。

A.用人单位与劳动者约定以某项工作的完成为合同期限的劳动合同

B.用人单位与劳动者约定合同终止时间的劳动合同

C.用人单位与劳动者约定无确定终止时间的劳动合同

D.可以随时变动合同期限的劳动合同

5.根据《劳动合同法》第十四条的规定，用人单位自用工之日起满（　　　）不与劳动者订立书面劳动合同的，视为用人单位与劳动者已订立无固定期限劳动合同。

A.1个月　　　　　　　B.1个月　　　　　　　C.1年　　　　　　　D.3年

6.根据《劳动合同法》第八十二条的规定，用人单位违反《劳动合同法》规定不与劳动者订立无固定期限劳动合同的，自应当订立无固定期限劳动合同之日起向劳动者每月支付（　　　）倍的工资。

A.2　　　　　　　　B.3　　　　　　　　C.4　　　　　　　　D.5

二、判断题

1.固定期限劳动合同，是指用人单位与劳动者约定合同终止时间的劳动合同。（　　　）

2.固定期限劳动合同到期后，如果用人单位不愿意与劳动者续签劳动合同的或者愿意续签劳动合同但提供的劳动合同续签的条件低于原劳动合同标准的，用人单位均不需要向劳动者支付经济补偿金。　　　　　　　　　　　　　　　　　　　　　　　（　　　）

3.劳动合同期限是指劳动合同规定的双方当事人权利义务的有效时间。　（　　　）

4.固定期限劳动合同的签订完全由用人单位与劳动者协商确定。　　　（　　　）

5.以完成一定工作任务为期限的劳动合同,是指用人单位与劳动者约定以某项工作的完成为合同期限的劳动合同。　　　　　　　　　　　　　　　　　　　（　　）

6.完成一定工作任务为期限的劳动合同的签订条件与固定期限劳动合同的签订条件一样,完全由双方协商确定。　　　　　　　　　　　　　　　　　　　　　（　　）

三、案例分析题

某市劳动监察部门在对甲公司进行例行检查时,发现甲公司存在以下问题:

（1）2018年2月1日,甲公司在与王某签订劳动合同时,以工作证押金的名义向王某收取200元,至今尚未退还王某。

（2）张某自2018年4月1日起在甲公司工作,月工资3 000元。直到2018年7月1日,甲公司才与张某签订了书面劳动合同。

（3）孙某自2017年7月1日起在甲公司工作,直到2018年7月1日,甲公司一直未与孙某签订书面劳动合同。2018年7月2日,孙某要求与甲公司签订无固定期限的劳动合同,遭到甲公司的拒绝。

（4）2018年8月1日,甲公司与周某的劳动合同到期,已在甲公司连续工作12年的周某提出与甲公司签订无固定期限的劳动合同,遭到甲公司的拒绝。

（5）2018年9月1日,甲公司与曹某的2年期劳动合同到期。曹某提出,由于自己与甲公司已经连续订立了2次固定期限劳动合同（合同订立日期分别为2014年9月1日、2016年9月1日）,而且自己在合同履行期间没有不良表现,因此甲公司应当与自己订立无固定期限的劳动合同。

根据劳动合同法律制度的规定,分别回答以下问题:

①根据问题（1）所提示的内容,指出甲公司收取王某工作证押金的做法是否符合法律规定? 甲公司应当承担何种法律责任?

②根据问题（2）所提示的内容,指出甲公司于2018年7月1日与张某签订劳动合同的做法是否符合法律规定? 并说明理由。甲公司自2018年4月1日至6月30日期间应向张某合计支付多少工资? 请说明理由。

③根据问题（3）所提示的内容,指出甲公司拒绝与孙某签订无固定期限劳动合同的做法是否符合法律规定? 请说明理由。

④根据问题（4）所提示的内容,指出甲公司拒绝与周某签订无固定期限劳动合同的做法是否符合法律规定? 请说明理由。

⑤根据问题（5）所提示的内容,指出曹某的主张是否成立? 请说明理由。

四、问答题

1.劳动合同有哪几种类别?

2.什么情形下劳动者与用人单位可以签订无固定期限劳动合同?

任务三　工作时间和休息休假制度执行的风险防范

▶ 学习目标

◆知识目标

了解工作时间的含义、形式；

正确理解工时制度的法律规定；

了解休息时间的含义及形式；

掌握休息休假的法律规定。

◆能力目标

能够审查企业实行的工时制度的合法性；

能够审查企业执行国家有关休息休假制度的合法性。

▶ 重点难点

◆教学重点

工时制度。

◆教学难点

员工工作时间及加班时间法律规定的具体运用。

▶ 自学任务

◆自学内容

（1）线上或线下学习本部分教学内容，重点关注以下问题：我国有哪些工作时间制度？我国有哪些休息休假时间？

（2）自学完后完成本任务的自学测试。

自学课件 2-3-1：
工作时间制度执行的风险防范

自学课件 2-3-2：
休息休假制度执行的风险防范

▶ 案例研讨

在线上或线下自学的基础上，以课程学习团队为单位，由团队负责人组织团队成员对案例进行讨论，达成一致意见，并制作PPT，选派一名代表在课堂上展示案例研讨结果。

案例1　夏某是某公司员工，2018年11月11日产假到期并按时返回公司上班。因处于年底，公司业务比较繁忙，夏某被分配了许多工作任务。由于夏某未满1周岁的女儿正处于哺乳期，需要每天哺乳，夏某便申请缩短工作时间。公司以业务繁忙为由，劝夏某以工作为重，不仅没有缩短夏某的工作时间，还给她派发了加班任务，夏某不知道该怎么办才好。

请问：夏某可以要求缩短工作时间吗？为什么？

案例2　小马2017年2月加入上海某汽车销售公司从事汽车销售工作。为了完成每月的销售目标，小马经常需要在下班时间过后与客户洽谈业务，到外地出差更是家常便饭，几乎没有休息时间。2018年5月，疲惫不堪的小马向公司提出辞职，并要求公司支付一年多来的加班费，公司人力资源部称，公司对汽车销售人员实行的是不定时工作制，不计算加班时间，更谈不上加班费。双方无法协商一致，小马遂向上海市劳动仲裁委员会申请劳动仲裁。

请问：汽车销售公司该不该支付小马的加班费？为什么？

案例3　孙某是青岛某集装箱公司的汽车驾驶员，与公司签订了2年期的劳动合同。合同履行期间，孙某从事的具体工作是长途运输，公司以出具"行车单"方式安排孙某的工作，并根据他的运输量及运输里程计发其工资待遇。

合同到期后，公司因孙某在工作中曾有交通事故而不愿与其续签合同，双方于是办理终止合同的相关手续。办理过程中，孙某出示了自己保存的2年来行车时间记录，上面有每天工作时间的记载，并有超过8小时后的超时工作的时间记录。他要求公司按规定支付2年来超过规定时间的加班工资。公司认为孙某的工作时间不能以每天8小时计算，而且其工资已按运输量及运输里程计发，不存在加班的情况，不同意孙某的要求。双方于是发生争议。

孙某认为：自己在履行合同期间有超时工作的情况，具体超时工作时间有据可查，按照《劳动法》的有关规定，超时工作应计发加班费，但单位从未向自己支付过加班费。现在因终止劳动合同办理离职手续，单位应当结算支付其2年内的加班工资。

公司认为：孙某的工作岗位无法以规定的8小时计算，因此公司并未按固定工作时间计发孙某的工资，而是按其运输量及运输里程计发其工资待遇。孙某在工作中已经每月结算领取了所有的工资，现在又要求支付加班工资没有依据。

请问：集装箱公司该不该给孙某加班费？为什么？

案例4　某服装制造厂为完成生产任务，要求全厂职工在3个月内连续每天工作12小时，并称其为实行综合计时工时制度。在此期间，许多工人都对此提出不同看法，要求企业支付加班工资。

但厂方则称，产销旺季实行综合计时工时制度，超过8小时的工作时间不算加班时间，到产销淡季，集中放假休息。职工对此不服，向劳动争议仲裁委员会提出申诉。

请问：职工有权要求服装制造厂支付加班工资吗？为什么？

▶ 知识点学习 ◀◀◀◀

一、工作时间制度

（一）工作时间

1.工作时间的概念

工作时间又称法定工作时间，是指劳动者履行劳动给付义务，在用人单位从事工作或生产的时间内必须用来完成其所担负工作的时间。

劳动者每天应工作的时数叫工作日。

劳动者每周应工作的天数叫工作周。

工作时间是由法律直接规定或由合同约定的，劳动者不遵守工作时间要承担相应的法律责任。

2.工作时间的形式

工作时间的法律范围包括以下工作时间形式：

（1）劳动者实际从事生产或工作所需进行准备和结束工作的时间；

（2）劳动者实际完成工作和生产的作业时间；

（3）劳动者在工作过程中自然需要的中断时间；

（4）工艺中断时间、劳动者依法或单位行政安排离岗从事其他活动的时间；

（5）连续从事有害健康工作需要的间歇时间等。

凡属工作时间内，用人单位必须依照法律规定支付给劳动者应得的劳动报酬。

（二）工作时间制度

1.工作时间制度的含义

工作时间制度是指劳动者在一定时间内必须用来完成其所担负的工作任务的法律规范的总称，又称"工作日制度""工时制度"。

2.不同工时制度的适用情形

根据《劳动法》、《国务院关于职工工作时间的规定》和《国务院关于修改〈国务院关于职工工作时间的规定〉的决定》，可将工作时间制度的种类分为以下六种：

（1）标准工作时间制度。

标准工作时间是指由国家法律制度规定的，在正常情况下劳动者从事工作或劳动的时间。标准工作时间为：职工每昼夜工作8小时为标准工作日；每周40小时为标准工作周，即每周工作5天，休息2天。

标准工作时间是其他工作时间制度的基准。

（2）缩短工作时间制度。

缩短工作时间是指在特殊情况下，劳动者实行的少于标准工作时间长度的工作时间制度。

我国目前实行的缩短工作时间制度主要有以下三种（此种工作时间制度的适用范围为以下工种或岗位）：

①从事矿山、井下、高山、高温、低温、有毒有害、特别繁重或过度紧张的劳动的职工。例如：纺织部门实行"四班三运转"工时制度；化工行业从事有毒有害作业工人

实行"三工一休"制，每日工作6~7小时的工时制和"定期轮流脱离接触"的工时制；煤矿井下实行四班每班6小时工时制。此外，从事冶炼、森林采伐和装卸搬运等行业的繁重体力劳动者，根据其行业的特点，分别实行了各种形式的缩短工作日制。

②从事夜班工作的职工。从本日22时至次日6时的时间，一般为夜班工作时间。在这段时间内，由于改变了正常的生活规律，增加了神经系统的紧张状态，容易疲劳。因此，比标准工作日缩短1小时。

③在哺乳期工作的女职工。《女职工劳动保护特别规定》第九条规定：对哺乳未满1周岁婴儿的女职工，用人单位不得延长劳动时间或者安排夜班劳动。

用人单位应当在每天的劳动时间内为哺乳期女职工安排1小时哺乳时间；女职工生育多胞胎的，每多哺乳1个婴儿每天增加1小时哺乳时间。

④其他依法可以实行缩短工作时间的职工，如未成年工、怀孕7个月以上的女职工等。

（3）不定时工作时间制度。不定时工作时间是指每日没有固定工作时间的工时制度。此种工时制度基本上按照标准工时执行，在特别需要的情况下，其工作时间超过标准工作时间长度的，可以不受限制，且超过部分不计为延长工作时间。

根据《关于企业实行不定时工作制和综合计算工时工作制的审批办法》第四条的规定，企业对符合下列条件之一的职工，可以实行不定时工作制：企业中的高级管理人员、外勤人员、推销人员、部分值班人员和其他因工作无法按标准工作时间衡量的职工；企业中的长途运输人员、出租汽车司机和铁路、港口、仓库的部分装卸人员以及因工作性质特殊，需机动作业的职工；其他因生产特点、工作特殊需要或职责范围等原因，适合实行不定时工作制的职工。

对实行不定时工作制的职工，应履行一定的审批手续。

根据《关于企业实行不定时工作制和综合计算工时工作制的审批办法》第七条的规定，中央直属企业实行不定时工作制和综合计算工时工作制等其他工作和休息办法的，经国务院行业主管部门审核，报国务院劳动行政部门批准。地方企业实行不定时工作制和综合计算工时工作制等其他工作和休息办法的审批办法，由各省、自治区、直辖市人民政府劳动行政部门制定，报国务院劳动行政部门备案。

经批准实行不定时工作制的企业职工，不受日延长工作时间标准和月延长工作时间标准的限制，其工作日长度超过标准工作日的，不作为延长工作时间，也不给予加班加点的劳动报酬。但用人单位应采用集中工作、集中休息、轮休调休、弹性工作时间等适当方式，确保职工的休息休假权利以及生产、工作任务的完成。

（4）综合计算工作时间制度。综合计算工作时间是指因用人单位生产或工作特点，劳动者的工作时间不宜以日计算，需要分别以周、月、季、年等为周期综合计算工作时间长度的工时制度。

实行这种工时制度后，其平均日、周工作时间应与法定标准工作时间基本相同。《关于企业实行不定时工作制和综合计算工时工作制的审批办法》中，明确规定了该工时制的实行条件、方式和审批办法。

企业对符合下列条件之一的职工，可实行综合计算工时工作制，即分别以周、月、季、年等为周期，综合计算工作时间，但其平均日工作时间和平均周工作时间应与法定标准工作时间基本相同：交通、铁路、邮电、水运、航空、渔业等行业中因工作性质特殊，需连续作业的职工；地质及资源勘探、建筑、制盐、制糖、旅游等受季节和自然条件限制的行业的部分职工；其他适合实行综合计算工时工作制的职工。

中央直属企业实行不定时工作制和综合计算工时工作制等其他工作和休息办法的，经国务院行业主管部门审核，报国务院劳动行政部门批准。地方企业实行不定时工作制和综合计算工时工作制等其他工作和休息办法的审批办法，由各省、自治区、直辖市人民政府劳动行政部门制定，报国务院劳动行政部门备案。

适用此种工时制度需注意，以一定周期计算，其平均计算的工时长度应与法定标准工作时间基本相同，超过的部分，则视为延长工作时间。但在公休日，如周六、周日工作的，视为正常工作日工作，不计为延长工作时间，而法定节假日工作的应按延长工作时间处理。对于实行综合计算工时工作制等其他工作和休息办法的职工，企业应根据《劳动法》第一章、第四章的有关规定，在保障职工身体健康并充分听取职工意见的基础上，采用集中工作、集中休息、轮休调休、弹性工作时间等适当方式，确保职工的休息休假权利和生产、工作任务的完成。

（5）计件工作时间制度。计件工作时间以劳动者完成一定劳动定额为标准的工作时间，是标准工作时间的转化形式。计件工作时间制度是指以劳动者完成一定劳动定额为标准的工作时间制度。

根据《劳动法》第三十七条的规定，对实行计件工作的劳动者，用人单位应当根据本法第三十六条规定的工时制度合理确定其劳动定额和计件报酬标准。

要求用人单位应当根据标准工作时间的工时制度合理确定劳动定额和计件报酬标准。也就是要求实行计件工作的用人单位，必须以劳动者在一个标准工作日或一个标准工作周的工作时间内能够完成的计件数量为标准，确定劳动者日或周的劳动定额。超过这个标准就等于延长了职工的劳动（工作）时间，侵犯了职工的休息权。因此，计件工作时间实际上是标准工作时间的特殊转化形式，但又比标准工作时间具有较大的灵活性。实行计件工作时间的劳动者，在8小时工作时间内完成了当日的劳动定额，则可以把剩余时间作为休息时间，也可以多做定额以取得相应的延长工作时间的劳动报酬。反之，如果劳动者在8小时内没有完成定额，应在8小时之外，增加工作时间来完成规定的劳动定额。

（6）延长工作时间制度。

①延长工作时间的概念。延长工作时间是指超过标准工作时间长度的工作时间。劳动者在法定节假日、公休日工作称为加班，超过日标准工作时间以外延长工作称为加点。

②允许延长工作时间的法定条件。为了保证劳动者的休息权、促进就业和劳动者的全面发展，国家对延长工作时间是严格限制的。

国家对延长工作时间的情况做了进一步的规定，包括：

◆在法定节日和公休假日内工作不能间断的；

◆必须利用法定假日或公休假日的停产期间进行设备检修、保养的；

◆由于生产设备、交通运输线路、公共设施等临时发生故障，必须进行抢修的；

◆由于发生严重自然灾害，使人民的安全健康和国家财产遭到严重威胁，需进行抢修的；

◆为了完成国防紧急生产任务，或者完成上级在国家计划外安排的其他紧急生产任务，以及商业、供销企业在旺季完成收购、运输、加工农副产品紧急任务的。

上述情形出现，延长工作时间不受限制措施的约束。

③限制延长工作时间的措施。《劳动合同法》第三十一条规定："用人单位应当严格执行劳动定额标准，不得强迫或者变相强迫劳动者加班。用人单位安排加班的，应当按照国家有关规定向劳动者支付加班费。"

根据《劳动法》第四十一条的规定，用人单位由于生产经营需要，经与工会和劳动者协商后可以延长工作时间，一般每日不得超过1小时；因特殊原因需要延长工作时间的，在保障劳动者身体健康的条件下延长工作时间每日不得超过3小时，但是每月不得超过36小时。

◆条件限制。用人单位由于生产经营需要，经与工会和劳动者协商可以延长工作时间。首先，由于生产经营需要，必须延长工作时间，否则不能完成生产或工作任务。在这种情况下，用人单位才能提出延长工作时间的要求。其次，必须与工会协商。用人单位必须将延长工作时间的理由、人数、时间长短等向工会说明，以征得工会的同意。最后，必须与劳动者协商。由于延长工作时间，直接影响劳动者的休息、休假，因此，必须与劳动者本人协商，取得同意后才可进行，用人单位不得强迫劳动者加班加点，即除法律规定的情况外，用人单位在其他情况下延长工作时间，必须以劳动者本人自愿为前提。

◆时间限制。用人单位延长工作时间，一般每日不得超过1小时。因特殊原因需要的，在保证劳动者身体健康的条件下，每日不得超过3小时，但每月不得超过36小时。如果超过这个限度，用人单位应承担相应的法律责任。

《劳动法》第九十条规定："用人单位违反本法规定，延长劳动者工作时间的，由劳动行政部门给予警告，责令改正，并可以处以罚款。"

◆劳动报酬限制。延长工作时间，用人单位应当以高于劳动者正常工作时间的工资标准支付延长工作时间的劳动报酬。

根据《劳动法》第四十四条的规定，有下列情形之一的，用人单位应当按照下列标准支付高于劳动者正常工作时间工资的工资报酬：安排劳动者延长工作时间的，支付不低于工资的150%的工资报酬；休息日安排劳动者工作又不能安排补休的，支付不低于工资的200%的工资报酬；法定休假日安排劳动者工作的，支付不低于工资的300%的工资报酬。

◆人员限制。怀孕7个月以上和哺乳未满1周岁婴儿的女职工，不得安排其延长工作时间。

国务院于2012年颁布的《女职工劳动保护特别规定》第六条和第九条都对女职工在怀孕期和哺乳期的特殊保护作了规定。根据上述法律、法规的有关规定，对怀孕7个月以上和哺乳未满1周岁婴儿期间的女职工，用人单位不得延长其劳动时间或者安排夜班劳动。

④延长工作时间不支付加班费的法律责任。根据《劳动合同法》第八十五条的规定，用人单位有下列情形之一的，由劳动行政部门责令限期支付劳动报酬、加班费或者经济补偿；劳动报酬低于当地最低工资标准的，应当支付其差额部分；逾期不支付的，责令用人单位按应付金额50%以上100%以下的标准向劳动者加付赔偿金：未按照劳动合同的约定或者国家规定及时足额支付劳动者劳动报酬的；低于当地最低工资标准支付劳动者工资的；安排加班不支付加班费的；解除或者终止劳动合同，未依照本法规定向劳动者支付经济补偿的。

在企业的人力资源管理活动中由于业务需要安排劳动者加班在所难免，但是，企业应当意识到加班是以牺牲劳动者的休息、娱乐和家务时间为代价的，可能对劳动者的身体健康带来一定程度的损害，应当由劳动者自愿选择是否要加班。而且，劳动者加班，企业就应当按照上述规定支付加班费，不能把它当作自己的免费"午餐"。

二、休息休假制度

（一）休息时间的含义

休息时间，又称休息休假，是指劳动者在国家规定的法定工作时间外自行支配的时间。

休息时间与工作时间相互依存，密不可分。随着社会科学技术的发展，逐步缩短工时，不断增加劳动者的休闲时间，已成为人类社会走向进步和文明的重要标志之一。

（二）休息时间制度

休息时间制度是指规定劳动者在法定工作时间外自行安排和支配的时间的法律规范总称。

根据《劳动法》和有关法律、法规的规定，劳动者的休息时间，主要有：

1.一个工作日内的间歇时间

这是指劳动者在一个工作日内的劳动（工作）中的休息和用餐的时间。间歇时间的长短由各单位根据工作岗位和工作性质的具体情况确定，一般为1~2小时，最少不得低于半小时，且一般安排在每个工作日的中间进行，以利于劳动者消除疲劳，恢复体力和精力。

2.两个工作日之间的休息时间

这是指劳动者在一个工作日结束至下一个工作日开始之间所享有的休息时间。其长度应以保证劳动者体力的恢复为标准，一般为15~16小时，无特殊情况，应保障劳动者正常连续使用，不得间断。实行轮班工作制的，其班次必须平均调换，一般在休息日调换，不得让劳动者连续工作两班。

3.每周的公休假日

这是指劳动者工作满一个工作周后的休息时间。国务院于1995年3月修正的《国务院关于职工工作时间的规定》第三条规定："职工每日工作8小时、每周工作40小时。"即每周工作5天，休息2天。

4.法定节假日

这是指由国家法律、法规统一规定的用以开展纪念、庆祝活动的休息时间。

根据国家规定，全体公民放假的节日安排如下：

◆元旦，放假1天（1月1日）

◆春节，放假3天（农历除夕、正月初一、初二）

◆清明节，放假1天（农历清明当日）

◆劳动节，放假1天（5月1日）

◆端午节，放假1天（农历端午当日）

◆中秋节，放假1天（农历中秋当日）

◆国庆节，放假3天（10月1日、2日、3日）

5.其他节假日

（1）年休假。年休假指劳动者按法律规定，在工作满一定期限后，每年享有的保留工作并带薪连续休息的时间。职工累计工作已满1年不满10年的，年休假5天；已满10年不满20年的，年休假10天；已满20年的，年休假15天。职工在年休假期间享受与正常工作期间相同的工资收入。

（2）探亲假。探亲假指劳动者依法探望两地分居的配偶或父母而每年享受的假期。我国自1958年开始实行探亲假制度。

凡在国家机关、人民团体和全民所有制企业、事业单位工作满1年的固定职工，与配偶不住在一起，又不能在公休假日团聚的，可以享受探望配偶的待遇；与父亲、母亲都不住在一起，又不能在公休假日团聚的，可以享受探望父母的待遇。

◆职工探望配偶的，每年给予一方探亲假1次，假期为30天。

◆未婚职工探望父母，原则上每年给假1次，假期为20天。如果因工作需要，本单位当年不能给予假期，或者职工自愿两年探亲1次的，可以两年给假1次，假期为45天。

◆已婚职工探望父母的，每四年给假1次，假期为20天。

◆凡实行休假制度的职工（例如学校的教职工），应该在休假期内探亲。

但是，职工与父亲或母亲一方能够在公休假日团聚的，不能享受探望父母的待遇。其中所称"不能在公休假日团聚"是指不能利用公休假在家居住一夜和休息半个白天；其中所称的"父母"，包括自幼抚养职工长大现在由职工供养的亲属，不包括公婆、岳父母。

职工在规定的探亲假和路程假期内，按照本人的标准工资发给工资。职工探望配偶和未婚职工探望父母的往返路费，由所在单位负担。

（3）婚丧假。婚丧假是指职工本人结婚或其直系亲属死亡时，其所在单位给予的假期。

（4）产假。产假是指在职妇女产期前后的休假待遇。《女职工劳动保护特别规定》第七条规定："女职工生育享受98天产假，其中产前可以休假15天；难产的，增加产假15天；生育多胞胎的，每多生育1个婴儿，增加产假15天。

女职工怀孕未满4个月流产的，享受15天产假；怀孕满4个月流产的，享受42天产假。"

不同省、自治区、直辖市产假时长不同，详见表2-1。

表 2-1　　　　　　　　不同省、自治区、直辖市产假时长

省、自治区、直辖市	产假
天津	128 天
山西	158 天
浙江	128 天
安徽	158 天
福建	158~180 天
江西	158 天
山东	158 天
湖北	128 天
广东	128 天
广西	148 天
四川	158 天
宁夏	158 天

（5）工伤假。工伤假是指发生工伤事故后，治疗和休养所需要的时间，在这段时间工资照发。因此工伤假期就是指职工发生工伤，需要停工进行治疗并保留薪资的期限。

职工因工作遭受事故伤害或者患职业病需要暂停工作接受工伤医疗的，在停工留薪期内，原工资福利待遇不变，由所在单位按月支付。停工留薪期一般不超过 12 个月。伤情严重或者情况特殊，经设区的市级劳动能力鉴定委员会确认，可以适当延长，但延长不得超过 12 个月。工伤职工评定伤残等级后，停止享受原待遇，按照有关规定享受伤残待遇。工伤职工在停工留薪期满后仍需治疗的，继续享受工伤医疗待遇。

三、休息休假制度执行的法律风险防范

1. 建立和完善企业休息休假规章制度

（1）制定明确的工作、休息规章制度：明确职工上下班作息时间；明确职工迟到、旷工的处罚规定；明确加班、调休等的补偿办法；明确事假、病假的请假手续及工资扣发规定等。

（2）通过"民主程序"进行讨论：在制定关乎职工权利方面的事项时，应由职工大会或职工代表大会讨论通过，建立工会的用人单位可选择工会参与制定，如因客观原因无法召开职工代表大会或未建立工会的，可以适当方式征询职工的意见和建议，并将相关民主程序的履行体现在规章制度当中。

（3）除对于法定带薪休假进行规定之外，对于事假、病假进行严格把关。制作统一的请假申请单，列明请假事由，与工资扣减制度相结合。完善扣发工资的相关手续凭证。

2.建立和完善员工考勤制度

目前，不少大中型企业已实施科学考勤制度，如登记、早晚打卡、办公系统登录显示等，结合工作业绩实施"动态"考核，对员工迟到、早退和旷工现象起到了较好的约束和监督作用。"动态"考核直接与工资、奖金相挂钩，一定程度上体现了用工程序的公平性。在中小民营企业中运用先进科技手段进行考勤的还相对较少，很多经验还需要借鉴。

3.建立和完善加班申请制度

企业不能强迫劳动者延长工作时间，否则应承担相应法律责任，所以，实行员工填写加班申请表制度后，一方面劳动者提高了加班劳动的主动性和积极性，另一方面企业也可以将加班申请的时间作为结算加班工资的依据。

互动课堂2-3

冯某是某公司的员工，2018年春节期间被安排加班7天，其中包括3天的法定节假日。春节过后，公司给冯某安排了7天的补休，没有支付其加班工资，而冯某坚持要求公司支付加班费。双方无法取得一致意见，冯某遂申请了劳动争议仲裁。

请问：法定节假日加班可以安排补休吗？为什么？

互动课堂2-3

分析提示

自学测试

一、选择题

自学测试2-3

1.根据《劳动法》和有关法律、法规的规定，劳动者的休息时间，主要有（　　　）。

　　A.一个工作日内的间歇时间　　　　　　B.两个工作日之间的休息时间

　　C.每周的公休假日　　　　　　　　　　D.法定节假日

　　E.其他节假日（年休假、探亲假、婚丧假、产假、工伤假）

2.我国工作时间制度的种类有（　　　）。

　　A.标准工时制　　　　　　　　　　　　B.缩短工时制

　　C.不定时工时制　　　　　　　　　　　D.综合计算工时制

　　E.计件工时制　　　　　　　　　　　　F.延长工时制

3.工作时间的法律范围包括以下工作时间形式：（　　　）。

　　A.劳动者实际从事生产或工作所需进行准备和结束工作的时间

　　B.劳动者实际完成工作和生产的作业时间

　　C.劳动者在工作过程中自然需要的中断时间

　　D.工艺中断时间、劳动者依法或单位行政安排离岗从事其他活动的时间

　　E.连续从事有害健康工作需要的间歇时间等

4.我国法定节假日有（　　　）。

A.元旦　　　　　　B.春节　　　　　　C.清明节　　　　　D.劳动节

E.端午节　　　　　F.中秋节　　　　　G.国庆节　　　　　H.青年节

二、判断题

1.标准工作时间为：职工每昼夜工作8小时为标准工作日；每周40小时为标准工作周，即每周工作5天，休息2天。　　　　　　　　　　　　　　　　　（　　）

2.劳动者每天应工作的时数叫工作日。　　　　　　　　　　　　　　（　　）

3.工作时间又称法定工作时间，是法律规定或劳动合同、集体合同约定的，劳动者在一定时间（1天、1周、1个月等）内必须用来完成其所担负工作的时间。　（　　）

4.中秋节放假1天，国庆节放假3天（10月1日、2日、3日）。　　（　　）

▶ 巩固与提高

一、选择题

1.根据《劳动合同法》的规定，国家实行劳动者每日工作（　　）小时、每周工作（　　）小时的标准工时制度。

A.6，36　　　　　　B.8，40　　　　　　C.8，48　　　　　　D.9，45。

2.我国目前实行缩短工作时间的主要有以下人员：（　　）。

A.从事矿山、井下、高山、高温、低温、有毒有害、特别繁重或过度紧张的劳动的职工

B.从事夜班工作的职工

C.在哺乳期工作的女职工

D.其他依法可以实行缩短工作时间的职工，如未成年工、怀孕7个月以上工作的女职工等

3.实行不定时工作制的企业职工，必须符合以下（　　）条件之一。

A.企业中的高级管理人员、外勤人员、推销人员和其他因工作无法按照标准工作时间衡量的职工

B.企业中的长途运输人员，出租汽车司机，铁路、港口、仓库的部分装卸人员，以及因工作性质特殊，需机动作业的职工

C.适合实行不定时工作的职工非标准工作时间的工时形式和适用岗位，依据《劳动法》的规定，用人单位必须履行法定的审批手续

4.综合计算工作时间制度的适用范围是（　　）。

A.交通、铁路、邮电、航空、水运渔业等工作性质特殊、需连续作业的职工

B.地质资源勘探、建筑、制盐、制糖、旅游等受季节和自然条件限制的行业的部分岗位或工种的职工

C.其他适合实行综合计算工时工作制的职工

5.允许延长工作时间的法定条件有（　　）。

A.在法定节日和公休假日内工作不能间断的

B.必须利用法定假日或公休假日的停产期间进行设备检修、保养的

C.由于生产设备、交通运输线路、公共设施等临时发生故障，必须进行抢修的

D.由于发生严重自然灾害，使人民的安全健康和国家财产遭到严重威胁，需进行抢修的

E.为了完成国防紧急生产任务，或者完成上级在国家计划外安排的其他紧急生产任务，以及商业、供销企业在旺季完成收购、运输、加工农副产品紧急任务的

6.下列选项中，不属于我国法定节假日的是（　　）。

A.元旦　　　　　　B.春节　　　　　　C.青年节　　　　　　D.劳动节

7.根据《职工带薪年休假条例》的规定，张某累计工作年限为15年，可以享受带薪年休假的天数为（　　）天。

A.5　　　　　　　　B.10　　　　　　　C.15　　　　　　　D.20

二、判断题

1.休息时间，又称休息休假，是指劳动者在国家规定的法定工作时间外自行支配的时间。（　　）

2.在法定休假日用人单位应当依法向劳动者支付工资，但是婚丧假期间以及依法参加社会活动期间，用人单位可以不支付工资。（　　）

3.用人单位因特殊原因需要延长工作时间的，在保障劳动者身体健康的条件下延长工作时间，每日不得超过3小时，每月不得超过36小时。（　　）

4.职工因工作遭受事故伤害或者患职业病需要暂停工作接受治疗的，在停工留薪期内，工资福利待遇可以降低到同岗工资的80%。（　　）

三、案例分析题

案例1　小张在A单位工作了3年10个月，在B单位工作了2年4个月，今年10月1日起到C单位工作。

请问：小张在C单位能休几天年休假？

案例2　牛某原来是一名国有企业职工，下岗后到某食品加工厂工作。2017年，该厂产品的需求量大增，连续接到大额订单，为了不错过这些客户，厂里决定让职工在1周内每天加班2小时，以求能按时完成订单。不久，牛某因妻子生病住院，晚上需要去医院陪护妻子，下班后还要去幼儿园接孩子，便向车间主任请假。车间主任当时并未表态。之后，牛某下班后没有加班，一直等到妻子出院以后，才开始加班。在月末评比时，厂领导以牛某擅自脱岗为由，将其辞退。牛某不服，向厂领导进行解释，但车间主任说牛某没有请假，于是厂领导决定维持原来的处罚。牛某遂向劳动争议仲裁委员会提起申诉。

请问：企业的做法合法吗？为什么？

四、问答题

1.简述我国工作时间、休息时间的概念。

2.我国有关延长工作时间的主要规定包括哪些？

3.我国实行哪些工时制度、休假制度？

任务四　工资支付问题的风险防范

➤ 学习目标

◆知识目标

了解工资的含义、特征、职能、形式；

掌握工资总额的组成；

正确理解有关工资法条。

◆能力目标

能够正确计算工资和合法支付员工工资，防范计算和支付员工工资不当行为给企业带来的风险。

➤ 重点难点

◆教学重点

我国的工资支付制度。

◆教学难点

员工工资的计算。

➤ 自学任务

◆自学内容

（1）线上或线下学习本部分教学内容，重点关注以下问题：①员工的工资总额由哪些部分组成？②工资如何约定及支付？③工资如何计算？

（2）自学完后完成本任务的自学测试。

自学课件 2-4-1：
员工的工资总额的构成

自学课件 2-4-2：
工资约定及支付

自学课件 2-4-3：
工资的计算

➤ 案例研讨

在线上或线下自学的基础上，以课程学习团队为单位，由团队负责人组织团队成员对案例进行讨论，达成一致意见，并制作PPT，选派一名代表在课堂上展示案例研讨结果。

案例1 某棉纺厂是一家外商独资企业，由于技术较先进，效益一直较好，2018年扩大生产规模，同时招收20名工人，在签订劳动合同时，棉纺厂提出约定2个月试用期，每月工资1 800元，试用期满后，如果合格，就会留用，每月工资将涨到2 000元。

20名工人都同意了这样的合同，在2个月的试用期间，工厂以目前的订单没有完成，资金周转不灵为由，没有发工资，此后的工资也没有发。这些工人的生活陷入困境。为此，20名工人找到厂长交涉，要求发工资。厂长说要发只能发试用期1个月的工资。工人们不服，提出要去仲裁评理。厂长很生气地说道："有本事就去。既然你们想闹。行，那我就跟你们拖，拖你们一年半载，看你们怎么办？有本事直接到法院啊，那样拖得时间更长。"这些工人听了之后不知道怎么办。

请问：工人要拿回工资应如何做？

案例2　2018年9月，小徐被某单位招用为工人，合同期为3年。在合同中，双方约定了2个月的试用期，试用期工资为每月1 200元。小徐在同年5月份看新闻得知，该企业所在地规定的最低工资标准每个月不能低于1 680元。可是小徐领工资的时候还是1 200元。小徐找到单位，要求按1 680元的最低工资发给自己。可是单位却不同意，坚持双方约定的试用期工资为1 200元。双方由此发生争议。

请问：小徐与单位约定试用期工资为1 200元合法吗？为什么？

案例3　宋某2018年被某企业招用，双方签订了5年期限的劳动合同，岗位为销售员，试用期为6个月。试用期间工资约定为1 700元/月。两个月后，宋某听说企业销售员岗位的起点工资是3 400元，觉得自己试用期工资太低。于是宋某找到企业老总，要求提高试用期工资，老总以宋某尚处在试用期，还不是正式职工为由拒绝增加和补发工资。

请问：企业与宋某约定试用期工资合法吗？为什么？

案例4　2017年6月，张某被某汽车贸易公司聘用为销售人员，张某与公司签订了书面劳动合同。该合同规定：合同期限为3年，张某的月工资为1 500元，奖金按销售业绩提成；每月月底之前支付工资。

某实业公司曾于2015年8月向张某所在的汽车贸易公司购买3辆汽车，购车时支付了部分货款，尚欠15万元。因该实业公司无资金偿还汽车贸易公司的剩余货款，2017年1月，汽车贸易公司与实业公司商定：实业公司以其生产组装的吸尘器抵偿债务，以每台吸尘器250元计算，来充抵货款。此后由于该吸尘器在市场上难以销售，2017年8月7日，汽车贸易公司董事会研究决定将抵债吸尘器以每台150元的价格，作为工资发售给公司员工，而员工被抵扣的工资则作为实业公司的货款还给汽车贸易公司。就这样，每个员工每个月被扣除1 200元。

张某虽然刚入职，没有业务提高奖金，但也每个月被扣1 200元。张某8月份的工资只领了300元，另外领了8台吸尘器回家。左思右想之后，张某以家庭经济困难为由，要求公司财务部按劳动合同规定，全额发放工资1 500元。

对此，财务部以无权决定为由，让张某找公司董事长，董事长不同意。张某于是就向劳动争议仲裁委员会提出申诉，要求汽车贸易公司按劳动合同规定，全额发放本人工资。

请问：汽车贸易公司将抵债吸尘器作为工资发售给公司员工的做法合理吗？为什么？

➡ **知识点学习**

一、工资的内涵

（一）工资的概念

工资，又称薪金，是指用人单位依据国家有关规定或劳动合同的约定，以货币形式直接支付给本单位劳动者的劳动报酬。

（二）工资的特征

工资与其他劳动报酬相比具有如下特征：

（1）工资是职工基于劳动关系所获得的劳动报酬；

（2）工资是用人单位对职工履行劳动义务的物质补偿，也就是说这是用人单位必须履行的义务；

（3）工资额的确定必须以劳动法规、集体合同和劳动合同的规定为依据；

（4）工资必须以法定的方式支付，一般只能用法定货币支付，并且要定期、持续支付。

（三）工资的构成和形式

1.工资的构成

我国法律所规定的工资，一般由基本工资和辅助工资构成。

（1）基本工资。基本工资是指劳动者在法定或约定工作时间内提供正常劳动所得的报酬，它是构成劳动者所得工资额的基本组成部分。

（2）辅助工资。辅助工资即基本工资以外的、在工资构成中处于辅助地位的工资组成部分。它通常是用人单位对劳动者支出的、超出正常劳动之外的劳动耗费所给予的报酬。常见的有奖金、津贴补贴、加班加点工资等。

2.工资的形式

当前主要有计时工资和计件工资两种形式。

（四）工资的职能

1.分配职能

工资是向职工分配个人消费品的社会形式，职工所得的工资额也就是社会分配给职工的个人消费品份额。

2.保障职能

工资作为职工的生活来源，其首要作用是保障职工及其家庭的基本生活需要。

3.激励职能

工资是对职工劳动的一种评价尺度和手段，对职工劳动积极性具有鼓励作用。

4.杠杆职能

工资是国家用来进行宏观经济调节的经济杠杆，对劳动力的总体布局、劳动力市场、国民收入分配、产业结构变化等都有直接或间接的调节作用。

（五）工资总额组成

工资总额由下列六个部分组成：

1.计时工资

计时工资是指按计时工资标准（包括地区生活费补贴）和工作时间支付给个人的劳动报酬。

2.计件工资

计件工资是指对已做工作按计件单价支付的劳动报酬。

3.奖金

奖金是指支付给职工的超额劳动报酬和增收节支的劳动报酬。

4.津贴和补贴

津贴和补贴是指为了补偿职工特殊或额外的劳动消耗和因其他特殊原因支付给职工的津贴，以及为了保证职工工资水平不受物价影响支付给职工的物价补贴。（矿山井下津贴、高温补贴、野外施工津贴、山区津贴等）

5.加班加点工资

加班加点工资是指按规定支付的加班工资和加点工资。

6.特殊情况下支付的工资

具体包括：

（1）根据国家法律、法规和政策规定，因病、工伤、产假、计划生育假、婚丧假、事假、探亲假、定期休假、停工学习、执行国家或社会义务等原因按计时工资标准或计时工资标准的一定比例支付的工资；

（2）附加工资、保留工资。

下列各项不列入工资总额的范围：

◆根据国务院发布的有关规定颁发的发明创造奖、自然科学奖、科学技术进步奖和支付的合理化建议和技术改进奖以及支付给运动员、教练员的奖金；

◆有关劳动保险和职工福利方面的各项费用；

◆有关离休、退休、退职人员待遇的各项支出；

◆劳动保护的各项支出；

◆稿费、讲课费及其他专门工作报酬；

◆出差伙食补助费、误餐补助、调动工作的旅费和安家费；

◆对自带工具、牲畜来企业工作职工所支付的工具、牲畜等的补偿费用；

◆实行租赁经营单位的承租人的风险性补偿收入；

◆对购买本企业股票和债券的职工所支付的股息（包括股金分红）与利息；

◆劳动合同制职工解除劳动合同时由企业支付的医疗补助费、生活补助费等；

◆因录用临时工而在工资以外向提供劳动力单位支付的手续费或管理费；

◆支付给家庭工人的加工费和按加工订货办法支付给承包单位的发包费用；

◆支付给参加企业劳动的在校学生的补贴。

二、工资约定及支付

（一）工资约定

《劳动法》第四十六条规定："工资分配应当遵循按劳分配原则，实行同工同酬。"

《劳动法》第四十八条规定："国家实行最低工资保障制度。最低工资的具体标准由省、自治区、直辖市人民政府规定，报国务院备案。

用人单位支付劳动者的工资不得低于当地最低工资标准。"

《劳动合同法》第二十条规定："劳动者在试用期的工资不得低于本单位相同岗位最低档工资或者劳动合同约定工资的80%，并不得低于用人单位所在地的最低工资标准。"

可见，工资的约定，法律有明确的规定。

1.试用期工资的约定

（1）劳动者在试用期的工资不得低于本单位相同岗位最低档工资或者劳动合同约定工资的80%。

（2）不得低于用人单位所在地的最低工资标准。

2.转正后的工资约定

（1）用人单位支付劳动者的工资不得低于当地最低工资标准。

（2）遵循按劳分配原则，实行同工同酬。

（二）工资支付

工资支付是工资分配的最终环节。工资支付是否合理、合法、真实、准确，直接影响到劳动者的切身利益，必须依法确定并予以保护。1994年12月6日，劳动部制定发布了《工资支付暂行规定》，以规范用人单位的工资支付行为，维护劳动者的合法权益。

1.工资支付制度的概念

工资支付制度是指工资的具体发放办法及规定。

2.工资支付的规则

《劳动法》第五十条规定："工资应当以货币形式按月支付给劳动者本人。不得克扣或者无故拖欠劳动者的工资。"

《劳动合同法》第三十条第一款规定："用人单位应当按照劳动合同约定和国家规定，向劳动者及时足额支付劳动报酬。"

这些法律规定了工资支付必须遵守以下规则：

（1）全额支付规则。全额支付即法定和约定应当支付给职工的工资项目和工资额，必须全部支付，不得克扣。

"克扣"是指用人单位对履行了劳动合同规定的义务和责任，保质保量完成生产工作任务的劳动者，不支付或未足额支付其工资。

（2）货币支付规则。工资应当以法定货币支付，不得以实物和有价证券代替货币支付。

（3）定期支付规则。定期支付即工资必须在固定的日期支付。不得"无故拖欠"。

"按月支付"应理解为：每月至少发放一次工资，实行月薪制的单位，工资必须每月发放，超过企业与职工约定或劳动合同规定的每月支付工资的时间发放工资即为不按月支付。实行小时工资制、日工资制、周工资制的单位工资也可以按日或按周发放，并且要足额发放。

"无故拖欠"应理解为：用人单位无正当理由在规定时间内故意不支付劳动者工资。

除非有正当理由，用人单位不得超过规定付薪时间支付劳动者工资。

这里所谓的正当理由主要包括：用人单位遇到非人力抗拒的自然灾害、战争等原因无法支付工资；用人单位确因生产经营困难，资金周转受到影响，在征得本单位工会同意后，可暂时延期支付劳动者工资，延期的最长时间限制由各省、自治区、直辖市劳动行政部门根据各地情况确定。

（4）优先支付原则。用人单位依法破产时，劳动者有权获得其工资。在破产清偿中用人单位应按《中华人民共和国企业破产法》规定的清偿顺序，首先支付欠付本单位劳动者的工资。

（5）直接支付规则。工资应当以货币形式按月支付给劳动者本人。

3.特殊情况下的工资支付

特殊情况下的工资支付是指在非正常情况下，按照国家规定应当按计时工资标准或其一定比例支付工资。

在我国，法定应当支付工资的特殊情况，主要有：

（1）职工在法定工作时间内依法参加社会活动，用人单位应视同其为提供了正常劳动而支付工资。

社会活动包括：依法行使选举权或被选举权；当选代表出席乡（镇）、区以上政府、党派、工会、青年团、妇女联合会等组织召开的会议；出任人民法庭证明人；出席劳动模范、先进工作者大会；《中华人民共和国工会法》规定的不脱产工会基层委员会委员因工会活动占用的生产或工作时间；其他依法参加的社会活动。

（2）职工在法定休息日和年休假、探亲假、婚假、丧假期间，用人单位应按规定标准支付工资。

（3）非因劳动者原因停工、停产期间工资支付。

非因劳动者原因造成单位停工、停产在一个工资支付周期内的，用人单位应按劳动合同规定的标准支付劳动者工资。超过一个工资支付周期的，若劳动者提供了正常劳动，则支付给劳动者的劳动报酬不得低于当地的最低工资标准；若劳动者没有提供正常劳动，应按国家有关规定办理。

（4）职工在调动工作期间、脱产学习期间、被错误拘押期间、错判服刑期间，用人单位应当按国家规定或劳动合同的标准支付工资。

（5）职工被公派在国（境）外工作、学习期间，其国内工资按国家规定的标准支付。

（6）职工加班加点应当依法定标准支付加班加点工资。

（三）违法约定和支付工资的法律责任

根据《劳动合同法》第三十八条的规定，用人单位有下列情形之一的，劳动者可以解除劳动合同：未按照劳动合同约定提供劳动保护或者劳动条件的；未及时足额支付劳动报酬的；未依法为劳动者缴纳社会保险费的；用人单位的规章制度违反法律、法规的规定，损害劳动者权益的；因本法第二十六条第一款规定的情形致使劳动合同无效的；法律、行政法规规定劳动者可以解除劳动合同的其他情形。

根据《劳动合同法》第四十六条的规定，有下列情形之一的，用人单位应当向劳动者支付经济补偿：劳动者依照本法第三十八条规定解除劳动合同的；用人单位依照本法第三十六条规定向劳动者提出解除劳动合同并与劳动者协商一致解除劳动合同的；用人单位依照本法第四十条规定解除劳动合同的；用人单位依照本法第四十一条第一款规定解除劳动合同的；除用人单位维持或者提高劳动合同约定条件续订劳动合同，劳动者不同意续订的情形外，依照本法第四十四条第一项规定终止固定期限劳动合同的；依照本法第四十四条第四项、第五项规定终止劳动合同的；法律、行政法规规定的其他情形。

　　根据《劳动合同法》第八十五条的规定，用人单位有下列情形之一的，由劳动行政部门责令限期支付劳动报酬、加班费或者经济补偿：劳动报酬低于当地最低工资标准的，应当支付其差额部分；逾期不支付的，责令用人单位按应付金额50%以上100%以下的标准向劳动者加付赔偿金：未按照劳动合同的约定或者国家规定及时足额支付劳动者劳动报酬的；低于当地最低工资标准支付劳动者工资的；安排加班不支付加班费的；解除或者终止劳动合同，未依照本法规定向劳动者支付经济补偿的。

（四）劳动者追讨劳动报酬的便捷途径

　　《劳动合同法》第三十条第二款规定："用人单位拖欠或者未足额支付劳动报酬的，劳动者可以依法向当地人民法院申请支付令，人民法院应当依法发出支付令。"

　　支付令，是民事诉讼中的督促程序。它是指人民法院根据债权人的给付金钱和有价证券的申请，以支付令的形式，催促债务人限期履行义务的一种特殊法律程序。

三、工资的计算

（一）员工工作时间及相应的工资计算

　　员工工作时间及相应的工资计算方法见表2-2。

表2-2　　　　　　　　　　　员工工作时间及相应的工资计算方法

工作时间及工资折算		计算方法
计算工作时间	年工作日	365天–104天（休息日）–11天（法定节假日）=250天
	季工作日	250天÷4天=62.5天/季
	月工作日	250天÷12月=20.83天/月
	工作小时数	月、季、年的工作日×8小时
工资折算	日工资	月工资收入÷月计薪天数
	小时工资	月工资收入÷（月计薪天数×8小时）
	月计薪天数	（365天–104天）÷12月=21.75天

（二）不同工时制度下员工的加班费计算

　　不同工时制度下员工的加班费计算方法见表2-3。

表 2-3　　　　　　　　　　不同工时制度下员工的加班费计算方法

工时制度	加班时间	加班费计算方法
标准工时制度	正常工作日加班（加点）	小时工资×150%×加班小时
	休息日（周六日）加班	日工资×200%×加班天数
	法定节假日加班	日工资×300%×加班天数
计件工资制度	完成计件定额任务后，正常工作日加班	计件单价×150%
	完成计件定额任务后，休息日加班	计件单价×200%
	完成计件定额任务后，法定节假日加班	计件单价×300%
综合计算工时制	综合计算工作时间超过法定标准工作时间的部分视为延长工作时间	小时工资×150%×延长小时数
	法定节假日安排劳动者工作的	小时工资×300%×工作小时数
不定时工作制	工作时间不确定，一般无法实行加班加点制度，其工资可根据用人单位按照本单位的工资制度计发	

（三）医疗期的工资计算

《企业职工患病或非因工负伤医疗期规定》第二条规定："医疗期是指企业职工因患病或非因工负伤停止工作治病休息不得解除劳动合同的时限。"

《企业职工患病或非因工负伤医疗期规定》第三条规定："企业职工因患病或非因工负伤，需要停止工作医疗时，根据本人实际参加工作年限和在本单位工作年限，给予 3 个月到 24 个月的医疗期：

（1）实际工作年限 10 年以下的，在本单位工作年限 5 年以下的为 3 个月；5 年以上的为 6 个月。

（2）实际工作年限 10 年以上的，在本单位工作年限 5 年以下的为 6 个月；5 年以上 10 年以下的为 9 个月；10 年以上 15 年以下的为 12 个月；15 年以上 20 年以下的为 18 个月；20 年以上的为 24 个月。"

《企业职工患病或非因工负伤医疗期规定》第四条规定："医疗期 3 个月的按 6 个月内累计病休时间计算；6 个月的按 12 个月内累计病休时间计算；9 个月的按 15 个月内累计病休时间计算；12 个月的按 18 个月内累计病休时间计算；18 个月的按 24 个月内累计病休时间计算；24 个月的按 30 个月内累计病休时间计算。"

表 2-4 为医疗期的计算。

表 2-4　　　　　　　　　　　　医疗期的计算

实际参加工作年限	本单位工作年限	医疗期	累计病休时间
10 年以下	5 年以下	3 个月	按 6 个月内累计
	5 年以上	6 个月	按 12 个月内累计
10 年以上	5 年以下	6 个月	按 12 个月内累计
	5 年以上 10 年以下	9 个月	按 15 个月内累计
	10 年以上 15 年以下	12 个月	按 18 个月内累计
	15 年以上 20 年以下	18 个月	按 24 个月内累计
	20 年以上	24 个月	按 30 个月内累计

《企业职工患病或非因工负伤医疗期规定》第五条规定："企业职工在医疗期内，其病假工资、疾病救济费和医疗待遇按照有关规定执行。"

《关于贯彻执行〈中华人民共和国劳动法〉若干问题的意见》第五十九条规定："职工患病或非因工伤治疗期间，在规定的医疗期内由企业按有关规定支付其病假工资或疾病救济费，病假工资或疾病救济费可以低于当地最低工资标准支付，但不能低于最低工资标准的80%。"

（四）女职工"三期"工资计算

《女职工劳动保护特别规定》第五条规定："用人单位不得因女职工怀孕、生育、哺乳降低其工资、予以辞退、与其解除劳动或者聘用合同。"

四、工资支付的法律风险防范

劳动立法要求用人单位应及时、足额支付劳动报酬，主要体现为按月以货币形式支付，且一般情况下不得低于最低工资标准，同时可基于正当的理由进行扣减、延期支付。在劳动用工管理实务中，上述规定基本可以得到正确的理解和适用，但依然有很多关于劳动报酬支付方面的争议，足以证明工资支付环节的复杂性和重要性。因此，HR除了掌握一般的法律规定及其法律风险防范措施以外，还要掌握实务中常见误区及相应的风险防控措施。

（一）正确理解按月支付

按月支付是否意味着每月必须支付当月工资？很多用人单位均规定当月支付上个月工资。理由很简单，一方面，支付上个月工资，意味着考勤、绩效考核等数据是完整的、充分的，有利于工资的结算；另一方面，就是有利于对劳动者随时离职的制约。事实上，劳动立法只规定按月支付工资，并没有规定只能支付当月工资。

（二）不能以"罚款"的形式扣减工资

"罚款"作为一种用人单位对员工处罚的措施，出现在《企业职工奖惩条例》中，与当时的政治、经济及社会环境并不冲突，是人力资源行政主导和管控模式的一种体现。但随着市场经济和劳动力市场化改革的纵深发展，劳动立法的不断完善，用人单位对员工的"罚款"已完全不符合法理和法治要求，且《企业职工奖惩条例》已失效，罚款已失去其直接的法律依据。因此，无论用人单位的依据有多么充分，证据有多么确凿，只要是对员工进行"罚款"，都有不被仲裁和法院认可的风险，司法实践中对这一观念已逐渐达成一致。既然不能"罚款"，能否有简单有效的方法代替"罚款"并达到相应的目标呢？建议用人单位真正让浮动工资动起来，在有充分依据的情况下扣减浮动部分的工资，这样不仅没有无故扣减工资的法律风险，还可以顺利实现绩效工资的目标。

（三）正确理解和运用"正当理由"

劳动法规定，用人单位在有正当理由的条件下，可以扣减、拖欠工资。但很多用人单位在遇到诸如经营出现严重困难、严重亏损、需要转产等客观情况发生重大变化时，对员工劳动报酬和劳动关系的处理依然非常被动，动辄被仲裁机构和法院作出不利的裁判。原因在于，用人单位想当然地认为，只要出现正当的理由，就可以随意扣减或拖欠工资。然而，劳动法的要求不仅是实体上的，单位确实出现正当理由的情形，程序上也必须履行满足相应的举证、说明、协商等程序；否则，所谓正当理由就"不正当"。因此，用人单位对照劳动法中关于正当理由的相关情形，应准备相应的举证、说明等处理环节的程序性材料，并在此基础上实施相应的扣减或拖延工资的方案。

（四）工资结算环节要贯彻"关联性"和"彻底性"原则

"关联性"原则有两层含义：其一，要求结算和支付时的工资构成、形式、比例与劳动合同和薪酬制度中的约定是关联的、一致的，即使有变动，也需要有明确的依据；其二，工资的约定、工资支付凭证（工资条）、工资支付表（工资清单）等相应的材料之间所载明的内容是关联的和相互印证的。比如员工缺勤的，需要扣减相应的工资，则相应的考勤表、工资条、工资清单等材料均要体现出来。实务中关于劳动报酬支付的争议，很多单位之所以败诉，并不在于其没有理由，而在于这些理由未能体现关联性和一致性。

"彻底性"原则，是要求用人单位在支付和结算工资的时候，应该有彻底解决的意识并设计相应的豁免机制。工资的支付具有动态性和复杂性，涉及很多部门，人力资源部门的工作只是负责结算和支付，难免因衔接不到位而出现疏漏。此时，必须在相应的工资支付凭证中设计相应的豁免条件，如3日内员工可出面提出异议，并提供相应的书面材料；否则，用人单位豁免一切与工资支付有关的责任。

互动课堂 2-4

　　老钟是某物业公司的清洁工，月工资2 000元。2018年元旦，老钟在1月1日、2日、3日都正常上班，到月底领工资时发现工资仍是2 000元，公司并没有支付加班费。老钟要求公司支付其元旦3天的加班工资，公司补给老钟240元，声称其元旦期间每天加班费为80元。老钟觉得公司的做法不妥，但又不知道自己元旦3天的加班费到底是多少。

　　请问：老钟的元旦加班费应如何计算？

互动课堂2-4

分析提示

➤ 自学测试

一、选择题

1. 工资的构成有（　　　）。

自学测试2-4

A.基本工资　　　　　　　　　　　B.辅助工资

C.计时工资　　　　　　　　　　　D.计件工资

2. 工资总额由（　　）组成。

A.计时工资　　　　　B.计件工资　　　　　C.奖金

D.津贴和补贴　　　　E.加班加点工资　　　F.特殊情况下支付的工资

3. （　　）不属于工资范围。

A.单位支付给劳动者个人的社会保险福利费用，如丧葬抚恤救济费、生活困难补助费、计划生育补贴等

B.劳动者的奖金、津贴和补贴

C.劳动者的劳动保护方面的费用，如用人单位支付给劳动者的工作服、解毒剂、清凉饮料费用等

D.劳动者的稿费

4.试用期工资的约定，正确的有（　　　）。

A.劳动者在试用期的工资不得低于本单位相同岗位最低档工资或者劳动合同约定工资的80%

B.不得低于用人单位所在地的最低工资标准

C.遵循按劳分配原则，实行同工同酬

二、判断题

1.工资，又称薪金，是指用人单位依据国家有关规定或劳动合同的约定，以货币形式直接支付给本单位劳动者的劳动报酬。　　　　　　　　　　　　　（　　）

2.工资主要有计时工资和计件工资两种形式。　　　　　　　　　　　　（　　）

3.劳动者在试用期的工资不得低于本单位相同岗位最低档工资或者劳动合同约定工资的80%，可以低于用人单位所在地的最低工资标准。　　　　　　　　（　　）

4.用人单位应当按照劳动合同约定和国家规定，向劳动者及时足额支付劳动报酬。（　　）

5.职工在法定工作时间内依法参加社会活动，用人单位应视同其为提供了正常劳动而支付工资。　　　　　　　　　　　　　　　　　　　　　　　　　（　　）

6.用人单位拖欠或者未足额支付劳动报酬的，劳动者可以依法向当地人民法院申请支付令，人民法院应当依法发出支付令。　　　　　　　　　　　　　　　（　　）

7.《女职工劳动保护特别规定》第五条规定：用人单位不得因女职工怀孕、生育、哺乳而降低其工资、予以辞退、与其解除劳动或者聘用合同。　　　　　　　（　　）

8.根据《企业职工患病或非因工负伤医疗期规定》，企业职工因患病或非因工负伤，需要停止工作医疗时，根据本人实际参加工作年限和在本单位工作年限，给予3个月到24个月的医疗期。　　　　　　　　　　　　　　　　　　　　　　　（　　）

▶ 巩固与提高 ◀

一、选择题

1.工资的形式有（　　　）。

A.基本工资　　　　B.辅助工资　　　　C.计时工资　　　　D.计件工资

2.根据有关规定，（　　　）支出不应列入企业工资总额范围。

A.计时工资　　　　B.计件工资　　　　C.加班工资　　　　D.职工福利费用

3.计时工资指按职工（　　　）支付工资的一种形式。

A.技术熟练程度　　　　　　　　　B.劳动繁重程度

C.工作时间的长短　　　　　　　　D.生活费的额外支出

4.在（　　　）期间，劳动者在法定工作时间内提供了正常劳动的，用人单位应支付不低于最低工资标准的工资。

A.试用　　　　　　　B.见习　　　　　　　C.医疗

D.下岗　　　　　　　E.熟练

5.用人单位支付劳动者的工资不得低于（　　　）标准。

A.当地最低工资　　　　　　　　　　B.全国最低工资

C.东部地区工资　　　　　　　　　　D.西部地区工资

6.按照《劳动合同法》的规定，用人单位拖欠或者未足额支付劳动报酬的，劳动者可以向（　　　）申请支付令，人民法院应当依法发出支付令。

A.当地人民法院　　　　　　　　　　B.当地劳动保障行政部门

C.当地人民法院或劳动保障行政部门　D.公安机关

7.在我国，法定应当支付工资的特殊情况，主要有（　　　）。

A.职工在法定工作时间内依法参加社会活动，用人单位应视同其为提供了正常劳动而支付工资

B.职工在法定休息日和年休假、探亲假、婚假、丧假期间，用人单位应按规定标准支付工资

C.非因劳动者原因停工、停产期间支付工资

D.职工在调动工作期间、脱产学习期间、被错误拘押期间、错判服刑期间，用人单位应当按国家规定或劳动合同的标准支付工资

E.职工被公派在国（境）外工作、学习期间，其国内工资按国家规定的标准支付

F.职工加班加点应当依法定标准支付加班加点工资

8.按照《劳动合同法》的规定，用人单位未按照劳动合同的约定或者国家规定及时足额支付劳动者劳动报酬的，（　　　）。

A.由劳动行政部门责令限期支付劳动报酬、加班费或者经济补偿

B.劳动行政部门责令用人单位限期支付，但用人单位逾期不支付的，用人单位按应付金额50%以上100%以下的标准向劳动者加付赔偿金

C.劳动行政部门以每人500元以上2 000元以下的标准处以罚款

D.劳动行政部门以每人1 000元以上2 000元以下的标准处以罚款

9.按照《劳动合同法》的规定，用人单位安排加班又不依法支付加班费的，（　　　）。

A.由劳动行政部门责令限期支付加班费

B.劳动行政部门责令用人单位按应付金额50%以上500%以下的标准向劳动者加付赔偿金

C.如劳动行政部门责令用人单位限期支付，但用人单位逾期不支付的，劳动行政部门责令用人单位按应付金额50%以上100%以下的标准向劳动者加付赔偿金

D.劳动行政部门责令用人单位按应付金额50%以上200%以下的标准向劳动者加付赔偿金

10.（　　　），用人单位应支付工资。

A.劳动者占用生产或工作时间行使选举权或被选举权

B.劳动者占用生产或工作时间当代表出席区以上政府、工会、党派、青年团等会议

C.劳动者占用生产或工作时间出任人民法庭证明人

D.不脱产工会劳委会委员因工会活动占用的生产或工作时间

11.根据《劳动法》的规定，用人单位依法安排劳动者在休息日工作，不能安排补

休的，应当按照不低于劳动合同规定的劳动者本人日或小时工资标准的（　　）支付劳动者工资。

A.100%　　　　　　B.150%　　　　　　C.200%　　　　　　D.300%

二、判断题

1.基本工资是指劳动者在法定或约定工作时间内提供正常劳动所得的报酬。（　　）

2.奖金是指为了补偿职工特殊或额外的劳动消耗和因其他特殊原因支付给职工的津贴，以及为了保证职工工资水平不受物价影响支付给职工的物价补贴。（　　）

3.职工患病或非因工负伤治疗期间，在规定的医疗期内由企业按有关规定支付其病假工资或疾病救济费，病假工资或疾病救济费可以低于当地最低工资标准支付，可以低于最低工资标准的80%。（　　）

4.全体公民的法定节日假期为11天。（　　）

三、案例分析题

案例1　某服装制造公司经劳动行政部门批准实行综合计算工时制，小柯是该公司的1名缝纫工人，工资按月计算工作时间计发。

2018年11月份，小柯在工作期间的5次休息日（每次2天）中仅休息了3天。领取当月工资时，小柯要求公司支付7个休息日的加班费，但公司提出小柯11月份的工作时间为198个小时，所以只能支付31.36小时的加班费。小柯不服，向当地劳动争议仲裁委员会提出申诉。

请问：小柯的加班费应如何计算？

案例2　小玲是某企业车间1名普通的生产人员。她在该企业工作第三年的某天，因雨天路滑，在回家途中不慎摔倒，造成左脚小腿骨折，经医生诊断，需要疗养一段时间才能上班。小玲所在的企业允许其休养，但要停发她在养病期间的工资，直到她能够正常上班为止。小玲对该企业的决定不服，认为自己应该享受医疗期待遇，遂将该企业诉至劳动争议仲裁委员会。

请问：企业停发小玲养病期间工资是否合法？请说明理由。

案例3　苏某是某果品厂工人，2018年6月中旬产假期满后上班。上班后，苏某向工厂写了请假申请，每天喂小孩2次，每次半小时，公司同意了其请假申请。在领到休完产假上班后的第一个月工资时，苏某发现该厂按每天1小时的事假扣发了其工资和奖金。苏某向厂里提出哺乳不能按事假处理，要求工厂补发其所扣的工资和奖金。

请问：该果品厂能否扣发苏某哺乳期内的工资？为什么？

案例4　王某是某设备制造厂的职工。2018年，该设备制造厂为了扩大生产规模，计划向本厂职工发行债券，全厂每个职工每人分摊800元。在当月发放工资时，每人少发工资800元，以800元工厂的债券代替。王某认为工厂这样做不对，工厂效益良好，有能力足额、以货币形式发放工资，要求工厂将800元工资发放下来，不接受工厂的债券。工厂不同意。于是王某向当地劳动争议仲裁委员会申请仲裁。

请问：王某的要求合法吗？为什么？

四、问答题

1.什么是工资？它有哪些特征？

2.工资总额由哪些部分组成？

任务五　社会保险问题的风险防范

➡ 学习目标

◆ 知识目标

了解社会保险的概念、特征；

熟练掌握我国社会保险的基本制度、含义、缴费比例、待遇；

正确理解社会保险的相关法规。

◆ 能力目标

能够依法办理社会保险事务，防范社会保险事务处理不当给企业带来的风险。

➡ 重点难点

◆ 教学重点

社会保险的基本制度。

◆ 教学难点

社会保险费用的缴纳。

➡ 自学任务

◆ 自学内容

（1）线上或线下学习本部分教学内容，重点关注以下问题：①我国社会保险包括哪些内容？②社会保险有哪些特征？

（2）自学完后完成本任务的自学测试。

自学课件 2-5-1：
我国社会保险的基本制度

自学课件 2-5-2：
我国社会保险的特征

自学课件 2-5-3：
社会保险的法律风险防范

➡ 案例研讨

在线上或线下自学的基础上，以课程学习团队为单位，由团队负责人组织团队成员对案例进行讨论，达成一致意见，并制作 PPT，选派一名代表在课堂上展示案例研讨结果。

案例 1　周某是某酒店工程部的维修工人，2017 年 5 月入职当天，周某书面向酒店提出声明，称个人自愿放弃社会保险，但要求酒店将应缴纳的社会保险费直接发到自己的工资卡里，酒店同意了周某的要求，没有为周某办理社会保险缴纳手续，而是将周某应缴纳的社会保险费直接打到其个人的工资卡上。

2018年9月，周某以酒店未为其缴纳社会保险为由提出辞职，并要求酒店为其补缴。酒店认为按照周某入职时的书面请求，一直都是将周某的社会保险直接计发至其工资卡里，周某要求补缴社会保险费属于无理取闹。双方争执不下，遂申请了劳动仲裁。

请问：酒店该不该为周某缴纳社会保险？为什么？

案例2　黄先生于2017年4月22日与北京某公司签订了3年期限的劳动合同，试用期为6个月。2018年2月，黄先生通过社会保险网查询缴费记录时，发现公司未给其缴纳试用期间的社会保险费。黄先生便向公司提出了补缴社会保险费的要求。但公司以试用期不给缴纳社会保险为由拒绝了黄先生的要求。

由于与公司无法协商一致，黄先生申请劳动仲裁，要求公司补缴试用期的社会保险费。

请问：员工在试用期，用人单位要给其缴纳社会保险费吗？为什么？

案例3　黄某2018年7月大学毕业后进入某公司工作，基本工资2 000元，加上各类津贴、奖金和加班工资每月累计达3 000元。公司根据养老保险的规定，按照20%的比例为黄某缴纳基本养老保险费，并代扣代缴黄某8%的个人缴费部分。

同年年底，黄某查询自己的基本养老保险缴费记录，发现公司是以2 000元为缴费工资基数为其缴纳基本养老保险费的，遂要求公司以自己的工资总额3 000元为基数缴纳社会保险费。公司不同意，黄某便申请了劳动仲裁。

请问：养老保险的缴费基数该如何确定？

案例4　2018年4月，刘某应聘到石家庄市某商贸公司工作，双方签订了3年的劳动合同，合同中规定每月工资1 700元，在社会保险方面，商贸公司与刘某达成协议，即公司可以不给其缴纳社会保险，将其每月的工资提高300元，即按2 000元计发。刘某觉得还是多拿点工资好，至于办不办社会保险，也没什么关系。

请问：用人单位和劳动者双方自愿、协商一致，就不缴纳社会保险进行约定合法吗？为什么？

知识点学习

一、社会保险的含义

社会保险是指通过国家立法形式，对参保人在年老、疾病、工伤、失业、生育等情况下依法提供物质帮助，使其享有基本生活保障的一项社会保障制度。

二、我国社会保险的基本制度

《中华人民共和国社会保险法》（以下简称《社会保险法》）第二条规定："国家建立基本养老保险、基本医疗保险、工伤保险、失业保险、生育保险等社会保险制度，保障公民在年老、疾病、工伤、失业、生育等情况下依法从国家和社会获得物质帮助的权利。"

我国社会保险包括基本养老保险、基本医疗保险、工伤保险、失业保险、生育保险等。

（一）基本养老保险

1.基本养老保险的含义

基本养老保险是指国家立法实施的，通过参保人、用人单位和政府等多方筹资形成基金，对参保并缴纳费用、达到待遇领取条件者依法提供物质帮助，在其因年老而退出生产或工作岗位后，享有基本生活保障的一项社会保险制度。

基本养老保险制度包括职工基本养老保险制度、城乡居民基本养老保险度。

职工基本养老保险制度是指国家对用人单位及其职工强制实施的基本养老保险制度，实行用人单位和职工共同缴费，政府补贴的筹资模式，基础养老金和个人账户养老金相结合的待遇支付方式。

城乡居民基本养老保险制度是指国家为保障城乡居民年老后基本生活而建立的基本养老保险制度，实行个人缴费、集体补助、政府补贴的筹资模式，基础养老金和个人账户养老金相结合的待遇支付方式。

2.我国职工养老保险的形式

我国职工养老保险有三种形式：

（1）退休。职工因年老或病残而完全丧失劳动能力，退出生产和工作岗位养老休息时获得一定物质帮助的制度。它是养老保险的基本形式，其适用范围具有普遍性。

（2）离休。中华人民共和国成立前参加革命工作的老干部达到一定年龄后离职休养的制度。它既是一种特殊的干部安置措施，又是一种特殊的退休形式。

（3）退职。职工不符合退休条件但完全丧失劳动能力而退出职务和工作岗位进行休养的制度。在养老保险体系中，它作为退休的一种补充形式而存在，以补充退休在适用范围上的不足。

3.我国职工养老保险待遇的享受条件

（1）退休年龄条件。我国关于退休年龄的规定，主要内容包括：

◆一般退休年龄。男60岁，女50岁（工人岗位）和55岁（管理、技术岗位）。

◆提前退休年龄。国家公务员的提前退休年龄为，男55岁、女50岁；因从事有害身体健康工作和工伤（职业病）致残而完全丧失劳动能力的职工和连续工龄满30年的国家公务员，退休不受年龄限制；

◆延迟退休年龄。例如，高级专家经批准可延迟退休，但正职不超过70岁、副职不超过65岁。

（2）退休工龄条件。享受退休待遇，除达到退休年龄外，一般还应同时达到一定的工龄。

在我国，按规定职工退休一般需连续工龄满10年；国家公务员提前退休一般需连续工龄满20年，连续工龄满30年者提前退休可不受年龄限制；但因工伤（职业病）致残完全丧失劳动能力的职工，退休不以连续工龄为条件。

在实行社会保险制度改革的过程中，凡个人缴纳保险费的职工，退休的连续工龄条件被缴费年限条件所取代。对实行缴费制度以后才初次就业的劳动者，应要求其缴纳养老保险费年限须累积满法定最低年限。

（3）其他退休条件。除上述条件外，在有的情况下还需具备其他特殊条件。例如，我国规定，提前和延迟退休，都应经有关部门和机构批准；从事有害身体健康工作的职工和因工伤（职业病）致残的职工提前退休，须依法证明完全丧失劳动能力。

（4）离休条件。我国现行法规中规定的离休条件，包括年龄条件和身份条件两种。离休年龄与国家公务员退休年龄相同。身份条件是指离休者必须是中华人民共和国成立前参加革命工作的老干部。国务院在有关法规中就"新中国成立前参加革命工作"作了具体界定，其中主要包括：

①1949年9月30日前，参加中国共产党领导的革命军队的干部，在解放区工会参加革命工作并脱产享受供给制待遇的干部，在敌占区从事地下革命工作的干部。

②1948年以前，在解放区参加革命工作并享受薪金制待遇的干部。

③"政协"第一次全会召开前加入各民主党派，一直拥护中国共产党、坚持革命工作的干部。

（5）退职条件。我国现行法律、法规规定的退职条件包括：

①经依法证明完全丧失劳动能力；

②不具备某项退休条件，如未达到规定的退休年龄或连续工龄。

（6）权利丧失条件。这是立法特别规定的应当使被保险人丧失享受养老保险待遇之权利的条件。例如，被保险人在服刑期间，或者在尚未达到养老保险待遇享受条件前移居境外，就可规定为此种条件。

4.养老保险待遇的内容、标准和给付

（1）职工养老保险待遇的内容。

①退休待遇。退休待遇的内容，一般包括：

退休金。退休金即退休人员依法领取的生活费用。从退休的第二个月起停发工资，每月按规定标准发给退休金，直至去世为止。

医疗待遇和死亡待遇与在职职工相同。

其他待遇。如易地安家补助费、易地安置车旅费、住房补贴、冬季取暖补贴，均按规定的标准执行。

②离休待遇。离休实行"基本政治待遇不变、生活待遇略为从优"的原则，其水平高于退休待遇，主要内容有：

颁发离休干部荣誉证，提高干部级别。

原工资照发，并每年按离休前标准工资增发一定月数的工资作为生活补助费，按规定标准每月加发补贴。

享受公费医疗和司局级以上干部的保健医疗。

按规定标准发给安置补助费和护理费。其他非生产性福利待遇与同级在职干部相同。

③退职待遇。退职待遇的水平低于退休待遇。其主要内容包括：

按月发给相当于本人退职前基本工资一定比例的退职生活费，其数额不得低于国家规定的最低标准。

医疗待遇和死亡待遇与在职职工相同。

（2）基本养老金标准的确定。总的原则是"老人老办法、新人新制度、中人逐步过渡"。

"老人"是指改革前已退休的人员，他们原待遇维持不变，并参加今后的待遇调整。

"新人"是指改革后新参加工作的人员，他们将来退休时，基本养老金为基础养老金与个人账户养老金两部分之和。

"中人"是指改革前参加工作、改革后退休的人员，是目前数量最大的群体。对他们实行"逐步过渡"的政策，主要是两方面：一是他们在改革前的没有实行个人缴费的工作年限确定为"视同缴费年限"，将来退休时在发给基础养老金和个人账户养老金的同时，再依据视同缴费年限长短等因素发给过渡性养老金。二是设定一定期限的过渡期，在过渡期内实行养老待遇的新老计发办法对比，"保低限高"，这样，基本可以保证原有的待遇水平不降低。

《社会保险法》第十五条规定："基本养老金根据个人累计缴费年限、缴费工资、当地职工平均工资、个人账户金额、城镇人口平均预期寿命等因素确定。"

（3）养老保险待遇的给付。养老保险待遇的给付有用人单位给付和保险人给付两种方式。改革前我国一直采取由用人单位给付的方式。按照改革的目标模式，应当以社会保险经办机构给付为主，用人单位给付为辅。

根据《社会保险法》第十六条的规定，参加基本养老保险的个人，达到法定退休年龄时累计缴费满15年的，按月领取基本养老金。

参加基本养老保险的个人，达到法定退休年龄时累计缴费不足15年的，可以缴费至满15年，按月领取基本养老金；也可以转入新型农村社会养老保险或者城镇居民社会养老保险，按照国务院规定享受相应的养老保险待遇。

《社会保险法》第二十一条规定："新型农村社会养老保险待遇由基础养老金和个人账户养老金组成。参加新型农村社会养老保险的农村居民，符合国家规定条件的，按月领取新型农村社会养老保险待遇。"

（4）我国基本养老保险基金的筹集。《社会保险法》第十一条规定："基本养老保险实行社会统筹与个人账户相结合。基本养老保险基金由用人单位和个人缴费以及政府补贴等组成。"

目前职工基本养老保险（包括企业和机关事业单位基本养老保险）单位缴费比例调整为16%，即单位缴费根据本单位职工上一年度工资总额的16%缴纳，个人缴费根据职工本人上一年度月平均工资的8%缴纳。

（5）补充养老保险。

补充养老保险是指用人单位及其职工在依法参加职工基本养老保险的基础上，为提高职工年老后的生活水平，根据自身经济状况，自愿参加的社会保险。

补充养老保险包括企业年金、职业年金和个人储蓄性养老保险。

企业年金是企业及其职工根据本单位经济负担能力，集体协商，共同出资，自愿建立的补充养老保险制度。

职业年金是指机关事业单位及其职工根据本单位经济负担能力，民主协商，共同出资，自愿建立的补充养老保险制度。

个人储蓄性养老保险是指参保人根据自身经济状况，个人缴费、自愿参加，自愿选择社会保险经办机构的补充养老保险制度。

（二）基本医疗保险

1.基本医疗保险的概念

基本医疗保险是指国家立法实施的，通过参保人、用人单位和政府等多方筹资形成基金，对参保人因患病而就医诊疗时提供资金支持，以保障其享有基本医疗服务的一项社会保险制度。

基本医疗保险制度包括职工基本医疗保险制度、新型农村合作医疗制度、城镇居民基本医疗保险制度。

职工基本医疗保险制度是指国家立法实施的，面向所有用人单位及其职工以及灵活就业人员，由用人单位和在职职工双方共同缴费以及灵活就业个人缴费为主进行筹资以保障参保人员基本医疗需求的社会保险制度。

新型农村合作医疗制度是指国家立法实施的，面向农村居民，个人、集体和政府多方筹资形成基金以保障参保人基本医疗需求的社会保险制度。

城镇居民基本医疗保险制度是指国家立法实施的，面向全体城镇非从业居民，以个人缴费和政府适度补助相结合进行筹资以保障参保人基本医疗需求的社会保险制度。

2.基本医疗保险基金的筹集、使用管理

《社会保险法》第二十三条规定："职工应当参加职工基本医疗保险，由用人单位和职工按照国家规定共同缴纳基本医疗保险费。"

《社会保险法》第二十四条规定："国家建立和完善新型农村合作医疗制度。

新型农村合作医疗的管理办法，由国务院规定。"

《社会保险法》第二十五条规定："国家建立和完善城镇居民基本医疗保险制度。城镇居民基本医疗保险实行个人缴费和政府补贴相结合。"

《国务院关于建立城镇职工基本医疗保险制度的决定》规定：基本医疗保险费由用人单位和职工共同缴纳。用人单位缴费率应控制在职工工资总额的6%左右，职工缴费率一般为本人工资收入的2%。随着经济发展，用人单位和职工缴费率可作相应调整。基本医疗保险基金纳入财政专户管理，专款专用，不得挤占挪用。

3.基本医疗保险待遇及给付

用人单位及其职工按照规定缴纳医疗保险费的，职工可以享受基本医疗保险待遇；未缴纳医疗保险费的，职工不能享受基本医疗保险待遇。

《社会保险法》第二十六条规定："职工基本医疗保险、新型农村合作医疗和城镇居民基本医疗保险的待遇标准按照国家规定执行。"

《社会保险法》第二十八条规定："符合基本医疗保险药品目录、诊疗项目、医疗服务设施标准以及急诊、抢救的医疗费用，按照国家规定从基本医疗保险基金中支付。"

基本医疗保险待遇有以下主要内容：

（1）医疗期待遇。医疗期的长度根据职工本人连续工龄和本单位工龄分档次确定，根据《企业职工患病或非因工伤医疗期规定》第三条的规定："企业职工因患病或非因

工负伤，需要停止工作医疗时，根据本人实际参加工作年限和在本单位工作年限，给予
3个月到24个月的医疗期：实际工作年限10年以下的，在本单位工作年限5年以下的为
3个月；5年以上的为6个月；实际工作年限10年以上的，在本单位工作年限5年以下的
为6个月；5年以上10年以下的为9个月；10年以上15年以下的为12个月；15年以上
20年以下的为18个月；20年以上的为24个月。"

　　职工患难以治愈的疾病，经医疗机构提出，本人申请，劳动行政部门批准后，可适
当延长医疗期，但延长期限最多为6个月。

　　（2）疾病津贴。疾病津贴又称病假工资。职工患病或非因工负伤，停止工作满1个
月以上的，停发工资，由用人单位按其工龄长短给付相当于本人工资一定比例的疾病津
贴，不得低于当地最低工资标准的80%。

　　（3）医疗待遇。职工一般可选择在与社会保险经办机构签订医疗保险合同的定点医
院就医。其保险待遇项目主要有：规定范围内的药品费用、规定的检查费用和治疗费
用、规定标准的住院费用。其中，职工个人账户用于支付小额医疗费用，社会统筹基金
用于支付大额医疗费用，且有起付线标准。

　　统筹基金的起付线标准是指统筹基金支付参保职工住院医疗费用前，按照国家规定
由个人先使用个人医疗账户资金负担医疗费用的一定额度。只有超过起付线标准的医疗
费用，才由统筹基金按照一定比例支付。根据《国务院关于建立城镇职工基本医疗保险
制度的决定》，起付标准原则上控制在当地职工年平均工资的10%左右，起付标准以下
的医疗费用，从个人账户中支付或由个人自付。其中，10%左右只是国家规定的一般标
准，各地可在国家标准的基础上，根据本地情况合理调整统筹基金的起付线标准。

　　◆起付线标准以下的医疗费用支付

　　起付线标准以下的门诊医疗费用（检查费、药费等相关费用）首先由职工个人医疗
账户基金支付，职工个人医疗账户基金用完后，职工个人必须先自行承担起付费，统筹
基金不用于支付门诊医疗费。

　　◆起付线标准以上、最高支付限额以下的医疗费支付

　　起付线标准以上的职工医疗费用由医疗保险统筹基金按照一定的比例支付，但统筹
基金支付参保职工医疗费用并非无限制，而是有一定的最高支付限额，即年度内统筹基
金参加医保职工医疗费用的最高支付额度。根据《国务院关于建立城镇职工基本医疗保
险制度的决定》，起付标准以上、最高支付限额以下的医疗费用，主要从统筹基金中支
付，个人也要负担一定比例。超过最高支付限额的医疗费用，可以通过商业医疗保险等
途径解决。

　　统筹基金的具体起付标准，最高支付限额以及在起付标准以上和最高支付限额以下
医疗费用的个人负担比例，由统筹地区根据以收定支、收支平衡的原则确定。此外，为
进一步完善城乡居民基本医疗保障，国家医疗保障局会同财政部制定印发了《关于做好
2019年城乡居民基本医疗保障工作的通知》（医保发〔2019〕30号）指出："各地要用
好城乡居民医保年度筹资新增资金，确保基本医保待遇保障到位。巩固提高政策范围内
住院费用报销比例，建立健全城乡居民医保门诊费用统筹及支付机制，重点保障群众负
担较重的多发病、慢性病。把高血压、糖尿病等门诊用药纳入医保报销，具体方案另行

制定。实行个人（家庭）账户的，应于2020年底前取消，向门诊统筹平稳过渡；已取消个人（家庭）账户的，不得恢复或变相设置。

提高大病保险保障功能。降低并统一大病保险起付线，原则上按上一年度居民人均可支配收入的50%确定，低于该比例的，可不进行调整；政策范围内报销比例由50%提高至60%；加大大病保险对贫困人口的支付倾斜力度，贫困人口起付线降低50%，支付比例提高5个百分点，全面取消建档立卡贫困人口大病保险封顶线，进一步减轻大病患者、困难群众医疗负担。"

4.不纳入基本医疗保险基金支付范围的医疗费用

根据《社会保险法》第三十条的规定，共有四类医疗费用不纳入基本医疗保险基金支付范围。

一是应当从工伤保险基金中支付的。职工因工负伤或者患职业病，经鉴定属于工伤的，由工伤保险基金支付相关医疗费用。职工因自身身体机理病变或者非因工负伤产生的医疗费用，一般可由医疗保险基金支付相关医疗费用。

二是应当由第三人负担的医疗费用。第三人侵权造成参保人人身伤害而产生的医疗费用由侵权行为人承担，赔偿参保人的经济损失。

此外，《社会保险法》第三十条第二款还规定，医疗费用依法应当由第三人负担，第三人不支付或者无法确定第三人的，由基本医疗保险基金先行支付。基本医疗保险基金先行支付后，有权向第三人追偿。

三是应当由公共卫生负担的。比如女职工已缴纳生育保险的，因怀孕、分娩等产生的医疗费用并非自身身体机理病变而产生的医疗费，应由生育保险基金支付报销。

四是在境外就医的。在境外就医的医疗费用，不属于国内基本医疗保险的支付范围。

（三）失业保险制度

1.失业和失业保险的概念

失业是与就业相对应的概念，是指符合法定年龄具有劳动权利能力和劳动行为能力并有求职愿望的公民未能实现就业的状态。

失业保险是指国家立法实施的，通过参保人、用人单位等筹资形成基金，对因失业而暂时失去工资收入的参保缴费者提供物质帮助，以保障其基本生活，维持劳动力再生产，为其重新就业创造条件的一项社会保险制度。

我国目前涉及失业保险的法规有《劳动法》《失业保险条例》《社会保险法》以及一些地方性法规。

2.失业保险待遇的享受条件及待遇标准

失业保险待遇是由失业保险金、医疗补助金、丧葬补助金和抚恤金、职业培训和职业介绍补贴等构成。失业保险待遇中最主要的是失业保险金，失业人员只有在领取失业保险金期间才能享受到其他各项待遇。

（1）失业保险待遇的享受条件

《社会保险法》第四十五条规定："失业人员符合下列条件的，从失业保险基金中领取失业保险金：失业前用人单位和本人已经缴纳失业保险费满1年的；非因本人意愿中断就业的；已经进行失业登记，并有求职要求的。"

（2）失业保险待遇的丧失条件

《社会保险法》第五十一条规定："失业人员在领取失业保险金期间有下列情形之一的，停止领取失业保险金，并同时停止享受其他失业保险待遇：重新就业的；应征服兵役的；移居境外的；享受基本养老保险待遇的；无正当理由，拒不接受当地人民政府指定部门或者机构介绍的适当工作或者提供的培训的。"

（3）失业保险待遇标准

《社会保险法》第四十六条规定："失业人员失业前用人单位和本人累计缴费满1年不足5年的，领取失业保险金的期限最长为12个月；累计缴费满5年不足10年的，领取失业保险金的期限最长为18个月；累计缴费10年以上的，领取失业保险金的期限最长为24个月。重新就业后，再次失业的，缴费时间重新计算，领取失业保险金的期限与前次失业应当领取而尚未领取的失业保险金的期限合并计算，最长不超过24个月。"

《社会保险法》第四十七条规定："失业保险金的标准，由省、自治区、直辖市人民政府确定，不得低于城市居民最低生活保障标准。"

（4）失业保险基金的筹集

《社会保险法》第四十四条规定："职工应当参加失业保险，由用人单位和职工按照国家规定共同缴纳失业保险费。"

2019年4月，《国务院办公厅关于印发降低社会保险费率综合方案的通知》规定，自2019年5月1日起，实施失业保险总费率1%的省，延长阶段性降低失业保险费率的期限至2020年4月30日。

目前，城镇企业事业单位按照本单位工资总额的0.5%缴纳失业保险费。城镇企业事业单位职工按照本人工资的0.5%缴纳失业保险费。

（5）领取失业保险金的手续办理

根据《社会保险法》第五十条的规定，用人单位应当及时为失业人员出具终止或者解除劳动关系的证明，并将失业人员的名单自终止或者解除劳动关系之日起15日内告知社会保险经办机构。

失业人员应当持本单位为其出具的终止或者解除劳动关系的证明，及时到指定的公共就业服务机构办理失业登记。

失业人员凭失业登记证明和个人身份证明，到社会保险经办机构办理领取失业保险金的手续。失业保险金领取期限自办理失业登记之日起计算。

（四）生育保险

1.生育保险的内涵

生育保险是国家立法实施的，通过用人单位缴费等筹资形成基金，在参保者因生育和计划生育，按规定给予经济补偿和保障基本医疗需求的一项社会保险制度。

其宗旨在于通过向生育女职工提供生育津贴、产假以及医疗服务等方面的待遇，保障她们因生育而暂时丧失劳动能力时的基本经济收入和医疗保健，帮助生育女职工恢复劳动能力，重返工作岗位，从而体现国家和社会对妇女在这一特殊时期给予的支持和爱护。

2.生育保险享受的对象

我国享受生育保险待遇的对象是"属于计划内生育"的女职工。

3.生育保险基金的筹集

《社会保险法》第五十三条："职工应当参加生育保险，由用人单位按照国家规定缴纳生育保险费，职工不缴纳生育保险费。"

《企业职工生育保险试行办法》第四条规定："生育保险根据'以支定收，收支基本平衡'的原则筹集资金，由企业按照其工资总额的一定比例向社会保险经办机构缴纳生育保险费，建立生育保险基金。生育保险费的提取比例由当地人民政府根据计划内生育人数和生育津贴、生育医疗费等项费用确定，并可根据费用支出情况适时调整，但最高不得超过工资总额的1%。企业缴纳的生育保险费作为期间费用处理，列入企业管理费用。职工个人不缴纳生育保险费。"

国家多次降低社会保险费率，目前生育保险费降至0.5%。

4.生育保险待遇

《社会保险法》第五十四条规定："用人单位已经缴纳生育保险费的，其职工享受生育保险待遇；职工未就业配偶按照国家规定享受生育医疗费用待遇。所需资金从生育保险基金中支付。生育保险待遇包括生育医疗费用和生育津贴。"

《社会保险法》第五十五条规定："生育医疗费用包括下列各项：生育的医疗费用；计划生育的医疗费用；法律、法规规定的其他项目费用。"

《社会保险法》第五十六条规定："职工有下列情形之一的，可以按照国家规定享受生育津贴：女职工生育享受产假；享受计划生育手术休假；法律、法规规定的其他情形。生育津贴按照职工所在用人单位上年度职工月平均工资计发。"

5.生育保险待遇的办理

《企业职工生育保险试行办法》第七条规定："女职工生育或流产后，由本人或所在企业持当地计划生育部门签发的计划生育证明，婴儿出生、死亡或流产证明，到当地社会保险经办机构办理手续，领取生育津贴和报销生育医疗费。"

（五）工伤保险

1.工伤保险的含义

工伤保险是指国家立法实施的，通过用人单位缴费筹资形成基金，对职工因工作原因遭受事故伤害或者患职业病的，给予职工及其亲属相应待遇的一项社会保险制度。

2.工伤保险基金的筹集

《社会保险法》第三十三条规定："职工应当参加工伤保险，由用人单位缴纳工伤保险费，职工不缴纳工伤保险费。"

《社会保险法》第三十四条规定："国家根据不同行业的工伤风险程度确定行业的差别费率，并根据使用工伤保险基金、工伤发生率等情况在每个行业内确定费率档次。行业差别费率和行业内费率档次由国务院社会保险行政部门制定，报国务院批准后公布施行。社会保险经办机构根据用人单位使用工伤保险基金、工伤发生率和所属行业费率档次等情况，确定用人单位缴费费率。"

《社会保险法》第三十五条规定："用人单位应当按照本单位职工工资总额，根据社会保险经办机构确定的费率缴纳工伤保险费。"

根据《人力资源社会保障部 财政部 关于调整工伤保险费率政策的通知》(人社部发〔2015〕71号)，按照《国民经济行业分类》(GB/T 4754—2011)对行业的划分，根据不同行业的工伤风险程度，由低到高，依次将行业工伤风险类别划分为一类至八类。不同工伤风险类别的行业执行不同的工伤保险行业基准费率。各行业工伤风险类别对应的全国工伤保险行业基准费率为，一类至八类分别控制在该行业用人单位职工工资总额的0.2%、0.4%、0.7%、0.9%、1.1%、1.3%、1.6%、1.9%左右。工伤保险实行行业差别和单位浮动费率制度，平均费率约为1%。

国务院常务会议2015年6月24日决定，工伤保险平均费率由1%降至0.75%。

2019年4月，《国务院办公厅关于印发降低社会保险费率综合方案的通知》指出：自2019年5月1日起，实施失业保险总费率1%的省，延长阶段性降低失业保险费率的期限至2020年4月30日。自2019年5月1日起，延长阶段性降低工伤保险费率的期限至2020年4月30日，工伤保险基金累计结余可支付月数在18至23个月的统筹地区可以现行费率为基础下调20%，累计结余可支付月数在24个月以上的统筹地区可以现行费率为基础下调50%。

工伤保险的其他内容详见任务六。

三、社会保险的特征

(一) 社会保险的特征

1.社会性

社会保险的范围非常广泛，包括社会上不同层次、行业和职业的劳动者。它体现一种社会政策，具有保障社会安定的职能。

2.强制性

社会保险是一种强制性保险，由国家立法强制实行，公民一旦与用人单位建立劳动关系，就必须依法参加社会保险。另外保险的险种、各险种的保险费率、保险金的计算和给付等均由法律直接规定，而不能由投保人和保险人自主决定。

《劳动法》第七十二条规定："社会保险基金按照保险类型确定资金来源，逐步实行社会统筹。用人单位和劳动者必须依法参加社会保险，缴纳社会保险费。"

《社会保险费征缴暂行条例》第四条规定："缴费单位、缴费个人应当按时足额缴纳社会保险费。征缴的社会保险费纳入社会保险基金，专款专用，任何单位和个人不得挪用。"

《社会保险费征缴暂行条例》第十二条规定："缴费单位和缴费个人应当以货币形式全额缴纳社会保险费。缴费个人应当缴纳的社会保险费，由所在单位从其本人工资中代扣代缴。社会保险费不得减免。"

3.互济性

社会保险是用统筹调剂的方法集中和使用资金，以解决劳动者由于生、老、病、死、伤残、失业等造成的生活困难。

4.福利性

社会保险的目的在于保障大多数人的最低或基本生活需要，重视社会的连带责任，所以社会保险的保险费除劳动关系的双方当事人——劳动者和用人单位缴纳外，政府在必要时对保险基金给予财政补贴。这就使社会保险具有了福利性的色彩。

5.补偿性

社会保险费用虽然主要由用人单位和政府直接负担，但其最终来自社会产品中应当分配给劳动者的消费品，只不过在分配给劳动者工资时已被扣除下来而已。社会保险就是将劳动者应得消费品的一部分集中起来以保险形式分配给劳动者，是对劳动者贡献的补偿。

6.差别性

劳动者所得社会保险待遇往往由于工龄长短、保险事故、缴纳保险费多少等因素的不同而有所差别。

（二）社会保险与社会保障的区别

所谓社会保障，就是为了使社会成员共同享有社会经济发展的成果，运用国家和社会的力量，通过国民收入的分配和再分配，给社会成员提供基本生活保障的一种制度。它主要由社会保险、社会福利、社会救济和社会优抚组成。

社会保险是指通过国家立法形式，对参保人在年老、疾病、工伤、失业、生育等情况下依法提供物质帮助，使其享有基本生活保障的一项社会保障制度。

社会福利是指国家依法为所有公民普遍提供旨在保证一定生活水平和尽可能提高生活质量的资金与服务的社会保障制度。

社会救济是国家对于受自然灾害、失去劳动能力的公民以及低收入的公民给予物质救助，以维持其最低生活水平的一项社会保障制度。

社会优抚是政府或社会对现役、退伍、复员、残疾军人及烈军属给予抚恤和优待的一种社会保障制度。

社会保险作为一种社会保障形式，在整个社会保障体系中处于核心地位。它是社会保障的下属概念。

（三）社会保险与商业保险的区别

1.基本属性不同

社会保险是国家的基本社会政策，通过立法强制执行，具有非营利性质，国家不征收税费。

商业保险则是运用经济补偿手段经营的一种险种，是按自愿原则通过签订契约来实现的，具有营利性质。

2.保险对象不同

社会保险主要以劳动者及其供养直系亲属为保险对象，在我国，它是基于劳动关系而确定的，其作用在于保障劳动者在永久或暂时丧失劳动能力或失业时的基本生活。

商业保险以自然人为对象，其作用是投保人达到一定年龄和发生人身事故后获得一定的经济补偿。

3.实行的原则不同

社会保险实行强制原则、非营利原则、物质帮助原则和偏重公平原则。

商业保险实行自愿原则、营利原则、经济补偿原则和偏重效率的原则。

4.保险费负担不同

社会保险保险费来自多层次、多方面,国家、企业和个人都要负担一部分,以国家和企业负担为主。

商业保险由个人缴纳。

5.给付标准不同

社会保险着眼于长期性的生活保障,给付水平与社会平均工资相适应。

商业保险则着眼于一次性经济补偿,给付水平只考虑被保险人缴费额的大小,而不考虑其他因素。

6.管理体制不同

社会保险由政府主管社会保险的部门负责组织管理。

商业保险则由商业性保险公司自主经营。

7.立法范畴不同

社会保险是国家规定的劳动者的基本权利之一,属于劳动或行政立法范畴。

商业保险是一种金融活动,属于经济立法范畴。

四、社会保险的法律风险防范

虽然法律明确规定用人单位要为劳动者缴纳社会保险,但由于用人单位、劳动者双方原因,加之历史遗留问题,现实中社会保险纠纷大量存在,并已成为企业不容回避的法律问题。

(一)企业未依法缴纳社会保险的法律风险

1.企业未依法缴纳社会保险费用将面临被加收滞纳金、处以罚款等行政处罚的法律风险

企业依法缴纳社会保险费用是我国法律规定的强制性义务,非因法定事由不得减免。《社会保险法》第五十八条规定:"用人单位应当自用工之日起30日内为其职工向社会保险经办机构申请办理社会保险登记。未办理社会保险登记的,由社会保险经办机构核定其应当缴纳的社会保险费。"《社会保险法》第六十二条规定:"用人单位未按规定申报应当缴纳的社会保险费数额的,按照该单位上月缴费额的110%确定应当缴纳数额;缴费单位补办申报手续后,由社会保险费征收机构按照规定结算。"

社会保险是国家的法定保险,是法律强制性规定,用人单位和劳动者不能以任何方式逃避缴纳社会保险费的义务。缴纳社会保险费用是企业与员工共同的法定义务,不能通过企业内部规定或双方协议约定免除任何一方应承担的法定义务,所以不论企业内部有何规定或企业与员工之间有何约定,若违反法律的强制性规定最终都将无效。

企业应当按时足额向社会保险费征收机构缴纳社会保险费用,未按时足额缴纳的,由社会保险费征收机构责令限期缴纳或补足,并自欠缴之日起按日加收滞纳金。

《社会保险法》第八十四条规定:"用人单位不办理社会保险登记的,由社会保险行政部门责令限期改正;逾期不改正的,对用人单位处应缴社会保险费数额1倍以上3倍以下的罚款,对其直接负责的主管人员和其他直接责任人员处500元以上3 000元以下的罚款。"

《社会保险法》第八十六条规定："用人单位未按时足额缴纳社会保险费的，由社会保险费征收机构责令限期缴纳或者补足，并自欠缴之日起，按日加收万分之五的滞纳金；逾期仍不缴纳的，由有关行政部门处欠缴数额1倍以上3倍以下的罚款。"

2.企业未依法缴纳社会保险费用将面临的劳动用工风险

（1）企业未依法为员工缴纳社会保险费用的，员工有权随时单方解除劳动合同，并要求企业向其支付经济补偿。

依据《劳动合同法》第三十八条第一款第（三）项的规定，用人单位未依法为劳动者缴纳社会保险费的，劳动者可以解除劳动合同。根据《劳动合同法》第四十六条第（一）项的规定，劳动者依照本法第三十八条规定解除劳动合同的，用人单位应当向劳动者支付经济补偿。根据《劳动合同法》第八十五条的规定，用人单位有下列情形之一的，由劳动行政部门责令限期支付劳动报酬、加班费或者经济补偿；劳动报酬低于当地最低工资标准的，应当支付其差额部分；逾期不支付的，责令用人单位按应付金额50%以上100%以下的标准向劳动者加付赔偿金：未按照劳动合同的约定或者国家规定及时足额支付劳动者劳动报酬的；低于当地最低工资标准支付劳动者工资的；安排加班不支付加班费的；解除或者终止劳动合同，未依照本法规定向劳动者支付经济补偿的。

（2）企业未依法为员工缴纳社会保险费用，且社会保险经办机构无法补办致使其无法享受社会保险待遇的，员工有权要求企业赔偿损失。

（3）企业未依法为员工缴纳社会保险费用，员工发生工伤时，由企业按照工伤保险待遇项目和标准向员工支付赔偿费用。

根据《社会保险法》第四十一条的规定，职工所在用人单位未依法缴纳工伤保险费，发生工伤事故的，由用人单位支付工伤保险待遇。用人单位不支付的，从工伤保险基金中先行支付。从工伤保险基金中先行支付的工伤保险待遇应当由用人单位偿还。用人单位不偿还的，社会保险经办机构可以依照本法第六十三条的规定追偿。

（4）企业未依法缴纳社会保险费用将面临直接划拨、扣押、查封、拍卖等强制征收法律风险。

根据《社会保险法》第六十三条的规定，用人单位未按时足额缴纳社会保险费的，由社会保险费征收机构责令其限期缴纳或者补足。

用人单位逾期仍未缴纳或者补足社会保险费的，社会保险费征收机构可以向银行和其他金融机构查询其存款账户；并可以申请县级以上有关行政部门作出划拨社会保险费的决定，书面通知其开户银行或者其他金融机构划拨社会保险费。用人单位账户余额少于应当缴纳的社会保险费的，社会保险费征收机构可以要求该用人单位提供担保，签订延期缴费协议。

用人单位未足额缴纳社会保险费且未提供担保的，社会保险费征收机构可以申请人民法院扣押、查封、拍卖其价值相当于应当缴纳社会保险费的财产，以拍卖所得抵缴社会保险费。

（二）社会保险的法律风险防范措施

1.用人单位主动缴纳社会保险

为防范社会保险的法律风险，用人单位出于自身利益考量，必须积极主动缴纳社会保险，如果还没有给员工开立社会保险账户，要及时为员工开立社会保险账户，并为其缴纳社会保险；对于欠缴社会保险的企业而言，要马上补缴相关社会保险，因为部分社会保险项目存在时效性，欠缴的话，员工就不能正常享受社会保险所带来的保障性利益，进而引发纠纷。

2.采取措施防范员工不愿缴纳社会保险的法律风险

我国法律、法规对企业缴纳社会保险作出了强制性规定，因此，无论用人单位与员工达成一致，还是员工自愿放弃社会保险都是无效的，用人单位都存在重大法律风险。针对员工不愿缴纳社会保险的情况，用人单位可以从以下两方面予以防范：

（1）试用期录用条件的限制。对于不愿意缴纳社会保险的员工，用人单位可以将"不愿意缴纳社会保险"或者"在规定的期限内未能提交企业办理社会保险需要的材料"等作为试用期录用的条件。

（2）协商解除劳动合同。对于已经过了试用期的不愿意缴纳社会保险的员工，用人单位一般是不能直接以员工不愿意缴纳社会保险为由解除劳动合同的，最好的方法是企业与员工进行协商，解除双方之间的劳动合同。

综上，用人单位依法为员工缴纳社会保险费是我国法律规定的强制性义务，非因法定事由不得减免，企业应顺应时代发展，加强法律风险管理，对于出现的纠纷也不必恐慌，应积极应对，从而促进自身健康、良性发展。

互动课堂2-5

2018年4月，林某经过人才招聘会，进入某私营企业工作，同时签订劳动合同。公司负责人与林某约定：公司为其购买包括人寿保险、工伤保险等险种在内的商业保险，不为其缴纳社会保险。2019年2月，当地劳动保障部门在检查中发现该公司的问题。

请问：企业能不能用商业保险代替社会保险？

互动课堂2-5

分析提示

自学测试

一、选择题

1.我国社会保险包括（　　　）。

A.基本养老保险　　　　　　　　　B.失业保险

C.工伤保险　　　　　　　　　　　D.基本医疗保险

E.生育保险

自学测试2-5

2.（　　　）失业人员，可以领取失业保险金。

A.失业前用人单位和本人已经缴纳失业保险费满1年的

B.非因本人意愿中断就业的

C.已经进行失业登记，并有求职要求的

D.享受基本养老保险待遇的

3.社会保障包括（　　　）。

A.社会保险　　　　　B.社会福利　　　　　C.社会救济　　　　　D.社会优抚

4.我国社会保险的特征包括（　　　）。

A.社会性　　　　　B.强制性　　　　　C.互济性　　　　　D.福利性

E.补偿性　　　　　F.差别性

二、判断题

1.社会保险是指通过国家立法形式，对参保人在年老、疾病、工伤、失业、生育等情况下依法提供物质帮助，使其享有基本生活保障的一项社会保障制度。　　（　　　）

2.社会优抚是政府或社会对现役、退伍、复员、残疾军人及军烈属给予抚恤和优待的一种社会保障制度。　　（　　　）

3.社会救济，是国家对于受自然灾害、失去劳动能力的公民以及低收入的公民给予物质救助，以维持其最低生活水平的一项社会保障制度。　　（　　　）

4.社会福利，是指国家依法为所有公民普遍提供旨在保证一定生活水平和尽可能提高生活质量的资金与服务的社会保障制度。　　（　　　）

5.社会保险可以代替商业保险。　　（　　　）

6.基本医疗保险是指国家立法实施的，通过参保人、用人单位和政府等多方筹资形成基金，对参保人因患病而就医诊疗时提供资金支持，以保障其享有基本医疗服务的一项社会保险制度。　　（　　　）

7.失业是与就业相对应的概念，是指符合法定年龄具有劳动权利能力和劳动行为能力并有求职愿望的公民未能实现就业的状态。　　（　　　）

8.基本养老保险是指国家立法实施的，通过参保人、用人单位和政府等多方筹资形成基金，对参保并缴纳费用、达到待遇领取条件者依法提供物质帮助，在其因年老而退出生产或工作岗位后，享有基本生活保障的一项社会保险制度。　　（　　　）

▶ 巩固与提高

一、选择题

1.（　　　）指国家立法实施的，通过参保人、用人单位等筹资形成基金，对因失业而暂时失去工资收入的参保缴费者提供物质帮助，以保障其基本生活，维持劳动力再生产，为其重新就业创造条件的一项社会保险制度。

A.城市居民最低生活保障　　　　　　　　B.失业保险

C.基本养老保险　　　　　　　　　　　　D.基本医疗保险

2.（　　　）是国家立法实施的，通过参保人、用人单位和政府等多方筹资形成基金，对参保并缴纳费用、达到待遇领取条件者依法提供物质帮助，在其因年老而退出生产或工作岗位后，享有基本生活保障的一项社会保险制度。

A.基本养老保险　　　　　　B.失业保险　　　　　　C.工伤保险

D.基本医疗保险　　　　　　E.生育保险

3.《社会保险法》第五十一条规定："失业人员在领取失业保险金期间有下列情形（　　　）之一的，停止领取失业保险金，并同时停止享受其他失业保险待遇。"

A.重新就业的

B.应征服兵役的

C.移居境外的

D.享受基本养老保险待遇的

E.被判刑收监执行或者被劳动教养的

F.无正当理由,拒不接受当地人民政府指定的部门或者机构介绍的适当工作或者提供的培训的

二、判断题

1.工伤保险是指国家立法实施的,通过用人单位缴费筹资形成基金,对职工因工作原因遭受事故伤害或者患职业病的,给予职工及其亲属相应待遇的一项社会保险制度。　　　　　　　　　　　　　　　　　　　　　　　　　　　　　　(　　)

2.社会保险可以自愿参加。　　　　　　　　　　　　　　　　　　　(　　)

三、案例分析题

案例1　李某是某服装厂的一名工人,在其入厂时与工厂约定,工厂负责为李某办理工伤保险,工伤保险费从李某的工资中扣除。之后李某一直在服装厂工作了2年。后来,李某因盗窃被工厂解聘。在对解聘事项发生争议时,李某要求单位支付其扣缴的相当于2年工伤保险费的工资,虽然劳动合同规定工伤保险费是从其工资中扣除的,但这是因为服装厂在订立合同时利用自己求工心切和对法律的无知造成的,用人单位应该为其职工支付工伤保险费而不应由职工缴纳。用人单位以劳动合同有约定为由,拒绝支付李某相当于2年工伤保险费的工资。

请问:李某要求单位支付其扣缴的相当于2年工伤保险费的工资合法吗?为什么?

案例2　杨某经人介绍于2016年3月到某贸易公司工作,双方签订的劳动合同中约定:公司不为其缴纳养老保险费,但可以对其工资进行适当补偿。杨某接受了单位提出的条件。2018年11月,杨某与贸易公司发生劳动争议,离开了该公司。之后,杨某向当地劳动保障行政管理部门投诉,要求该贸易公司为其补缴工作期间的养老保险费,即从2016年3月至2018年11月的养老保险费13 425.2元。

请问:该贸易公司应不应该为杨某补缴养老保险费?为什么?

四、问答题

1.简述社会保险的含义。

2.我国社会保险的基本制度包括哪些内容?

3.我国社会保险有哪些特征?

4.我国社会保险与商业保险有什么区别?

任务六　工伤问题的风险防范

▶ 学习目标 ◀

◆知识目标

正确理解工伤的含义；

掌握工伤认定的法定条件；

正确理解工伤待遇法律规定。

◆能力目标

能够依法进行工伤认定和恰当处理工伤事件，防范处理不当给用工单位带来风险。

▶ 重点难点 ◀

◆教学重点

工伤的认定。

◆教学难点

工伤待遇。

▶ 自学任务 ◀

◆自学内容

（1）线上或线下学习本部分教学内容，重点关注以下问题：①工伤认定的条件有哪些？②工伤待遇有哪些？

（2）自学完后完成本任务的自学测试。

自学课件 2-6-1：
工伤的认定

自学课件 2-6-2：
工伤保险的待遇

▶ 案例研讨 ◀

　　在线上或线下自学的基础上，以课程学习团队为单位，由团队负责人组织团队成员对案例进行讨论，达成一致意见，并制作 PPT，选派一名代表在课堂上展示案例研讨结果。

　　案例1　郭某系某玩具厂职工，2018 年 11 月 10 日加班到凌晨 3 点。由于回家不便，且第二天早上 8 点还要按时上班，郭某便到单位的集体宿舍休息。郭某入睡后不久，从上铺摔落，摔成骨折。经查，集体宿舍床铺年久失修，上铺的护栏螺丝松动脱落，起不到防护的作用，导致郭某摔落。事后郭某向单位提出了工伤认定申请，单位以郭某并非在工作时间、工作场所受伤为由，拒绝了郭某的请求。郭某后来自行向劳动保障行政部门提出了认定工伤的申请。

请问：郭某受伤能否被认定为工伤？为什么？

案例2 居某为某纺织厂的会计。2018年2月28日，居某到车间为职工发奖金。工人一直在加班，希望厂里能提高奖金数额。由于这次发的奖金真是太少，工人要求居某补发。但事情最终发展成为工人对居某大打出手。居某在众人围攻之下躲闪不及，被打成轻伤，住院一星期。后来居某向单位提出了认定工伤的要求。

请问：单位能不能认定居某为工伤？为什么？

案例3 高某和杨某均为某服装厂职工，2018年6月13日，二人加班到深夜。回家路上，高某怕女同事杨某独自回家不安全，便绕道护送杨某回家。高某在从杨某家返回的路上被汽车撞倒，造成右腿粉碎性骨折。事件发生后，高某向单位提出享受工伤待遇，但单位认为高某发生交通事故不是在上下班的必经路线，不能认定为工伤。

请问：高某因交通事故受伤，能否被认定为工伤？为什么？

案例4 段某是某乡发电厂的电工，负责该乡某村的电工维修和电路检修工作。一天，其所负责村子的一家用户电线老化需要换电线，段某便骑着摩托车去该用户家。一般农村的农户家都养狗，在骑车的过程中，一条狗咬伤了段某的右腿，但是无法分清是哪条狗咬的。后来段某到防疫站打了狂犬疫苗。事后，由于找不到直接的责任者，段某便找到发电厂，要求厂里给予工伤认定。厂领导认为狗咬段某是因为段某的摩托车引起的，不属于因工受伤，因而不愿给予工伤认定。

请问：段某被狗咬算不算工伤？为什么？

知识点学习

一、工伤认定

（一）工伤的概念

工伤，即因工负伤，是指职工因工作遭受事故伤害或患职业病。

工伤包括两类：一类是事故伤害，另一类是患职业病。

事故伤害是指职工在工作过程中因安全生产事故等导致的伤亡。

患职业病是指职工在工作过程中，因接触粉尘、放射性物质和其他有毒、有害物质等引起的疾病。

（二）工伤认定

1.工伤认定的含义

工伤认定是社会保险行政部门依法认定职工所受伤害是否属于工伤的行政行为。

微课2-6-1

工伤认定的条件

2.工伤认定的条件

（1）工伤事故的三要素

构成工伤事故必须同时具备的三个基本要素：

①工作时间。工伤是在履行工作职责的时间界限内发生的事故伤害。工作时间具体包括：

◆上班时间。

◆上下班途中的时间。

◆因工外出时间。

◆正式工作时间的前后。

②工作地点。工伤是在履行工作职责所涉及的区域内发生的事故伤害。工作地点包括：

◆工作场所。

◆上下班的途中。

◆因工外出的地点。

③工作原因。工伤是因履行工作职责而引起的事故伤害。工作原因包括：

◆因履行工作职责而受到暴力等意外伤害。

◆由于工作原因受到伤害或发生事故，下落不明的。

◆上下班途中受到非本人主要责任的交通事故或者城市轨道交通、客运轮渡、火车事故伤害的。

◆患职业病的。

◆从事与工作有关的预备性或收尾性工作的。

（2）应当认定工伤的情形

根据《工伤保险条例》第十四条的规定，职工有下列情形之一的，应当认定为工伤：在工作时间和工作场所内，因工作原因受到事故伤害的；工作时间前后在工作场所内，从事与工作有关的预备性或者收尾性工作受到事故伤害的；在工作时间和工作场所内，因履行工作职责受到暴力等意外伤害的；患职业病的；因工外出期间，由于工作原因受到伤害或者发生事故下落不明的；在上下班途中，受到非本人主要责任的交通事故或者城市轨道交通、客运轮渡、火车事故伤害的；法律、行政法规规定应当认定为工伤的其他情形。

（3）视同工伤的情形

根据《工伤保险条例》第十五条的规定，劳动者有下列情形之一的，可视同工伤：在工作时间和工作岗位，突发疾病死亡或者在48小时之内经抢救无效死亡的；在抢险救灾等维护国家利益、公共利益活动中受到伤害的；职工原在军队服役，因战、因公负伤致残，已取得革命伤残军人证，到用人单位后旧伤复发的。

（4）不认定为工伤的情形

根据《社会保险法》第三十七条的规定，职工因下列情形之一导致本人在工作中伤亡的，不认定为工伤：故意犯罪；醉酒或者吸毒；自残或者自杀；法律、行政法规规定的其他情形。

（三）职工工伤认定程序

职工工伤的认定机构为社会保险行政部门。

根据 2011 年 1 月 1 日起施行的《工伤认定办法》，职工工伤认定程序如下：

1.提出工伤认定申请

根据《工伤认定办法》第四条的规定，职工发生事故伤害或者按照职业病防治法规定被诊断、鉴定为职业病，所在单位应当自事故伤害发生之日或者被诊断、鉴定为职业病之日起 30 日内，向统筹地区社会保险行政部门提出工伤认定申请。遇有特殊情况，经报社会保险行政部门同意，申请时限可以适当延长。

按照前款规定应当向省级社会保险行政部门提出工伤认定申请的，根据属地原则应当向用人单位所在地设区的市级社会保险行政部门提出。

根据《工伤认定办法》第五条的规定，用人单位未在规定的时限内提出工伤认定申请的，受伤害职工或者其近亲属、工会组织在事故伤害发生之日或者被诊断、鉴定为职业病之日起 1 年内，可以直接按照本办法第四条规定提出工伤认定申请。

根据《工伤认定办法》第六条的规定，提出工伤认定申请应当填写《工伤认定申请表》，并提交下列材料：劳动、聘用合同文本复印件或者与用人单位存在劳动关系（包括事实劳动关系）、人事关系的其他证明材料；医疗机构出具的受伤后诊断证明书或者职业病诊断证明书（或者职业病诊断鉴定书）。

2.社会保险行政部门受理工伤认定申请

根据《工伤认定办法》第七条的规定，工伤认定申请人提交的申请材料符合要求，属于社会保险行政部门管辖范围且在受理时限内的，社会保险行政部门应当受理。

根据《工伤认定办法》第八条的规定，社会保险行政部门收到工伤认定申请后，应当在 15 日内对申请人提交的材料进行审核，材料完整的，作出受理或者不予受理的决定；材料不完整的，应当以书面形式一次性告知申请人需要补正的全部材料。社会保险行政部门收到申请人提交的全部补正材料后，应当在 15 日内作出受理或者不予受理的决定。

社会保险行政部门决定受理的，应当出具《工伤认定申请受理决定书》；决定不予受理的，应当出具《工伤认定申请不予受理决定书》。

3.社会保险行政部门对事故伤害进行调查核实

根据《工伤认定办法》第九条的规定，社会保险行政部门受理工伤认定申请后，可以根据需要对申请人提供的证据进行调查核实。

根据《工伤认定办法》第十条的规定，社会保险行政部门进行调查核实，应当由两名以上工作人员共同进行，并出示执行公务的证件。

根据《工伤认定办法》第十一条的规定，社会保险行政部门工作人员在工伤认定中，可以进行以下调查核实工作：根据工作需要，进入有关单位和事故现场；依法查阅与工伤认定有关的资料，询问有关人员并作出调查笔录；记录、录音、录像和复制与工伤认定有关的资料。调查核实工作的证据收集参照行政诉讼证据收集的有关规定执行。

根据《工伤认定办法》第十二条的规定，社会保险行政部门工作人员进行调查核实时，有关单位和个人应当予以协助。用人单位、工会组织、医疗机构以及有关部门应当负责安排相关人员配合工作，据实提供情况和证明材料。

根据《工伤认定办法》第十三条的规定，社会保险行政部门在进行工伤认定时，对申请人提供的符合国家有关规定的职业病诊断证明书或者职业病诊断鉴定书，不再进行调查核实。职业病诊断证明书或者职业病诊断鉴定书不符合国家规定的要求和格式的，社会保险行政部门可以要求出具证据部门重新提供。

根据《工伤认定办法》第十四条的规定，社会保险行政部门受理工伤认定申请后，可以根据工作需要，委托其他统筹地区的社会保险行政部门或者相关部门进行调查核实。

4.社会保险行政部门作出工伤认定的决定

根据《工伤认定办法》第十八条的规定，社会保险行政部门应当自受理工伤认定申请之日起60日内作出工伤认定决定，出具《认定工伤决定书》或者《不予认定工伤决定书》。

根据《工伤认定办法》第二十条的规定，社会保险行政部门受理工伤认定申请后，作出工伤认定决定需要以司法机关或者有关行政主管部门的结论为依据的，在司法机关或者有关行政主管部门尚未作出结论期间，作出工伤认定决定的时限中止，并书面通知申请人。

根据《工伤认定办法》第二十一条的规定，社会保险行政部门对于事实清楚、权利义务明确的工伤认定申请，应当自受理工伤认定申请之日起15日内作出工伤认定决定。

根据《工伤认定办法》第二十二条的规定，社会保险行政部门应当自工伤认定决定作出之日起20日内，将《认定工伤决定书》或者《不予认定工伤决定书》送达受伤害职工（或者其近亲属）和用人单位，并抄送社会保险经办机构。

《认定工伤决定书》和《不予认定工伤决定书》的送达参照民事法律有关送达的规定执行。

5.申请行政复议或者提起行政诉讼

根据《工伤认定办法》第二十三条的规定，职工或者其近亲属、用人单位对不予受理决定不服或者对工伤认定决定不服的，可以依法申请行政复议或者提起行政诉讼。

二、工伤保险待遇

（一）工伤保险的概念

工伤保险是指国家立法实施的，通过用人单位缴费筹资形成基金，对职工因工作原因遭受事故伤害或者患职业病的，给予职工及其亲属相应待遇的一项社会保险制度。

（二）工伤保险待遇的内容

工伤保险待遇是指职工因工发生暂时或永久人身健康或生命损害的一种补救和补偿，其作用是使伤残者的医疗、生活有保障，使工亡者遗属的基本生活得到保障。

根据《社会保险法》第三十六条的规定，职工因工作原因受到事故伤害或者患职业病，且经工伤认定的，享受工伤保险待遇；其中，经劳动能力鉴定丧失劳动能力的，享受伤残待遇。工伤认定和劳动能力鉴定应当简捷、方便。

根据《工伤保险条例》的规定，我国工伤保险待遇主要内容包括工伤医疗待遇、伤残待遇和工亡待遇。

1.工伤医疗待遇

《工伤保险条例》第五章工伤保险待遇，第二十条规定："职工因工作遭受事故伤害或者患职业病进行治疗，享受工伤医疗待遇。"

工伤医疗待遇包括工伤医疗费用、康复性治疗费用、辅助器具安装配置费用、停工留薪期内工资福利待遇及其他待遇。

（1）工伤医疗费用。《工伤保险条例》第三十条规定："职工治疗工伤应当在签订服务协议的医疗机构就医，情况紧急时可以先到就近的医疗机构急救。治疗工伤所需费用符合工伤保险诊疗项目目录、工伤保险药品目录、工伤保险住院服务标准的，从工伤保险基金支付。"

（2）康复性治疗费用。《工伤保险条例》第三十条规定："工伤职工到签订服务协议的医疗机构进行工伤康复的费用，符合规定的，从工伤保险基金支付。"

（3）辅助器具安装配置费用。《工伤保险条例》第三十二条规定："工伤职工因日常生活或者就业需要，经劳动能力鉴定委员会确认，可以安装假肢、矫形器、假眼、假牙和配置轮椅等辅助器具，所需费用按照国家规定的标准从工伤保险基金支付。"

（4）停工留薪期内工资福利待遇。《工伤保险条例》第三十三条规定："职工因工作遭受事故伤害或者患职业病需要暂停工作接受工伤医疗的，在停工留薪期内，原工资福利待遇不变，由所在单位按月支付。停工留薪期一般不超过12个月。伤情严重或者情况特殊，经设区的市级劳动能力鉴定委员会确认，可以适当延长，但延长不得超过12个月。工伤职工评定伤残等级后，停发原待遇，按照本章的有关规定享受伤残待遇。工伤职工在停工留薪期满后仍需治疗的，继续享受工伤医疗待遇。"

（5）其他待遇。《工伤保险条例》第三十条规定："职工住院治疗工伤的伙食补助费，以及经医疗机构出具证明，报经办机构同意，工伤职工到统筹地区以外就医所需的交通、食宿费用从工伤保险基金支付，基金支付的具体标准由统筹地区人民政府规定。"

《工伤保险条例》第三十三条第三款规定："生活不能自理的工伤职工在停工留薪期需要护理的，由所在单位负责。"

2.伤残待遇

伤残待遇包括生活护理费、一次性伤残补助金和伤残津贴。

（1）生活护理费。《工伤保险条例》第三十四条规定："工伤职工已经评定伤残等级并经劳动能力鉴定委员会确认需要生活护理的，从工伤保险基金按月支付生活护理费。生活护理费按照生活完全不能自理、生活大部分不能自理或者生活部分不能自理3个不同等级支付，其标准分别为统筹地区上年度职工月平均工资的50%、40%或者30%。"

（2）一次性伤残补助金和伤残津贴。《工伤保险条例》第三十五条规定："职工因工致残被鉴定为一级至四级伤残的，保留劳动关系，退出工作岗位，享受以下待遇：从工伤保险基金按伤残等级支付一次性伤残补助金，标准为：一级伤残为27个月的本人工资，二级伤残为25个月的本人工资，三级伤残为23个月的本人工资，四级伤残为21个月的本人工资；从工伤保险基金按月支付伤残津贴，标准为：一级伤残为本人工资的90%，二级伤残为本人工资的85%，三级伤残为本人工资的80%，四级伤残为本人工资的75%。伤残津贴实际金额低于当地最低工资标准的，由工伤保险基金补足差额；工伤职工达到退休年龄并办理退休手续后，停发伤残津贴，按照国家有关规定享受基本养老保险待遇。基本养老保险待遇低于伤残津贴的，由工伤保险基金补足差额。职工因工致残被鉴定为一级至四级伤残的，由用人单位和职工个人以伤残津贴为基数，缴纳基本医疗保险费。"

《工伤保险条例》第三十六条规定："职工因工致残被鉴定为五级、六级伤残的，享受以下待遇：从工伤保险基金按伤残等级支付一次性伤残补助金，标准为：五级伤残为18个月的本人工资，六级伤残为16个月的本人工资；保留与用人单位的劳动关系，由用人单位安排适当工作。难以安排工作的，由用人单位按月发给伤残津贴，标准为：五级伤残为本人工资的70%，六级伤残为本人工资的60%，并由用人单位按照规定为其缴纳应缴纳的各项社会保险费。伤残津贴实际金额低于当地最低工资标准的，由用人单位补足差额。经工伤职工本人提出，该职工可以与用人单位解除或者终止劳动关系，由工伤保险基金支付一次性工伤医疗补助金，由用人单位支付一次性伤残就业补助金。一次性工伤医疗补助金和一次性伤残就业补助金的具体标准由省、自治区、直辖市人民政府规定。"

《工伤保险条例》第三十七条规定："职工因工致残被鉴定为七级至十级伤残的，享受以下待遇：从工伤保险基金按伤残等级支付一次性伤残补助金，标准为：七级伤残为13个月的本人工资，八级伤残为11个月的本人工资，九级伤残为9个月的本人工资，十级伤残为7个月的本人工资；劳动、聘用合同期满终止，或者职工本人提出解除劳动、聘用合同的，由工伤保险基金支付一次性工伤医疗补助金，由用人单位支付一次性伤残就业补助金。一次性工伤医疗补助金和一次性伤残就业补助金的具体标准由省、自治区、直辖市人民政府规定。"

《工伤保险条例》第三十八条规定："工伤职工工伤复发，确认需要治疗的，享受本条例第三十条、第三十二条和第三十三条规定的工伤待遇。"

3.工亡待遇

工亡待遇包括丧葬补助金、供养亲属抚恤金、一次性工亡补助金。

根据《工伤保险条例》第三十九条的规定，职工因工死亡，其近亲属按照下列规定从工伤保险基金领取丧葬补助金、供养亲属抚恤金和一次性工亡补助金：

（1）丧葬补助金为6个月的统筹地区上年度职工月平均工资。

（2）供养亲属抚恤金按照职工本人工资的一定比例发给由因工死亡职工生前提供主要生活来源、无劳动能力的亲属。标准为：配偶每月40%，其他亲属每人每月30%，孤寡老人或者孤儿每人每月在上述标准的基础上增加10%。核定的各供养亲属的抚恤金之和不应高于因工死亡职工生前的工资。供养亲属的具体范围由国务院社会保险行政部门规定。

（3）一次性工亡补助金标准为上一年度全国城镇居民人均可支配收入的20倍。

（4）伤残职工在停工留薪期内因工伤导致死亡的，其近亲属享受本条第一款规定的待遇。

（5）一级至四级伤残职工在停工留薪期满后死亡的，其近亲属可以享受本条第一款第（1）项、第（2）项规定的待遇。

《工伤保险条例》第四十一条规定："职工因工外出期间发生事故或者在抢险救灾中下落不明的，从事故发生当月起3个月内照发工资，从第4个月起停发工资，由工伤保险基金向其供养亲属按月支付供养亲属抚恤金。生活有困难的，可以预支一次性工亡补助金的50%。职工被人民法院宣告死亡的，按照本条例第三十九条职工因工死亡的规定处理。"

（三）停止享受工伤保险待遇的条件

《社会保险法》第四十三条规定："工伤职工有下列情形之一的，停止享受工伤保险待遇：丧失享受待遇条件的；拒不接受劳动能力鉴定的；拒绝治疗的。"

三、工伤责任主体的认定

根据《工伤保险条例》第四十三条的规定：

（1）用人单位分立、合并、转让的，承继单位应当承担原用人单位的工伤保险责任；原用人单位已经参加工伤保险的，承继单位应当到当地经办机构办理工伤保险变更登记。

（2）用人单位实行承包经营的，工伤保险责任由职工劳动关系所在单位承担。

（3）职工被借调期间受到工伤事故伤害的，由原用人单位承担工伤保险责任，但原用人单位与借调单位可以约定补偿办法。

（4）企业破产的，在破产清算时依法拨付应当由单位支付的工伤保险待遇费用。

《工伤保险条例》第四十四条规定："职工被派遣出境工作，依据前往国家或者地区的法律应当参加当地工伤保险的，参加当地工伤保险，其国内工伤保险关系中止；不能参加当地工伤保险的，其国内工伤保险关系不中止。"

《工伤保险条例》第四十五条规定："职工再次发生工伤，根据规定应当享受伤残津贴的，按照新认定的伤残等级享受伤残津贴待遇。"

四、工伤认定的法律风险防范

现实中用人单位为职工缴纳了工伤保险，但在职工工伤后未及时申请工伤认定，职工自行申请工伤认定及劳动能力鉴定，并提起仲裁要求用人单位承担所有工伤费用。此种仲裁及赔偿结果本不应发生，但用人单位法律意识和风险意识的淡薄，导致了劳动争议的发生及相应的损失。故用人单位应做好职工工伤的风险防范及化解工作。

（一）为单位所有职工缴纳工伤保险

《社会保险法》第三十三条规定："职工应当参加工伤保险，由用人单位缴纳工伤保险费，职工不缴纳工伤保险费。"按照该法第五十八条的规定："用人单位应当自用工之日起30日内为其职工向社会保险经办机构申请办理社会保险登记。未办理社会保险登记的，由社会保险经办机构核定其应当缴纳的社会保险费。"所以，自劳动者入职之日起30日内，用人单位就应当为其缴纳工伤保险。

在现实中，很多企业存在未及时为职工缴纳社会保险的情况，多在职工通过试用期或者规定相应的工作时间，超过该时间才为职工缴纳工伤保险。但是，这样做得不偿失，因为职工一旦在此期间发生工伤事故，因未缴纳工伤保险职工发生的所有工伤保险待遇费用均由单位承担，该费用数额动辄十几万元甚至数十万元，远远超过应为职工缴纳的工伤保险费数额。所以用人单位应当扭转观念，意识到为职工缴纳保险，就是为企业投了保险。有些企业不给职工缴纳社会保险，而是投保了商业保险，但该投保行为并不能免除单位的工伤保险责任，甚至在实践中，职工可以享受以上两份保险待遇，商业保险不能代替工伤保险。

（二）职工发生工伤后，用人单位要正确处理

1. 及时救治

《工伤保险条例》第四条规定："职工发生工伤时，用人单位应当采取措施使工伤职工得到及时救治。"

2. 及时申请工伤认定

《工伤保险条例》第十七条规定："职工发生事故伤害或者按照职业病防治法规定被诊断、鉴定为职业病，所在单位应当自事故伤害发生之日或者被诊断、鉴定为职业病之日起30日内，向统筹地区社会保险行政部门提出工伤认定申请。遇有特殊情况，经报社会保险行政部门同意，申请时限可以适当延长。用人单位未按前款规定提出工伤认定申请的，工伤职工或者其近亲属、工会组织在事故伤害发生之日或者被诊断、鉴定为职业病之日起1年内，可以直接向用人单位所在地统筹地区社会保险行政部门提出工伤认定申请。"

有些用人单位在职工伤害发生后认为不构成工伤，不去申请认定，或者超过了规定的时间，由职工自行去申请，这些都存在着极大的风险：

首先，申请工伤认定是企业的义务，职工伤害发生后，用人单位就应按时为其申请工伤，至于职工是否构成工伤，由工伤认定部门认定，用人单位没有权力自行认定。

其次，如用人单位不申请认定而由职工自行认定，按照《工伤保险条例》第十七条第四款规定："用人单位未在本条第一款规定的时限内提交工伤认定申请，在此期间发生符合本条例规定的工伤待遇等有关费用由该用人单位负担。"故在员工自行申请被受理之日前发生诸如医疗费、康复费、住院伙食补助费、到统筹地区以外就医的交通食宿费等所有应当由工伤保险基金支付的费用均应当由用人单位承担，这对于用人单位来说也是一笔不小的开支。在职工被认定为工伤后，单位应协助职工进行劳动能力鉴定并申请工伤保险待遇。

3. 保持职工的原有工资福利待遇不变

有些单位在职工发生工伤后，认为职工未向单位提供劳动，就不再向其发放工资，或者仅仅发放基本工资。但按照《工伤保险条例》第三十三条的规定，职工因工作遭受事故伤害或者患职业病需要暂停工作接受工伤医疗的，在停工留薪期内，原工资福利待遇不变，由所在单位按月支付。该工资福利待遇不变的意思是按照职工正常出勤情况下发放相应工资福利待遇，而不仅仅是基本工资，如职工工伤前工资固定，仍按该标准发放；如不固定，司法实践中是按照工伤前12个月的平均工资计算停工留薪期内应发放的工资待遇，且职工受伤前享有的福利不得减免。如用人单位降低停工留薪期内职工工资福利待遇，职工有理由以单位未按时足额发放工资为由解除劳动合同并由单位支付补偿金。

4.在工伤职工进行劳动能力鉴定后及时申请工伤保险待遇

《社会保险法》第三十八条规定："因工伤发生的下列费用，按照国家规定从工伤保险基金中支付：（1）治疗工伤的医疗费用和康复费用；（2）住院伙食补助费；（3）到统筹地区以外就医的交通食宿费；（4）安装配置伤残辅助器具所需费用；（5）生活不能自理的，经劳动能力鉴定委员会确认的生活护理费；（6）一次性伤残补助金和一至四级伤残职工按月领取的伤残津贴；（7）终止或者解除劳动合同时，应当享受的一次性医疗补助金；（8）因工死亡的，其遗属领取的丧葬补助金、供养亲属抚恤金和因工死亡补助金；（9）劳动能力鉴定费。"在单位缴纳了工伤保险并为工伤职工申请工伤认定，工伤职工劳动能力鉴定结论作出后，用人单位应及时为职工申请工伤保险待遇，并在该待遇下发后及时支付给职工本人。因为在劳动能力鉴定结果作出后，职工所有应获得的工伤保险待遇数额基本确定，此阶段最容易发生劳动争议。很多工伤职工在该阶段提起仲裁，要求单位承担所有工伤保险费用，如单位未及时为职工申请工伤保险待遇，在仲裁中会处于不利地位。

综上所述，企业防范职工工伤法律风险，就是要按照法律法规规定进行操作，在日常工作中，要加强对职工安全意识的宣传和教育，防患于未然，减少工伤案件的发生，在工伤发生后正确处理，尽量避免劳动争议的产生。

互动课堂2-6

金某在某机械厂从事机械设备维修工作，2018年4月7日在工作期间突发脑出血，被送到医院后，经抢救无效于次日凌晨死亡。事情发生后，机械厂既未向劳动保障行政部门提出工伤报告，也未提出工伤认定申请。2019年2月5日，金某的直系亲属向区劳动保障行政管理部门申请工伤认定，并出具了医院的诊断证明书，区劳动保障行政管理部门于2019年3月受理了金某家属的申请。

请问：金某的死亡能否被认定为工伤？

互动课堂2-6
分析提示

自学测试

一、选择题

1.职工有下列情形（　　　）之一的，应当认定为工伤。

A.在工作时间和工作场所内，因工作原因受到事故伤害的

B.工作时间前后在工作场所内，从事与工作有关的预备性或者收尾性工作受到事故伤害的

C.在工作时间和工作场所内，因履行工作职责受到暴力等意外伤害的

D.患职业病的

E.因工外出期间，由于工作原因受到伤害或者发生事故下落不明的

自学测试2-6

F.在上下班途中，受到非本人主要责任的交通事故或者城市轨道交通、客运轮渡、火车事故伤害的

G.法律、行政法规规定应当认定为工伤的其他情形

2.《工伤保险条例》第十五条规定：劳动者有下列情形（　　　）之一的，可视同工伤。

A.在工作时间和工作岗位，突发疾病死亡或者在48小时之内经抢救无效死亡的

B.在抢险救灾等维护国家利益、公共利益活动中受到伤害的

C.职工原在军队服役，因战、因公负伤致残，已取得革命伤残军人证，到用人单位后旧伤复发的

D.因病去世

3.《社会保险法》第三十七条规定："职工因下列情形（　　　）之一导致本人在工作中伤亡的，不认定为工伤。

A.故意犯罪　　　　　　　　　　　B.醉酒或者吸毒

C.自残或者自杀　　　　　　　　　D.法律、行政法规规定的其他情形

4.职工工伤认定程序有（　　　）。

A.提出工伤认定申请

B.社会保险行政部门受理工伤认定申请

C.社会保险行政部门对事故伤害进行调查核实

D.社会保险行政部门作出工伤认定的决定

E.申请行政复议或者提起行政诉讼

5.工伤职工有下列情形（　　　）之一的，停止享受工伤保险待遇。

A.丧失享受待遇条件的　　　　　　B.拒不接受劳动能力鉴定的

C.拒绝治疗的　　　　　　　　　　D.拒绝工作安排的

6.工伤保险待遇的内容包括（　　　）。

A.工伤医疗待遇　　　　　　　　　B.伤残待遇

C.工亡待遇　　　　　　　　　　　D.政治待遇

二、判断题

1.职工个人应按一定比例缴纳工伤保险费。　　　　　　　　　　　　　（　　　）

2.劳动保障行政部门应当自受理工伤认定申请之日起60日内作出工伤认定的决定，并书面通知申请工伤认定的职工或者其直系亲属和该职工所在单位。　　（　　　）

3.职工被借调期间受到工伤事故伤害的，由原用人单位承担工伤保险责任，但原用人单位与借调单位可以约定补偿办法。　　　　　　　　　　　　　（　　　）

4.用人单位分立、合并、转让的，承继单位应当承担原用人单位的工伤保险责任。
　　　　　　　　　　　　　　　　　　　　　　　　　　　　　　　　（　　　）

5.醉酒导致伤亡的，可以视同工伤。　　　　　　　　　　　　　　　　（　　　）

6.职工工伤的认定机构为劳动保障行政部门。　　　　　　　　　　　　（　　　）

7.职工发生事故伤害或者按照《职业病防治法》规定被诊断、鉴定为职业病，所在单位应当自事故伤害发生之日或者被诊断、鉴定为职业病之日起30日内，向统筹地区

社会保险行政部门提出工伤认定申请。 （　　）

8.在工作时间和工作岗位，突发疾病死亡或者在48小时之内经抢救无效死亡的，可以视同工伤。 （　　）

巩固与提高

一、选择题

1.工伤医疗待遇包括（　　　）。

A.工伤医疗费用 　　　　　　　B.康复性治疗费

C.辅助器具安装配置费用 　　　D.供养亲属抚恤金

2.伤残待遇包括（　　　）。

A.一次性伤残补助金 　　　　　B.伤残津贴

C.生活护理费 　　　　　　　　D.丧葬补助金

3.工亡待遇包括（　　　）。

A.一次性工亡补助金

B.丧葬补助金

C.供养亲属抚恤金

D.伙食补助、外地就医差旅费、停工留薪待遇等

4.提出工伤认定申请应当提交的材料包括（　　　）。

A.工伤认定申请表

B.劳动、聘用合同文本复印件或者与用人单位存在劳动关系（包括事实劳动关系）、人事关系的其他证明材料

C.医疗机构出具的受伤后诊断证明书或者职业病诊断证明书（或者职业病诊断鉴定书）

D.医疗保险证明

二、判断题

1.用人单位分立、合并、转让的，承继单位应当承担原用人单位的工伤保险责任。 （　　）

2.职工因工作遭受事故伤害或者患职业病需要暂停工作接受工伤医疗的，在停工留薪期内，原工资福利待遇不变，由所在单位按月支付，停工留薪期一般不超过12个月。 （　　）

三、案例分析题

案例1　李某和赵某均为某纺织厂的职工，同住在一间宿舍内。由于两人生活习惯不同，产生了矛盾。一日，李某趁赵某不在宿舍，在赵某的水壶中放入了准备已久的泻药。赵某当天回来后感觉非常渴，就把水壶中的开水喝了一大半。之后感觉肚子疼痛难忍，频繁上厕所。赵某花费了大约1万元的医疗费。在查明事情原因后，赵某就找李某赔偿其医药费。李某是新来不久的工人，家中一贫如洗，没有什么钱。赵某无奈，只好找厂领导要求享受工伤保险待遇。厂领导以事故不是因工造成的为由拒绝了赵某的请求。

请问：赵某该不该享受工伤保险待遇？为什么？

案例2　赵某是某针织厂的女工。由于家离厂比较近，而且当时是夏天，加过晚班正好去公园散步或到某茶馆休息，赵某一直是步行上下班。一天在晚班结束后跟同事小牛一起回家，由于当晚刚下过雨，赵某一不小心掉进了马路边上的一个下水道，造成脚踝扭伤和身体擦伤。赵某听说职工在上下班途中受到的伤害可以申请工伤认定，于是就找工厂的领导要求赔偿。领导以此不是工伤为由，拒绝了赵某的要求。

请问：赵某因不小心掉进了马路边的一个下水道，造成脚踝扭伤和身体擦伤能否认定为工伤？为什么？

案例3　2017年2月，赵某到某五金塑料制品厂工作。2018年10月17日上午下班后，赵某返回其住所，因病没吃午饭便休息。14时左右，赵某被室友发现栽倒在地上，呈昏迷状态，16时左右，赵某被送往医院，抢救中医生告知赵某已死亡。

请问：赵某的死亡能否认定工伤？为什么？

案例4　乔某原是一名军人，在一次军事演习中因公导致自己的腰部脊椎被压断，经过治疗可以正常行走，但在潮热的天气会有疼痛感。当时乔某在军事演习中表现极好，荣立三等功，有军人伤残证。后乔某转业到工厂从事锅炉操作工作，但由于该工厂设备条件比较差，乔某所在的车间既阴暗又闷热，工作不到半年，腰部的疼痛发作，无法工作。于是请假回家休息和调养。后来，由于调养需要一些费用，乔某便要求厂里申请工伤认定，享受工伤待遇。厂里以乔某的伤是在当兵时造成的，不是在厂里工作造成的为由，拒绝了乔某的要求。

请问：乔某要求厂里申请工伤认定，享受工伤待遇是否合法？为什么？

案例5　2018年12月11日下午6时许，某公司职工王某骑摩托车下班回家途中被一辆汽车撞伤，汽车司机逃逸。2019年1月14日，王某向市劳动和社会保障局提出工伤认定申请，市劳动和社会保障局于2019年1月27日作出工伤认定书，认定王某所受之伤为工伤。某公司不服，于2019年3月4日向当地人民法院提起行政诉讼，请求法院撤销市劳动和社会保障局作出的工伤认定。

请问：王某下班路上遭车祸是否能认定为工伤？为什么？

四、问答题

1.法律规定哪些情形应当认定为工伤？

2.法律规定哪些情形不认定为工伤？

3.法律规定哪些情形可视同工伤？

4.什么是工伤保险？

任务七　劳动保护问题的风险防范

学习目标

◆知识目标

正确理解劳动保护的概念、特征；

了解劳动保护关系中各方主体的权利和义务；

正确理解我国有关劳动保护法规。

◆能力目标

能够依法对员工实施劳动保护，防范劳动保护不当行为给企业带来的风险。

重点难点

◆教学重点

《劳动法》《劳动合同法》有关劳动保护的条文。

◆教学难点

女职工和未成年人的特殊劳动保护。

自学任务

◆自学内容

（1）线上或线下学习本部分教学内容，重点关注以下问题：①《劳动法》中有哪些劳动保护条款？②女职工和未成年工特殊劳动保护有哪些内容？

（2）自学完后完成本任务的自学测试。

自学课件 2-7-1：
《劳动法》中劳动保护条款的理解

自学课件 2-7-2：
女职工和未成年工特殊劳动保护

案例研讨

在线上或线下自学的基础上，以课程学习团队为单位，由团队负责人组织团队成员对案例进行讨论，达成一致意见，并制作PPT，选派一名代表在课堂上展示案例研讨结果。

案例1　刘某是一家建筑公司的吊车司机，与该建筑公司订立了3年的劳动合同。2017年该公司承接了政府的拆迁工作，负责本市的建筑拆迁工作。2018年年初，该公司的项目负责人组织下属进行本市南区的危房拆迁，刘某在看到危房上有高压线时，要求负责人与供电局协商，停电后再拆。负责人没有听从建议，强令刘某开吊车拆卸房板，并威胁将解雇不施工的工人。刘某拒绝出车。负责人在劝说无效的情况下，向公司领导作了汇报。一个星期后，公司认为刘某在工作期间不服从单位调度、指挥，拒绝正常工作，给公司造成重大经济损失，决定解除与刘某的劳动合同。刘某不服，向当地的劳动争议仲裁委员会申请仲裁，请求裁决撤销解除劳动合同的决定。

请问：刘某的请求合法吗？为什么？

案例2 2018年2月底，北京市某化工厂因生产需要，招收技术员一名。小赵前往应聘，工厂看中了小赵经验丰富、专业能力强，当即同意录用他并签订了劳动合同。在签订合同时，小赵要求工厂承诺提供符合国家规定的劳动条件，并将相应内容记入合同中。上班后，小赵发现化工厂工作室面积狭小，通风不畅，原材料和成品混放在一起，电线乱接，极易引起火灾，存在多种安全隐患。为防止发生事故，小赵向工厂反映了工作室的混乱情况，指出化工厂没有按照合同提供符合国家规定的劳动安全卫生条件，要求单位按合同提供相应劳动条件。化工厂拒绝了小赵的要求，认为工厂工作条件向来如此，反怪小赵不能吃苦。双方协商不成，2018年3月，小赵向某区劳动争议仲裁委员会提请劳动争议仲裁。

请问：小赵的要求合法吗？为什么？

案例3 小周是东北某林业公司工作人员，2018年11月，已经入冬了，单位还没有发放防寒服和手套等防寒用品，小周上班时直打哆嗦。公司每年这个时候都要发防寒用品，不知今年为什么不发。小周很纳闷，就去问公司经理。经理说，由于今年没有盈利，公司决定不发防寒用品，要求员工自己解决。小周认为发放防寒用品是公司的法定义务，公司不能以没有盈利为由不履行发放防寒用品的义务。经理不同意小周的观点，双方争吵起来，于是小周向劳动争议仲裁委员会申请仲裁，请求裁决单位拒不发放防寒用品违法。

请问：单位拒不发放防寒用品违法吗？为什么？

案例4 女职工凌某与上海浦东一家通信公司签订劳动合同，约定其工作岗位为销售经理，工资待遇为8 000元/月。但在合同履行过程中，2018年10月，凌某怀孕了，由于怀孕初期反应强烈，遂向公司请了1个月假。随后，通信公司以凌某不能履行销售经理职责为由，在未与凌某进行任何沟通、协商的情况下，单方面对其工作岗位进行调整，即由销售经理调整为生产车间的质量检验员，工资待遇也由原来的8 000元/月，变更为2 000元/月。对此，凌某非常生气，认为公司的行为是违规的，女职工怀孕期间理应受到特殊的照顾，换岗位就意味着收入的同步降低，由原来的月薪8 000元降到2 000元。于是，2018年11月，凌某向上海市劳动争议仲裁委员会提出申诉，要求恢复其工资待遇。但通信公司认为，凌某怀孕后，不能适应原来的工作岗位，并且在双方签订的劳动合同中也规定了，用人单位可以根据自身经营状况及员工的实际表现，变更员工的岗位，员工应服从。

请问：通信公司变更员工的岗位和工资待遇合法吗？为什么？

➡ **知识点学习**

一、劳动保护的概念和特征

（一）劳动保护的概念

劳动保护，其广义是指对劳动者各个方面合法权益的保护，即通常所称的劳动者保护；其狭义仅指对劳动者在劳动过程中的安全和健康的保护，又称劳动安全卫生或职业安全卫生。本章阐述狭义的劳动保护。

（二）劳动保护的特征

劳动保护的特征表现为：

1.受保护者是劳动者，保护者是用人单位

当劳动者将其劳动力的使用权有期限地让渡给用人单位后，仍拥有对劳动力的所有权，用人单位在使用劳动者的劳动力时就应当对劳动者的劳动力实施保护。因而，劳动保护是劳动者的权利和用人单位的义务。

2.保护的对象是劳动者的安全和健康

因为劳动力以劳动者人身为载体，劳动者只有在其人身处于安全和健康的状况下，其劳动力才能正常存续和发挥，所以，保护劳动者的安全和健康即保护劳动者的劳动力。

3.保护的范围只限于劳动过程

劳动保护是基于劳动关系产生的，因而，用人单位只对劳动者在劳动过程中的安全和健康负有保护义务，而对劳动者在劳动过程之外的安全和健康则无此义务。

二、劳动保护的方针和任务

（一）劳动保护的方针

为了实现劳动保护的任务，我国的立法要求劳动保护工作必须坚持"安全第一、预防为主"的方针。"安全第一"，这是处理生产与安全的关系所应遵循的原则。当生产与安全发生矛盾时，应当优先满足安全的需要，即安全重于生产，而不允许以生产压安全。"预防为主"，即防重于治，这是处理职业伤害的预防与治理关系所应遵循的原则，它要求把劳动保护的重点放在防患于未然，要求尽量采用直接安全技术，制造和使用无害设备和无害工艺，而不要在不安全、不卫生因素形成之后，甚至造成职业伤害之后，再进行治理和补救。

（二）劳动保护的任务

劳动保护的任务是同职业伤害相联系的。所谓职业伤害，是指职业危害因素对劳动者人身造成的有害后果，它既可能表现为急性伤害，即劳动者伤亡事故，也可能表现为慢性伤害，即劳动者患职业病或身体早衰。所谓职业危害因素，是指劳动过程中的物质因素（劳动对象、劳动工具、劳动环境等）固有的物理、化学或生物性能所含的危险性或危害性。它的存在，只表明劳动过程中存在发生职业伤害的客观基础，但并非一定都会造成职业伤害。尤其是随着科学技术的进步，防护手段会越来越多且越来越有效。因而，职业伤害既具有客观现实性，又具有可避免性。由此才提出了劳动保护的要求。职业伤害的客观现实性表明劳动保护具有必要性；职业伤害的可避免性则表明劳动保护具有可行性。

一般言之，潜在的职业危害因素转化为职业伤害，必须具备一定的诱发或激发条件。这种条件包括：

（1）物质条件的不良状态，主要指原材料、燃料的质量不合格，机器设备不符合运转、使用要求，物资存放、包装不合要求，以及劳动场所存在问题等；

（2）人的错误行为，主要指企业管理者的违章管理行为、劳动者的违章操作行为；

（3）人们对自然规律的认识不足和应付手段欠缺。

劳动保护的任务在于，通过多种手段控制潜在职业危害因素向职业伤害转化的条件，使职业伤害不致发生。也就是说，劳动保护的任务，就是在职业伤害发生之前积极采取组织管理措施和工程技术措施，尽可能地消除职业伤害所赖以发生的条件，从而有效保护劳动者的安全和健康。

三、劳动保护关系中各方主体的权利和义务

（一）政府的劳动保护职责

根据宪法的规定，政府及其有关部门对劳动者的安全和健康在宏观上负有保护职责，具体包括：

（1）制定劳动保护法规和劳动安全卫生标准，并监督用人单位执行；

（2）政府职能部门应当把劳动安全卫生管理和服务工作纳入各自的日常职责范围；通过日常的审批、鉴定、考核、认证、事故查处职能活动等，督促用人单位做好劳动保护工作；

（3）通过劳动保护监察活动，监督、检查用人单位遵守劳动保护法的情况，制止、纠正并制裁劳动保护中的违法行为；

（4）组织和推动劳动保护科研工作及其成果开发、推广和应用；

（5）向企业直接提供或支持提供巨型劳动保护设施。

（二）用人单位的劳动保护义务

用人单位必须按照劳动保护法的要求，对本单位劳动者承担劳动保护义务。其中主要有：

（1）向劳动者提供符合劳动安全卫生标准的劳动条件；

（2）对劳动者进行劳动保护教育和劳动保护技术培训；

（3）建立和实施劳动保护管理制度；

（4）保障职工休息权的实现；

（5）为女工和未成年工提供特殊劳动保护；

（6）接受政府有关部门、工会组织和职工群众的监督。

（三）劳动者的劳动保护权利和义务

劳动者是劳动保护关系中的受保护者，其劳动安全卫生权利的内容主要包括：

（1）有权获得符合标准的劳动安全卫生条件；

（2）有权获得法定的休息休假待遇；

（3）有权获得本岗位安全卫生知识、技术的学习和培训；

（4）有权拒绝单位行政提出的违章操作要求，在劳动条件恶劣、隐患严重的情况

下，有权拒绝作业和主动撤离工作现场；

（5）有权对单位执行劳动保护法的情况进行监督并提出建议。同时，职工负有学习和掌握劳动保护知识、技术，严格遵守操作技术规程的义务。

四、《劳动法》中劳动保护的相关规定

（一）《劳动法》中劳动保护法条

《劳动法》第五十二条规定："用人单位必须建立、健全劳动安全卫生制度，严格执行国家劳动安全卫生规程和标准，对劳动者进行劳动安全卫生教育，防止劳动过程中的事故，减少职业危害。"

第五十三条规定："劳动安全卫生设施必须符合国家规定的标准。新建、改建、扩建工程的劳动安全卫生设施必须与主体工程同时设计、同时施工、同时投入生产和使用。"

第五十四条规定："用人单位必须为劳动者提供符合国家规定的劳动安全卫生条件和必要的劳动防护用品，对从事有职业危害作业的劳动者应当定期进行健康检查。"

第五十五条规定："从事特种作业的劳动者必须经过专门培训并取得特种作业资格。"

第五十六条规定："劳动者在劳动过程中必须严格遵守安全操作规程。劳动者对用人单位管理人员违章指挥、强令冒险作业，有权拒绝执行；对危害生命安全和身体健康的行为，有权提出批评、检举和控告。"

第五十七条规定："国家建立伤亡事故和职业病统计报告和处理制度。县级以上各级人民政府劳动行政部门、有关部门和用人单位应当依法对劳动者在劳动过程中发生的伤亡事故和劳动者的职业病状况，进行统计、报告和处理。"

（二）《劳动法》中劳动保护法条的相关内容

1.劳动安全技术规程

（1）劳动安全技术规程的概念

劳动安全技术规程是国家为了防止和消除在生产过程中的伤亡事故，保障劳动者的生命安全和减轻繁重体力劳动，以及防止生产设备遭到破坏而制定的法律规范。

相关法规和标准主要有：《中华人民共和国安全生产法》（以下简称《安全生产法》）、《中华人民共和国建筑法》、《中华人民共和国矿山安全法》及其实施条例，以及劳动安全方面的国家标准和行业标准。

（2）劳动安全技术规程的内容

劳动安全技术规程包括工厂、矿山、建筑安装工程等安全技术规程。

①工厂安全技术规程的主要内容

◆建筑物（厂房）和通道的安全要求。建筑物（厂房）必须坚固，以防塌陷，如有损坏或危险的迹象应立即修理；动力室、锅炉房、瓦斯发生室应与其他工作间隔开；厂院内交通要道必须平坦、畅通，夜间应有足够的照明设备和必要的警告标志等。

◆工作场所的安全要求。机器和工作台等设备的装置必须科学、合理，便于安全操作；原材料、成品、半成品的堆放必须不妨碍生产工作的正常进行和生产活动的通行；工作地点照明的亮度应符合操作要求等。

◆生产设备的安全要求。设备的设计、制作、安装必须符合劳动卫生法规的要求；对容易发生危险的特种设备必须严格管理，持证上岗操作；所用设备如对人有害，应采取有效的防护措施。

◆个人防护用品的安全要求。企业必须给那些在工作过程中，有可能危害其安全和健康的劳动者发放必要的防护用品，并定期检验、鉴定和更换。

②矿山安全规程。

◆矿山设计的安全要求。矿山设计必须符合国家矿山安全规程和行业技术规范。

矿山建设工程的设计文件必须符合矿山安全规程和行业技术规范，其主要设计项目包括矿井通风系统、供电系统、提升运输系统、防火灭火系统、防水排水系统、防瓦斯系统、防尘系统等等。每个矿井必须有两个以上能行人的安全出口，出口之间的水平距离必须符合矿山安全规程和行业技术规范。矿山必须有与外界相通的、符合安全要求的运输和通信设施。

◆矿山开采的安全要求。矿山开采必须具备安全生产条件，严格执行不同矿种的安全规程和行业技术规范。

矿山开采必须具备保障安全生产的条件，应按开采的矿种不同分别遵守相应的矿山安全规程和行业技术规范。矿山使用有特殊安全要求的设备、器材、防护用品和安全测试仪器，必须符合国家标准或行业安全标准，否则不得使用。

◆作业场所的安全要求。必须对各种危害安全的事故采取预防措施，如冒顶、爆炸冲击冲压等。

矿山企业必须对机电设备及其防护装置、安全检测仪器进行定期检查、维修，保证使用安全；必须对冒顶片邦、边坡滑落和地表塌陷，瓦斯、煤尘爆炸，地面和井下火灾、水灾、爆破作业等危害安全的事故隐患采取严密的预防措施。

③建筑安装工程安全技术规程。为了改善劳动条件，保护建筑施工生产过程中劳动者的安全和健康而制定的各种法律规范与技术标准，包括建筑安装施工的一般安全要求，施工现场、脚手架、土石方工程、机电设备、防护用品发放等，严格执行安全帽、安全标志、高处作业等国家标准。

◆施工现场的安全要求。在现场周围和悬崖、陡坎处所，应该用篱笆、木板或铁丝网等围设栅栏；工地的沟、坑应填平或设围栏、盖板。施工现场要有交通指示标志，危险地区应悬挂"危险"或者"禁止通行"的明显标志，夜间应有红灯示警；架设高压线、材料存放、爆炸物存放等应按规定采取安全措施；施工现场的附属企业、机械装置等临时工程设施的位置、规格都应在施工组织设计时详细规定，等等。

◆脚手架的安全要求。凡是承载机械或超过15米高的脚手架，必须先行设计，经批准后才可搭设。搭设好的脚手架经施工负责人验收后，才能使用，使用期间应经常检查。

◆土石方工程和拆除工程的安全要求。进行土石方工程之前，应做好必要的调查和勘察工作。拆除工程应在施工之前对建筑物现状进行详细调查，并组织设计，经总工程师批准后才可动工。

◆高处作业的安全要求。对于从事高处作业的职工，必须进行身体检查，不能使患有高血压、心脏病、癫痫病的人和其他不适于高处作业的人从事高处作业；遇有六级以上强风气候，禁止露天进行起重工作和高空作业。

◆防护用品等其他方面的安全要求。

企业必须给处于可能危害劳动者安全岗位上的劳动者提供安全帽、呼吸护具、眼防护具、听力护具、防护鞋、防护手套、防护坠落具、护肤品等相应的防护用品，对特种劳动防护用品、用具的效能，应定期检验和鉴定并且按规定报废与更新，失效的一律不准使用。

微课 2-7-1

劳动卫生规程

2.劳动卫生规程

劳动卫生规程是国家为了保护劳动者在生产过程中的健康，防止和消除职业危害而制定的各种法律规范与技术标准的总和。其包括各种工业生产卫生、医疗预防、健康检查等技术和组织管理措施。

我国各行各业的劳动卫生规程很多，除了一般性的基本要求外，还针对某些劳动卫生问题制定了专门规定，如《工业企业厂界环境噪声排放标准》等。此外，还制定了一些关于劳动卫生的国家标准和行业标准。它们关于劳动卫生基本的要求，概括起来主要有以下几个方面：

（1）防止有毒物质危害

凡散发有害健康的蒸汽、气体的设备应加以密闭，必要时应安装通风、净化装置；有毒物品和危险物品应分别储藏在专设处所，并严格管理；对有毒或有传染性危险的废料，应在卫生机关的指导下进行处理；对接触有毒有害气体或液体的职工应供给有关防护用品，等等。

（2）防止粉尘危害

凡是有粉尘作业的用人单位，要努力实现生产设备的机械化、密闭化和自动化，设置吸尘、滤尘和通风设备，矿山采用湿式凿岩和机械通风；对接触粉尘的工人发给防尘口罩、防尘工作服和保健食品，并定期进行健康检查，等等。

（3）防止噪声和强光危害

对产生强烈噪声的生产，应尽可能在设有消声设备的工作房中进行，并实行强噪声和低噪声分开作业。在有噪声、强光等场所操作的工人，应供给护耳器、防护眼镜等；要用低噪声的设备和工艺代替强噪声的设备与工艺，从声源上根治噪声危害，等等。

（4）防止电磁辐射危害

凡是存在电磁辐射的工作场所，应当设置电场屏蔽体或磁场屏蔽体将电磁能量限制在规定的空间内；实行远距离控制作业和自动化作业；将能吸收能量的材料与屏蔽材料叠加一起，吸收辐射能量和防止透射；对作业人员采取必要的个人防护措施。

（5）防暑降温、防冻取暖和防潮湿

工作场所应当保持一定温度和湿度，不宜过热、过冷和过湿。室内工作地点的温度经常高于35℃的，应当采取降温措施；低于5℃的，应当设置取暖设备；对高潮湿场所，应当采取防潮措施。

（6）通风和照明

工作场所的光线应当充足，采光部分不要遮蔽；工作地点局部照明应符合操作要求，但也不宜强光刺目；通道应有足够的照明。生产过程温度和风速要求不严格的工作场所应保证自然通风；有瓦斯和其他有毒害气体集聚的工作场所，必须采用机械通风。通风装置必须有专职或兼职人员管理，并应定期检修和清扫，遇有损坏应立即修理或更换。

（7）卫生保健

为增强从事有害健康作业的职工抵抗职业性中毒的能力，应满足其特殊营养需要，免费发给保健食品。对高温作业的职工，应免费供给清凉饮料，以补充水分和盐分。另外，用人单位应根据需要，设置浴室、厕所、更衣室、妇女卫生室等生产辅助设施，并保持设施完好和清洁卫生。

（8）职业病防治

职业病是指企业、事业单位和个体经济组织的劳动者在劳动过程中，因接触粉尘、放射性物质和其他有毒、有害物质而引起的疾病。职业病的分类和目录，由国务院卫生行政部门会同国务院劳动保障行政部门规定、调整并公布。

对职业病的诊断，按卫生部颁发的《职业病诊断与鉴定管理办法》及其有关规定执行。凡被确诊患有职业病的劳动者，职业病诊断机构应发给《职业病诊断证明书》，享受国家规定的工伤保险待遇或职业病待遇。其待遇由所在单位行政、工会和劳动鉴定委员会（小组）根据其职业病诊断证明和劳动能力丧失的程度按国家现行规定确定。经费开支渠道按现行财务制度规定办理。劳动者被确诊患有职业病后，其所在单位行政应根据职业病诊断机构（诊断组）的意见，安排其医治或疗养。经医治或疗养后被确认为不宜继续从事有害作业或工作的，应在确定之日起的两个月内将其调离原工作岗位，安排工作；对于因工作需要暂不能调离生产、工作岗位的技术骨干，调离期限最长不得超过半年。

全国人大常委会在总结上述执行职业病防治行政法规的基础上，《劳动法》第五十四条作出了原则性规定：用人单位必须为劳动者提供符合国家规定的劳动安全卫生条件和必要的劳动防护用品，对从事有职业危害作业的劳动者应当定期进行健康检查。其后又通过并施行了《中华人民共和国职业病防治法》（以下简称《职业病防治法》），该法共分七章八十八条。它包括总则、前期预防、劳动过程中的防护与管理、职业病诊断与职业病病人保障、监督检查、法律责任、附则。它规定得更具体、完善，有利于预防、控制和消除职业病危害，防治职业病，保护劳动者的健康及相关权益，促进经济建设的发展。

3.劳动安全卫生管理制度

职业危害是职业危害因素对劳动者人身造成的有害后果，既可以表现为对劳动者的急性伤害，如劳动安全卫生事故，也可能表现为慢性伤害，即各类职业病。职业危害因素是劳动过程中各类物质因素以其固有的物理、化学或生物属性所含有的对人的危害性或危险性。此类危害因素的存在，仅仅表明劳动过程中存在着发生职业危害的可能性，但并非一定造成职业伤害。尤其是随着科技进步，防护手段和组织措施愈发有效。因而，职业危害既具有客观可能性，又具有可避免性。职业危害发生的客观可能性表明劳动安全卫生保护的必要性，可避免性则表明劳动保护的可行性。事实表明，潜在的职业危害因素转变为职业伤害，必须具备一定的诱发或激发条件。这些条件主要是劳动条件的不良状态、劳动组织的不完善、人的错误管理行为与错误操作行为以及人们对自然规律的认识不足和防护手段、方法的欠缺等。重大劳动安全卫生事故虽然表现为突发事件，但大量的事实表明，此类事故的发生正是由于在经常性的工作中没有严格执行有关制度，是一系列缺陷和不完善的管理行为积累的结果。企业内可能存在导致重大人身伤亡或重大经济损失的因素，或者潜伏于作业场所、设备设施之中，或者表现为生产组织、管理行为中的缺陷。这些因素导致了员工的错误行为，使得职业危害的可能性转变为现实性。

国家为了保护劳动者在生产过程中的安全健康，根据生产的客观规律和生产实践经验的科学总结，规定了各项企业必须执行的安全生产管理制度。为防止重大劳动安全卫生事故的发生，企业必须全面完善并严格执行各项劳动安全卫生管理制度。

（1）安全生产责任制度

企业各级领导、职能部门，工程技术人员和生产工人在生产过程中，对各自的职务或职责范围内的劳动安全卫生都负有相应的责任。

安全生产责任制度是从企业组织体系上规定企业各类人员的劳动安全卫生责任，使各个层次的安全卫生责任与管理责任、生产责任统一起来。其中，企业法定代表人对本单位安全卫生负全面责任，分管安全卫生的负责人和专职人员对安全卫生负直接责任，总工程师负安全卫生技术领导责任，各职能部门、各级生产组织负责人在各自分管的工作范围内对安全卫生负责，工人在各自的岗位上承担严格遵守劳动安全技术规程的义务。

（2）安全技术措施计划管理制度

安全技术措施计划管理制度是指企业为了改善劳动条件、防止和消除工伤事故、职业病而编制的预防、控制措施的计划管理制度。它是企业生产、技术、财务计划的组成部分之一。此项制度是企业在编制年度生产、技术、财务计划的同时，必须编制以改善劳动条件，防止和消除伤亡事故及职业病为目的的技术措施计划的管理制度。其计划项目主要包括安全技术措施，劳动卫生措施，辅助性设施建设、改善措施以及劳动安全卫生宣传教育措施等。安全卫生技术措施所需资金，按照计划专款专用，专户储存，在更新改造基金中予以安排。上述措施所需设备、材料，应列入物资供应计划，并确定实现的期限和负责人。

（3）安全生产教育制度

安全生产教育制度是指对劳动者进行安全技术知识、安全技术法规的教育、培训和考核制度。它是防止发生生产事故和职业疾病的一项重要措施。为此，早在1964年，劳动部就发布了《关于进一步加强安全技术教育的决定》。《劳动法》和《安全生产法》先后进一步作出原则规定。这些规定的主要内容有：用人单位必须对劳动者进行劳动安全卫生教育；从事特殊作业的劳动者必须经过专门培训并取得特种作业资格；生产经营单位应保证从业人员具备必要的安全生产知识，熟悉安全生产有关的规章制度和安全操作规程，掌握本岗位的安全操作技能。未经安全生产教育和培训合格的从业人员，不得上岗作业；生产经营单位采用新工艺、新材料、新技术或者使用新设备，必须了解、掌握其安全技术性能，采取有效的安全防护措施，并对从业人员进行专门的安全生产教育和培训；生产经营单位的特种作业人员必须按照国家有关规定经专门的安全作业培训，取得特种作业操作资格证书，方可上岗作业。对劳动者进行安全生产教育的内容还包括思想政治教育、劳动纪律教育、典型经验和事故教训教育等。此外，用人单位还应开展各种形式的活动对全体劳动者进行经常性的安全卫生教育。这些规定都是用人单位及其负责人的基本义务和责任。

（4）安全生产检查制度

此项制度是劳动部门、产业主管部门、用人单位、工会组织对劳动安全卫生法律、法规、制度的实施依法进行监督检查的制度。

（5）重大事故隐患管理制度

此项制度是对企业可能导致重大人身伤亡或重大经济损失，潜伏于作业场所、设备设施以及生产、管理行为中的安全缺陷进行预防、报告、整改的规定。

其要点为：①重大事故隐患分类；②重大事故隐患报告；③重大事故隐患预防与整改措施；④劳动行政部门、企业主管部门对重大事故隐患整改的完成情况的检查验收。

（6）安全卫生认证制度

此项制度是通过对劳动安全卫生的各种制约因素是否符合劳动安全卫生要求进行审查，对符合要求者正式认可、允许进入生产过程的制度。

其要点为：①有关人员资格认证。例如特种作业人员资格认证。②有关单位、机构的劳动安全卫生资格认证。例如矿山安全资格、劳动安全卫生防护用品设计、制造单位的资格认证等。③与劳动安全卫生联系特别密切的物质技术产品的质量认证等。凡是被国家纳入认证范围的对象，都实行强制认证。只有经认证合格的才能从事相应的职业活动或投入使用。

（7）伤亡事故报告和处理制度

此项制度是国家制定的对劳动者在劳动生产过程中发生的和生产有关的伤亡事故的报告、登记、调查、处理、统计和分析的规定。其目的是及时报告、统计、调查和处理职工伤亡事故，采取预防措施，总结经验，追究事故责任，防止伤亡事故再度发生。为此，中华人民共和国成立初期就建立了伤亡事故报告制度，其后逐步完善。例如，相关部门制定颁布了《工人职员伤亡事故报告规程》《企业职工伤亡事故报告和处理规定》。《劳动法》和《安全生产法》都作了原则规定：国家建立伤亡事故和职业病统计报告和处理制度；对生产经营单位发生生产安全事故的应急救援与调查处理办法。此外，相关部门颁布了《企业职工伤亡事故分类标准》《企业职工伤亡事故调查分析规则》《企业职工伤亡事故经济损失统计标准》等。下面择其要介绍一下。

①生产安全事故救援。《安全生产法》第七十八条规定："生产经营单位应当制定本单位生产安全事故应急救援预案，与所在地县级以上地方人民政府组织制定的生产安全事故应急救援预案相衔接，并定期组织演练。"

第七十九条规定："危险物品的生产、经营、储存单位以及矿山、金属冶炼、城市轨道交通运营、建筑施工单位应当建立应急救援组织；生产经营规模较小的，可以不建立应急救援组织，但应当指定兼职的应急救援人员。危险物品的生产、经营、储存、运输单位以及矿山、金属冶炼、城市轨道交通运营、建筑施工单位应当配备必要的应急救援器材、设备和物资，并进行经常性维护、保养，保证正常运转。"这样，一旦发生生产安全事故可立即救援。

②生产安全事故报告。《安全生产法》第八十条规定："生产经营单位发生生产安全事故后，事故现场有关人员应当立即报告本单位负责人。单位负责人接到事故报告后，应当迅速采取有效措施，组织抢救，防止事故扩大，减少人员伤亡和财产损失，并按照国家有关规定立即如实报告当地负有安全生产监督管理职责的部门，不得隐瞒不报、谎报或者迟报，不得故意破坏事故现场、毁灭有关证据。"

第八十一条规定："负有安全生产监督管理职责的部门接到事故报告后，应当立即按照国家有关规定上报事故情况。负有安全生产监督管理职责的部门和有关地方人民政府对事故情况不得隐瞒不报、谎报或者迟报。"

第八十二条规定："有关地方人民政府和负有安全生产监督管理职责的部门的负责人接到生产安全事故报告后，应当按照生产安全事故应急救援预案的要求立即赶到事故现场，组织事故抢救。参与事故抢救的部门和单位应当服从统一指挥，加强协同联动，采取有效的应急救援措施，并根据事故救援的需要采取警戒、疏散等措施，防止事故扩大和次生灾害的发生，减少人员伤亡和财产损失。事故抢救过程中应当采取必要措施，避免或者减少对环境造成的危害。任何单位和个人都应当支持、配合事故抢救，并提供一切便利条件。"

③事故分类。对职工在劳动过程中发生的人身伤害、急性中毒事故，可按不同的标准进行分类：

◆按事故原因的不同可分为因工和非因工伤亡。

◆按伤害程度和伤亡人数不同可分为：轻伤，指损失工作日数为1天的伤害事故；重伤事故，指有重大伤害无死亡事故；死亡事故，指一次死亡1人至2人的事故；重大伤害事故，指一次死亡3人至9人的事故；特大伤亡事故，指一次死亡10人以上的事故。

◆按事故的类别可分为：物体打击、车辆伤害、机械伤害、起重伤害、触电、淹溺、灼烫、火灾、高处坠落、坍塌、冒顶、片帮、透水、放炮、火药爆炸、瓦斯爆炸、锅炉爆炸、受压容器爆炸、其他爆炸、中毒和窒息、其他伤害等20类。

④生产安全事故的调查。为了弄清事故情况，查明事故原因，分清事故责任，提出改进措施，防止事故重复发生，应按有关规定对各种生产安全事故进行调查。

根据《企业职工伤亡事故报告和处理规定》（1991年5月起施行），对轻伤、重伤事故，由企业负责人或其指定人员组成生产、技术、安全等有关人员以及工会成员参加的事故调查组，进行调查。对死亡事故，由企业主管部门会同企业所在地设区的市（或相当于设区的市一级）劳动部门、公安部门、工会组成事故调查组，进行调查。对重大死亡事故，按照企业的隶属关系由省、自治区、直辖市企业主管部门或者国务院有关主管部门会同同级劳动部门、公安部门、监察部门、工会组成事故调查组，进行调查。调查组应当邀请人民检察院派人参加。调查组的职责是查明事故发生原因、过程和人员伤亡、经济损失情况；确定事故责任者；提出事故处理意见和防范措施的建议；写出调查报告。

⑤生产安全事故处理。事故调查组提出事故处理意见和防范措施建议，经调查确定为责任事故的，除了应当查明事故单位的责任并依法予以追究外，还应当查明对安全生产的有关事项负有审查批准和监督职责的行政部门的责任，对有失职、渎职行为的，也应追究法律责任。在处理事故时，应按照《安全生产法》等有关法律规定和各级安全生产责任制的规定分清事故责任者，给予相应的行政、经济、刑事处罚。例如：对生产经营单位主要负责人在本单位发生重大生产安全事故时，不立即组织抢救或者在事故调查处理期间擅离职守或者逃匿的，给予降职、撤职的处分，对逃匿的处15日以下拘留；构成犯罪的，依法追究刑事责任。对生产安全事故隐瞒不报、谎报或者拖延不报的，也按上述规定处罚。

伤亡事故处理工作应当在90日内结案，特殊情况下不得超过180日。伤亡事故处理结案后，应当公开宣布处理结果。

（8）个人劳动安全卫生防护用品管理制度

个人劳动安全卫生防护用品管理制度分为两类：其一是国家关于劳动安全卫生防护用品的国家标准和行业标准的制定、生产特种个人劳动防护用品的企业生产许可证颁发、质量检验检测的规定；其二为企业内部有关个人劳动防护用品的购置、发放、检查、修理、保存、使用的规定，包括个人劳动防护用品发放制度、检查修理制度、相关教育培训制度等。其目的是保证防护用品充分发挥对操作人员及有关人员的劳动保护作用。

（9）劳动者健康检查制度

健康检查制度包括两类制度：①员工招聘健康检查。企业对拟招聘人员进行体检，一般岗位为常规体检；岗位对员工的健康有特定要求的应进行特定体检，以便决定是否满足从事某个特定工作岗位的需要。②企业员工的定期体检，发现疾病及时治疗以及预防职业病的发生。

五、女职工和未成年工特殊劳动保护

微课2-7-3

女职工特殊
劳动保护

（一）女职工的特殊劳动保护

1.女职工特殊劳动保护的含义

女职工特殊劳动保护，又称母性保护，是针对女职工的生理特点和抚育后代的需要，对女职工在劳动过程中的安全和健康依法加以特种保护。

2.女职工特殊劳动保护的法规

女职工特殊劳动保护主要法律依据是《劳动法》《中华人民共和国妇女权益保障法》《女职工禁忌劳动范围的规定》《女职工劳动保护特别规定》等法律、法规。

3.女职工特殊劳动保护的主要内容

女职工的特殊劳动保护主要内容包括下述几个方面：

（1）规定了女职工禁忌从事的劳动范围

禁止安排女职工从事有害妇女健康的劳动。《女职工劳动保护特别规定》附录，明确规定了女职工禁忌从事的劳动范围：

◆矿山井下作业；

◆体力劳动强度分级标准中规定的第四级体力劳动强度的作业；

◆每小时负重6次以上、每次负重超过20千克的作业，或者间断负重、每次负重超过25千克的作业。

（2）对女职工"四期"的劳动保护

①经期保护。《女职工劳动保护特别规定》附录，明确规定了女职工在经期禁忌从事的劳动范围：

◆冷水作业分级标准中规定的第二级、第三级、第四级冷水作业；

◆低温作业分级标准中规定的第二级、第三级、第四级低温作业；

◆体力劳动强度分级标准中规定的第三级、第四级体力劳动强度的作业；

◆高处作业分级标准中规定的第三级、第四级高处作业。

"冷水作业"是指在劳动生产过程中，操作人员接触与冷水温度等于或小于12度的作业。

"低温作业"是指在劳动生产过程中，其工作地点平均气温等于或低于5度的作业。

国家规定的第三级体力劳动强度是指8小时工作日平均耗能值为7 310.2千焦耳/人，劳动时间率为73%，即净劳动时间为350分钟，相当于重强度劳动。

国家规定的第四级体力劳动强度是指8小时工作日平均耗能值为11 304.4人，劳动时间率为77%，即净劳动时间为370分钟，相当于很重强度劳动。

"高处作业"是指二级高处作业，即凡是在坠落高度基准面在5米以上（含5米）有可能坠落的高处进行的作业。

②孕期保护。《女职工劳动保护特别规定》附录，明确规定了女职工在孕期禁忌从事的劳动范围：

◆作业场所空气中铅及其化合物、汞及其化合物、苯、镉、铍、砷、氰化物、氮氧化物、一氧化碳、二硫化碳、氯、己内酰胺、氯丁二烯、氯乙烯、环氧乙烷、苯胺、甲醛等有毒物质浓度超过国家职业卫生标准的作业；

◆从事抗癌药物、己烯雌酚生产，接触麻醉剂气体等的作业；

◆非密封源放射性物质的操作，核事故与放射事故的应急处置；

◆高处作业分级标准中规定的高处作业；

◆冷水作业分级标准中规定的冷水作业；

◆低温作业分级标准中规定的低温作业；

◆高温作业分级标准中规定的第三级、第四级的作业；

◆噪声作业分级标准中规定的第三级、第四级的作业；

◆体力劳动强度分级标准中规定的第三级、第四级体力劳动强度的作业；

◆在密闭空间、高压室作业或者潜水作业，伴有强烈振动的作业，或者需要频繁弯腰、攀高、下蹲的作业。

《女职工劳动保护特别规定》第六条规定："女职工在孕期不能适应原劳动的，用人单位应当根据医疗机构的证明，予以减轻劳动量或者安排其他能够适应的劳动。对怀孕7个月以上的女职工，用人单位不得延长劳动时间或者安排夜班劳动，并应当在劳动时间内安排一定的休息时间。怀孕女职工在劳动时间内进行产前检查，所需时间计入劳动时间。"

③生育期保护。《女职工劳动保护特别规定》第七条规定："女职工生育享受98天产假，其中产前可以休假15天；难产的，增加产假15天；生育多胞胎的，每多生育1个婴儿，增加产假15天。女职工怀孕未满4个月流产的，享受15天产假；怀孕满4个月流产的，享受42天产假。"

第八条规定："女职工产假期间的生育津贴，对已经参加生育保险的，按照用人单位上年度职工月平均工资的标准由生育保险基金支付；对未参加生育保险的，按照女职工产假前工资的标准由用人单位支付。女职工生育或者流产的医疗费用，按照生育保险规定的项目和标准，对已经参加生育保险的，由生育保险基金支付；对未参加生育保险的，由用人单位支付。"

④哺乳期保护。哺乳期是指哺乳未满1周岁婴儿的时间。

《女职工劳动保护特别规定》附录，明确规定了女职工在哺乳期禁忌从事的劳动范围：

◆孕期禁忌从事的劳动范围的第一项、第三项、第九项；

◆作业场所空气中锰、氟、溴、甲醇、有机磷化合物、有机氯化合物等有毒物质浓度超过国家职业卫生标准的作业。

《女职工劳动保护特别规定》第九条规定："对哺乳未满1周岁婴儿的女职工，用人单位不得延长劳动时间或者安排夜班劳动。用人单位应当在每天的劳动时间内为哺乳期女职工安排1小时哺乳时间；女职工生育多胞胎的，每多哺乳1个婴儿每天增加1小时哺乳时间。"

第十条规定："女职工比较多的用人单位应当根据女职工的需要，建立女职工卫生室、孕妇休息室、哺乳室等设施，妥善解决女职工在生理卫生、哺乳方面的困难。"

（3）女职工劳动保护的其他措施

《女职工劳动保护特别规定》第十一条规定："在劳动场所，用人单位应当预防和制止对女职工的性骚扰。"

第十四条规定："用人单位违反本规定，侵害女职工合法权益的，女职工可以依法投诉、举报、申诉，依法向劳动人事争议调解仲裁机构申请调解仲裁，对仲裁裁决不服的，依法向人民法院提起诉讼。"

第十五条规定："用人单位违反本规定，侵害女职工合法权益，造成女职工损害的，依法给予赔偿；用人单位及其直接负责的主管人员和其他直接责任人员构成犯罪的，依法追究刑事责任。"

微课2-7-4　**（二）未成年工特殊劳动保护**

所谓未成年工，是指年满16周岁，未满18周岁的劳动者。

未成年工的特殊保护是针对未成年工处于生长发育期的特点，以及接受义务教育的需要，采取的特殊劳动保护措施。

未成年工特殊
劳动保护

对未成年工特殊保护的立法有《劳动法》《未成年工特殊保护规定》《中华人民共和国未成年人保护法》。

其主要内容包括：

1.未成年工禁忌劳动范围

《劳动法》第六十四条规定："不得安排未成年工从事矿山井下、有毒有害、国家规定的第四级体力劳动强度的劳动和其他禁忌从事的劳动。"

《未成年工特殊保护规定》根据《劳动法》的规定依照未成年工的身体状况，对相关的禁忌劳动范围进行了进一步的明确规定。

《未成年工特殊保护规定》第三条规定："用人单位不得安排未成年工从事以下范围的劳动：《生产性粉尘作业危害程度分级》国家标准中第一级以上的接尘作业；《有毒作业分级》国家标准中第一级以上的有毒作业；《高处作业分级》国家标准中第二级以上的高处作业；《冷水作业分级》国家标准中第二级以上的冷水作业；《高温作业分级》国家标准中第三级以上的高温作业；《低温作业分级》国家标准中第三级以上的低温作业；《体力劳动强度分级》国家标准中第四级体力劳动强度的作业；矿山井下及矿山地面采石作业；森林业中的伐木、流放及守林作业；工作场所接触放射性物质的作业；有易燃易爆、化学性烧伤和热烧伤等危险性大的作业；地质勘探和资源勘探的野外作业；潜水、涵洞、涵道作业和海拔3 000米以上的高原作业（不包括世居高原者）；连续负重每小时在6次以上并每次超过20千克，间断负重每次超过25千克的作业；使用凿岩机、捣固机、气镐、气铲、铆钉机、电锤的作业；工作中需要长时间保持低头、弯腰、上举、下蹲等强迫体位和动作频率每分钟大于50次的流水线作业；锅炉司炉。"

《未成年工特殊保护规定》第四条规定："未成年工患有某种疾病或具有某些生理缺陷（非残疾型）时，用人单位不得安排其从事以下范围的劳动：《高处作业分级》国家标准中第一级以上的高处作业；《低温作业分级》国家标准中第二级以上的低温作业；《高温作业分级》国家标准中第二级以上的高温作业；《体力劳动强度分级》国家标准中第三级以上体力劳动强度的作业；接触铅、苯、汞、甲醛、二硫化碳等易引起过敏反应的作业。"

2.未成年工定期健康检查制度

《未成年工特殊保护规定》第六条规定："用人单位应按下列要求对未成年工定期进行健康检查：安排工作岗位之前；工作满1年；年满18周岁，距前一次的体检时间已超过半年。"

第七条规定："未成年工的健康检查，应按本规定所附《未成年工健康检查表》列出的项目进行。"

第八条规定："用人单位应根据未成年工的健康检查结果安排其从事适合的劳动，对不能胜任原劳动岗位的，应根据医务部门的证明，予以减轻劳动量或安排其他劳动。"

3.未成年工使用和特殊保护登记

《未成年工特殊保护规定》第九条规定："对未成年工的使用和特殊保护实行登记制度。"

（1）用人单位招收使用未成年工，除符合一般用工要求外，还须向所在地的县级以上劳动行政部门办理登记。劳动行政部门根据《未成年工健康检查表》《未成年工登记表》，核发《未成年工登记证》。

（2）各级劳动行政部门须按本规定第三、四、五、七条的有关规定，审核体检情况和拟安排的劳动范围。

（3）未成年工须持"未成年工登记证"上岗。

（4）"未成年工登记证"由国务院劳动行政部门统一印制。

第十条规定："未成年工上岗前用人单位应对其进行有关的职业安全卫生教育、培训；未成年工体检和登记，由用人单位统一办理和承担费用。"

4.违反未成年工保护规定的法律责任

《劳动法》第九十五条规定："用人单位违反本法对女职工和未成年工的保护规定，侵害其合法权益的，由劳动行政部门责令改正，处以罚款；对女职工或者未成年工造成损害的，应当承担赔偿责任。"

六、劳动安全的法律风险防范

防止事故发生，保证劳动人身安全是企业安全生产工作的重要组成部分。

（一）加强安全风险意识教育

安全生产，以人为本。安全风险管理是提高安全管理能力的有效载体，是延长安全周期的科学方法，要注重加强安全风险管理理念、方法的宣传教育，提高安全风险意识，培养人的岗位技能和自我保护能力是企业生产中保证劳动者人身安全的决定性因素。

1.提高全员安全风险意识

提高全员安全风险意识，可通过班会、学习会、板报、橱窗等载体，努力将安全风险意识根植于干部职工思想深处，提升保证安全的积极性和自觉性。针对劳动安全风险源、点，分别建立安全风险提示图、岗位安全风险控制表、安全风险控制手册，强化提醒和警示教育，提高全员的劳动安全风险意识。

2.加强劳动安全教育

安全生产人人有责，每位职工都有责任和义务接受安全教育。要充分调动全体职工参与安全教育的热情，保障安全教育工作顺利开展。根据不同岗位特征采用有针对性的安全教育手段及内容，对技术、管理人员传播安全教育新思路，宣传相关政策法规新动向，理顺安全生产与企业发展相互促进、相互提高的新思路；对一线生产职工以贴近工作实践的内容开展经常性的安全教育，大力营造安全宣传氛围，切实提高职工安全防范的意识和能力。

3.强化劳动安全警示

建立"安全警示室"，统一制作安全警示教育展板，利用事故图片、案例PPT等形式，组织干部职工参与到事故分析和讨论中来，通过血的教训，让干部职工深刻理解"安全责任大如天"，明确"风险无大小、处处有风险"责任意识。通过各种形式抓好劳动安全风险教育，提高风险防范意识。

（二）严格执行标准化作业制度

经验证明，安全措施可以有效规避风险或操作事故。换句话说，只要大家不断努力，就完全有可能防止事故的发生，更有效地保障职工在生产过程中的生命安全与健康。纵观大大小小的人身伤亡事故案例，虽然造成事故的原因很多，但绝大多数是违章造成的。突出的问题是对标准化作业制度执行不严格，有的甚至不执行。为了确保企业安全生产有序可控，必须采取积极措施，抓实作业标准化工作。

1.提高职工的作业标准化意识和技能

要树立标准就是纪律的意识，使职工充分认识到作业标准化的重要意义和严肃性，克服"违章、违纪、违标不一定出事故"的侥幸心理，绝不能"有人检查时标准化，无人检查时自由化，到了晚上不像话"。要加强作业标准化教育培训和演练，全员提高作业标准化水平，对作业标准要做到必知必会、人人精通、个个熟练。

2.健全作业标准体系

推行作业标准化，首先应从源头入手，加强作业标准的体系建设，不断完善作业标准的内容；要根据岗位设置、作业特点，制定和完善岗位作业标准、关键作业的一次作业标准。作业标准的制定和修订应当以现有的安全规章、规程为依据，体现科学、规范的原则，做到重点突出、简捷、易操作。

3.建立以标准化为核心的作业过程控制机制

作业标准化工作的关键在于管理，要克服过去干惯了、看惯了的麻痹思想，违标必须要有说法，形成"有标准、有过程、有检查、有考核"的闭环管理模式，强化对过程的考核评价，找准症结，加以改进，逐步推进，达到整体提升的目的。

4.抓好平台建设

坚持利用安全风险管理信息平台，每月对管理干部抓劳动安全工作情况进行分析，研究存在的典型问题，奖优罚劣，调动干部抓劳动安全的积极性和主动性。

5.坚持岗前培训

坚持抓好职工的安全教育和岗前培训工作，坚持"持证上岗制度"。严把教育培训质量关，职工在安全教育和岗位培训中学到了什么、掌握了多少，要严格进行考核，不流于形式、走过场，必须经考核合格后方可参加工作。

（三）完善安全技术装备

安全的工作环境，状态完好的设备，是保证安全生产的基础。提高设备的安全可靠性，营造一个良好的、安全的生产环境，使职工在工作中有安全感，是保证人身安全的重要条件。

1.工作场地、投入运行的设备，必须符合安全标准

要经常检查设备安全装置和防护设施是否完整可靠，是否符合安全要求，对不符合要求的要及时发现和整改。临时工作场所要安全可靠，万无一失，保证安全遮拦、警告牌、标示牌按规定要求装设和悬挂。

2.保证设备的投入

一些事故的教训警示我们，在安全得不到可靠保障的情况下，一味减少必要的设备投入，特别是安全监控设备的投入，无异于饮鸩止渴。在设备整治上，该花的钱一定要花，不能为了节约生产成本而减少必要的安全投入，造成设备失修或对人的行为监控失控。

3.依靠科技进步，提高安全技术装备水平

使用高科技的先进设备，可以提高安全生产的可靠性和对安全的监控能力，实现安全装备自动化，从而减少发生事故的人为因素。

4.加强作业安全用具的管理

安全工具必须齐全、合格并定期检查，保证每个职工都配足安全用具，并且懂得维护和正确使用。

（四）强化劳动安全控制

1.加强劳动安全管理

一是结合安全管理新机制和推进标准化建设契机，量化干部跟班写实要求，加大现场检查力度，实现劳动安全受控目标。

二是紧盯关键岗位、关键时段、特殊工种劳动安全控制，发现劳动安全隐患和违章作业及时制止并落实考核，并追究该部门干部管理责任。

2.加强现场劳动安全控制

一是加强现场检查力度，对发现的劳动安全违章违纪现象除对当事人加大考核力度外，同时落实包保干部责任，持续高压态势。

二是强化干部作用发挥，结合当前安全重点工作和安全管理新机制推进落实，明确干部包保和现场检查跟班量化标准，切实卡控好现场安全。

3.加强用电、消防、劳动安全控制

一是对全段用电设备设施进行全面普查，消除安全隐患，重点对出租房、集体宿舍、外来厂方人员宿舍等开展集中整治，明确停送电流程，组织教育培训。

二是定期对油库、危险品存放间等消防重地设备设施进行检查，对查出的问题及时落实责任部门和责任人，限期整改存在的安全隐患，并由消防专职做好验证工作。

三是结合"遵章守纪，按标作业"活动，梳理典型案例并大力开展劳动安全宣传教育，量化干部现场跟班检查要求，强化现场劳动安全控制。

（五）开展劳动安全专项活动

1.创新检查机制

要针对生产现场发生的变化，定期组织开展劳动安全隐患排查，发动全体干部职工参与，从各自的工作岗位的工作实际出发，进行全方位的劳动安全隐患排查。

2.丰富活动载体

要结合企业安全生产实际，积极开展各种形式的劳动安全专项活动。

3.强化人文关怀

要确保劳动安全稳定，必须关心每个职工的身体状况。将每年开展职工健康体检和职业病体检工作作为一种制度加以落实。

只有通过劳动安全风险防范体系的构建，才能有效地保证劳动安全，使得安全管理长治久安。

互动课堂 2-7

　　2017 年 11 月，小王应聘到北京市某清洁服务公司工作，主要从事家庭和单位日常保洁。小王当时刚满 16 周岁，工作勤勤恳恳，任劳任怨，受到单位领导和同事好评。2019年2月，由于单位外墙玻璃清洗队缺人，人事部决定安排小王去清洗队工作。小王一打听，发现该清洗队主要从事高楼外墙的清洗工作，是二级以上高处作业（高处作业高度在5m以上至15m时，称为二级高处作业）。于是小王找到单位人事部，说自己从小患有先天性心脏病，不能从事高处作业，要求单位撤回该工作调动安排。人事部认为小王在工作上挑肥拣瘦，不批准小王的请求，并说小王如果不接受调动就得主动辞职。小王认为自己确实干不了该工作，又不想离开公司，在与人事部多次协调无效后，于2019年3月向当地劳动争议仲裁委员会提起了劳动仲裁。

互动课堂2-7

分析提示

　　请问：人事部的做法合法吗？为什么？

自学测试

一、选择题

自学测试2-7

1.劳动者的劳动保护权利和义务包括（　　）。

A.有权获得符合标准的劳动安全卫生条件

B.有权获得法定的休息休假待遇

C.有权获得本岗位安全卫生知识、技术的学习和培训

D.有权拒绝单位行政提出的违章操作要求，在劳动条件恶劣、隐患严重的情况下，有权拒绝作业和主动撤离工作现场

E.有权对单位行政执行劳动保护法的情况进行监督并提出建议。同时，职工负有学习和掌握劳动保护知识、技术，严格遵守操作技术规程的义务

2.用人单位的劳动保护义务包括（　　）。

A.向劳动者提供符合劳动安全卫生标准的劳动条件

B.对劳动者进行劳动保护教育和劳动保护技术培训

C.建立和实施劳动保护管理制度

D.保障职工休息权的实现

E.为女工和未成年工提供特殊劳动保护

F.接受政府有关部门、工会组织和职工群众的监督

3.劳动保护的特征表现为（　　）。

A.受保护者是劳动者，保护者是用人单位

B.保护的对象是劳动者的安全和健康

C.保护的范围只限于劳动过程

D.劳动保护就是全面保护劳动者

4.不得安排未成年工从事（　　）劳动。

A.矿山井下劳动

B.有毒有害的劳动

C.国家规定的第四级体力劳动强度的劳动

D.其他禁忌从事的劳动

5.女职工的"四期"的劳动保护有（   ）。

A.经期保护   B.孕期保护   C.生育期保护

D.哺乳期保护   E.生病期保护

6.属于女职工禁忌从事的劳动范围包括（   ）。

A.矿山井下作业

B.森林伐木、归楞、流放作业

C.《体力劳动强度分级》中第四级强度的体力劳动作业

D.建筑业脚手架的组装和拆除，电力、电讯等行业中的高处作业

E.连续负重（每小时负重6次以上）每次超过20千克的作业，间断负重超过25千克的作业

7.女职工的特殊劳动保护主要内容包括（   ）。

A.规定了女职工禁忌从事的劳动范围

B.对女职工的"四期"的劳动保护

C.女职工劳动保护的其他措施

D.女职工日常保护措施

二、判断题

1.劳动卫生规程是国家为了保护劳动者在生产过程中的健康，防止和消除职业危害而制定的各种法律规范与技术标准的总和，包括各种工业生产卫生、医疗预防、健康检查等技术和组织管理措施。（   ）

2.对于从事高处作业的职工，必须进行身体检查，不能使患有高血压、心脏病、癫痫病的人和其他不适于高处作业的人从事高处作业；遇有六级以上强风气候，禁止露天进行起重工作和高空作业。（   ）

3.劳动安全技术规程是国家为了防止和消除在生产过程中的伤亡事故，保障劳动者的生命安全和减轻繁重体力劳动，以及防止生产设备遭到破坏而制定的法律规范。（   ）

4.用人单位必须建立、健全劳动安全卫生制度，严格执行国家劳动安全卫生规程和标准，对劳动者进行劳动安全卫生教育，防止劳动过程中的事故，减少职业危害。（   ）

5.劳动保护工作必须坚持"安全第一、预防为主"的方针。（   ）

6.劳动保护，其广义是指对劳动者各个方面合法权益的保护，即通常所称的劳动者保护；其狭义仅指对劳动者在劳动过程中的安全和健康的保护，又称劳动安全卫生或职业安全卫生。（   ）

7.低温作业是指在劳动生产过程中，其工作地点平均气温等于或低于5度的作业。（   ）

8.冷水作业是指在劳动生产过程中，操作人员接触与冷水温度等于或小于12度的作业。（   ）

9.高处作业是指二级高处作业，即凡是在坠落高度基准面在5米以上（含5米）有

可能坠落的高处进行的作业。   （   ）

　　10.所谓未成年工，是指不满18周岁的劳动者。   （   ）

巩固与提高

一、选择题

1.关于劳动卫生基本的要求，概括起来主要有（   ）。

A.防止有毒物质危害   B.防止粉尘危害

C.防止噪声和强光危害   D.防止电磁辐射危害

E.防暑降温、防冻取暖和防潮湿   F.通风和照明

G.卫生保健   H.职业病防治

2.企业必须全面完善并严格执行各项劳动安全卫生管理制度，包括（   ）。

A.安全生产责任制度   B.安全技术措施计划管理制度

C.安全生产教育制度   D.安全生产检查制度

E.重大事故隐患管理制度   F.安全卫生认证制度

G.伤亡事故报告和处理制度   H.个人劳动安全卫生防护用品管理制度

I.劳动者健康检查制度

3.我国劳动卫生规程的主要内容包括（   ）。

A.防止粉尘危害的规定   B.防止有毒有害物质危害规定

C.防止噪声和强光的规定   D.防暑降温和防寒的规定

E.通风照明的规定   F.个人防护用品的规定

4.安全技术规程的主要内容有（   ）。

A.建筑物和通道的安全   B.机器设备的安全

C.电气设备的安全   D.动力锅炉和气瓶的安全

E.建筑工程的安全   F.矿山安全

5.我国最低就业年龄为（   ）。

A.15周岁   B.16周岁

C.14周岁   D.17周岁

6.用人单位不得安排未成年工从事的劳动有（   ）。

A.国家标准中第一级以上的接尘作业

B.国家标准中第一级以上的有毒作业

C.国家标准中第二级以上的高处作业

D.国家标准中第三级以上的冷水作业和低温作业

E.第四级以上体力劳动强度作业

7.招用未成年工实行（   ）制度。

A.未成年工健康检查   B.未成年工登记

C.未成年工夜班使用   D.未成年工毕业

二、判断题

1.女职工特殊劳动保护，又称母性保护，是针对女职工的生理特点和抚育后代的需

要，对女职工在劳动过程中的安全和健康依法加以特种保护。   （   ）

　　2.特大伤害事故，指一次死亡3人至9人的事故。   （   ）

　　3.《劳动法》保护的对象是劳动者。   （   ）

　　4.职业病是指劳动者所患的病。   （   ）

　　5.安全生产教育制度是指对劳动者进行安全技术知识和安全技术法规的教育、培训和考核制度。它是防止发生生产事故和职业疾病的一项重要措施。   （   ）

三、案例分析题

　　案例1　某企业现有职工200人，其中女职工占一半以上。企业职工因工作需要，经常进行低温和冷水作业。经常有女职工在经期因为进行低温和冷水作业而生病，于是女职工们找到经理，要求在经期调换工作岗位。经理认为单位女职工太多，调换工作岗位工作量太大，也比较麻烦，拒绝了女工们的请求。女工们在向当地妇联咨询后，认为自己有权在经期调换工作岗位，于是向当地劳动争议仲裁委员会提起了仲裁申请。

　　请问：经理拒绝女工们在经期调换工作岗位的请求合法吗？为什么？

　　案例2　赵某是某商场售货员。赵某结婚后不久就怀孕了，其不顾身体不适，仍然坚持工作。怀孕7个月后，由于身体越来越沉重，赵某逐渐觉得行动不便，加上腿脚肿胀，站立时间长了，就想找个地方休息。可是，商场纪律又不允许售货员上班时间坐着休息，一经发现要进行处罚。一天中午，商场没有几个客人，赵某的柜台前更是清静，加上站立久了很累，赵某就找个地方坐着休息。结果被商场纪律纠察员发现，商场据此对赵某进行了处罚。赵某不服，觉得自己毕竟是特殊情况，请求商场取消处罚，商场不同意。赵某觉得很委屈，于是向当地劳动争议仲裁委员会提起了仲裁。

　　请问：商场对赵某进行处罚合法吗？为什么？

　　案例3　2018年5月，北京市某化工厂因生产规模扩大，招收了100名新员工。公司要求新员工进厂时必须在员工登记表上登记自己的详细情况，公司对员工登记表进行了书面审查，确认员工资料合法后与他们签订了劳动合同。2018年6月，有人举报该化工厂使用童工，区劳动保障监察部门对化工厂进行了立案调查，确认该厂所雇员工中，有3人不满16岁。据此，区劳动保障监察部门认定某化工厂使用童工，责令停止使用童工，并对其进行了罚款。该化工厂认为自己已经要求员工进行登记，并对登记表进行了书面审查，尽到了注意义务，3个未成年人谎报年龄应当自己承担责任，化工厂没有过错不应受罚，因此，提起了行政诉讼，要求撤销处罚。

　　请问：该化工厂有没有过错？需要承担法律责任吗？

四、问答题

　　1.什么是劳动保护？它有哪些特征？

　　2.什么是女职工特殊劳动保护？

　　3.女职工禁忌从事的劳动有哪些？

　　4.劳动安全卫生管理制度包括哪些内容？

任务八　劳动合同内容合法性的审查

学习目标

◆知识目标

掌握劳动合同内容的含义、必备条款、约定条款；

正确理解无效劳动合同的含义；

掌握无效劳动合同的确认条件；

了解无效劳动合同的法律后果。

◆能力目标

能够审查劳动合同条款的合法性，防范因合同条款不当给企业带来的风险。

重点难点

◆教学重点

劳动合同的内容。

◆教学难点

无效劳动合同的正确理解。

自学任务

◆自学内容

（1）线上或线下学习本部分教学内容，重点关注以下问题：①劳动合同应具备哪些条款？②哪些劳动合同是无效的？

（2）自学完后完成本任务的自学测试。

自学课件 2-8-1：
劳动合同应具备的条款

自学课件 2-8-2：
劳动合同的效力

案例研讨

在线上或线下自学的基础上，以课程学习团队为单位，由团队负责人组织团队成员对案例进行讨论，达成一致意见，并制作 PPT，选派一名代表在课堂上展示案例研讨结果。

案例1　某公司招聘熟练女工，叶某（女，20 岁）应聘后被录用。双方就劳动关系的确立签订了劳动合同。合同规定，乙方（叶某）每周工作 6 天，每天工作 10 小时，每小时工资 1.5 元；工作期间，乙方因病、因工或非因工负伤均自行承担，公司概不负责；合同期3年，乙方每提前1年解除劳动合同，均需支付5 000元/年的违约赔偿金。在双方签订劳动合同时，叶某考虑找到工作不容易，对用人单位起草的合同未提出任何异议，并签上了自己的名字。

工作半年多后，叶某无法忍受恶劣的劳动条件，要求与公司提前解除合同。该公司不同意，认为叶某当时在合同上自愿签名表示承认合同的效力，愿意受合同条款的约束，如果叶某执意解除合同，就要求叶某支付1万元违约金。叶某不服，向当地劳动争议仲裁委员会申请仲裁。

请问：公司要求叶某支付1万元违约金，合法吗？为什么？

案例2　王先生于2017年结婚，婚后由于原来的工作地点离家太远，于是就想辞职找一份离家近的工作。2018年1月份，王先生到一家大型公司应聘，后来被公司录用。在签订劳动合同时，王先生觉得合同中的条款不全面，没有约定社会保险怎么缴，也没有对工作地点进行明确的规定，劳动报酬只是说根据工作表现而定，没有具体数额。王先生向主管人员提出异议，主管人员说这些内容要等王先生工作以后才能确定，需要人事部进行协调后才能具体给出答案，而且公司的合同一向如此，并没有违反法律的规定，可以放心签。王先生要求就社会保险和劳动报酬问题进行详细解释时，主管人员只是表示这些都是公司的商业秘密，不能随意透露给外人，王先生如果想知道，得等进了公司才行。王先生想继续询问时，主管人员以还有很多合同要签为由离开。

请问：该公司的劳动合同有什么问题？

案例3　2018年，李某被一家企业聘用，双方签订了劳动合同；在协商过程中，企业一方表示：由于本企业为新建企业，有关业务尚未开展，经济效益无从谈起，因此工资可以确定数额，但发放日期无法确定，如果资金周转困难，可能几个月发一次工资，希望李某谅解。李某出于对企业的理解，同意几个月发一次工资，双方在合同中约定：李某工资每月2 000元，企业根据效益情况支付，最长为年终一次性支付。后来，李某在企业上班3个月后没有拿到工资。李某认为，企业至少应按约定支付一部分工资，但企业方认为，企业与李某签订合同时，李某是同意延期支付工资的，因此，企业方不同意支付工资。为此，双方发生纠纷。

请问：企业拒绝支付李某工资合法吗？为什么？

案例4　刘某等4人应聘到某公司工作，公司在待遇方面提出：如果职工坚持要求办理社会保险的话，从职工工资中每月扣除300元。刘某等人认为：还是多拿点儿工资好，至于办不办保险，没什么关系。于是双方签订了3年的劳动合同，在劳动合同中规定每人每月工资2 000元，对社会保险事宜，公司概不负责。

请问：公司事先约定不为职工办理社会保险合法吗？为什么？

━━━▶ **知识点学习** ▰▰▰▰

一、劳动合同内容的含义

劳动合同内容是当事人双方经过平等协商所达成的关于权利义务的条款。

二、劳动合同的内容

《劳动合同法》第十七条规定劳动合同应当具备以下条款：

（1）用人单位的名称、住所和法定代表人或者主要负责人；

（2）劳动者的姓名、住址和居民身份证或者其他有效身份证件号码；

（3）劳动合同期限；

（4）工作内容和工作地点；

（5）工作时间和休息休假；

（6）劳动报酬；

（7）社会保险；

（8）劳动保护、劳动条件和职业危害防护；

（9）法律、法规规定应当纳入劳动合同的其他事项。

劳动合同除前款规定的必备条款外，用人单位与劳动者可以约定试用期、培训、保守秘密、补充保险和福利待遇等其他事项。

从以上规定可以看出，劳动合同内容分为必备条款和约定条款两大类。

（一）劳动合同必备条款

劳动合同必备条款，是法律规定的必须写进劳动合同的条款，包括以上所列明的九个方面的内容。

（二）劳动合同约定条款

劳动合同约定条款是指双方当事人在必备条款之外，根据具体情况，经协商一致，可以自主约定的内容，主要包括：

1.试用期

试用期是指劳动合同双方当事人在合同中约定的相互考察了解以确定是否继续履行劳动合同的期间。用人单位与劳动者可以在劳动合同中就试用期的期限和试用期的工资等事项作出约定，但不得违反《劳动合同法》有关试用期的规定。

2.培训

培训是指用人单位对劳动者提供了专项培训费用，对其进行的专业训练。由于实践中劳动者在用人单位出资培训后的违约现象比较严重，用人单位可以在劳动合同中约定服务期条款或签订培训协议，就用人单位为劳动者支付的培训费用、培训后的服务期以及劳动者违约解除劳动合同赔偿费的计算方法等事项进行约定。

3.保守商业秘密

商业秘密是指不为公众所熟悉，能给用人单位带来经济利益，被用人单位采取保密措施的技术、经济和管理信息。对负有保守用人单位商业秘密义务的劳动者，用人单位可以在劳动合同或者保密协议中与劳动者约定禁业限制条款，并约定在解除或者终止劳动合同后，在禁业限制期限内按月给予劳动者经济补偿。劳动者违反禁业限制约定的，应当按照约定向用人单位支付违约金。

4.补充保险

补充保险是指除依法参加基本社会保险外，用人单位与劳动者可以协商约定补充医疗、企业年金和人身意外伤害等条款。参加补充保险，劳动者在基本社会保险待遇的基

微课 2-8-1

劳动合同应具备的条款

础上再享受补充保险待遇。补充保险的建立依用人单位的经济承受能力而定，由用人单位自愿实行，国家不作强制的统一规定。用人单位只有在参加基本保险并按时足额缴纳基本保险费的前提下，才能实行补充保险。

5.福利待遇

福利待遇是指用人单位在法定义务之外为员工的生活提供的便利和优惠等，如给员工提供住房、带薪年休假、托儿所、幼儿园等。双方可以就待遇问题进行协商约定，但不得违反法律法规规定。

三、劳动合同内容合法性的法律风险防范

1.在使用相关行政部门的劳动合同范本的基础上根据公司的具体情况进行补充

劳动者信息中仅有地址项，会导致发生对劳动者送达相关文件时缺乏有效的送达地址。因此，要注意增加"有效通信地址"或"有效送达地址"。

2.注意遵守《劳动合同法》必备条款中法律、法规的强制性与禁止性规定

（1）试用期期限的约定一定要符合《劳动合同法》第十九条的规定。很多用人单位认为劳动者转正前可以单方解除劳动合同，这是个误区，如果劳动者不存在不符合录用条件、严重违反规章制度的，用人单位的单方解除同样会存在给予劳动者经济补偿的风险。

（2）用人单位在签订合同期限时要综合考虑试用期长短、岗位特点和续签导致的无固定期限问题来确定首次签订劳动合同的期限。同时，固定期限的劳动合同必须注意起止时间，不要出现低级错误，例如月份、日期。以完成一定工作任务为期限的劳动合同必须将工作任务完成的标志予以明确约定。

（3）工作地点要明确。《劳动合同法》将"工作地点"确定为劳动合同的必备条款，其立法本意是要求用人单位对于工作地点的约定应当是明确的，用人单位对于工作地点的约定至少要细化到城市，单位的工作地点在同一城市的，可根据业务需要变更劳动者的具体工作地点。有些用人单位将工作地点约定为"根据具体情况决定"，这样模糊的约定会违反法律规定和立法本意，容易导致对用人单位不利的法律后果。

3.注意《劳动法》与《劳动合同法》关于合同必备条款相冲突的规定，特别应注意劳动合同终止的条件条款

《劳动合同法》明确规定，用人单位不得在法律规定的情形之外与劳动者约定劳动合同的终止条件。

4.劳动合同除上述必备条款外，用人单位与劳动者可以约定培训、保守秘密、补充保险和福利待遇等其他事项

这是法律赋予用人单位的一项重大权力，可以体现用人单位的个性化要求，用人单位可以根据单位实际情况充分加以利用，从而达到维护本单位利益、保障劳动关系正常存续的目的。

四、劳动合同的效力

（一）劳动合同效力的含义

劳动合同的效力是劳动法律赋予依法成立的劳动合同具有约束劳动关系当事人双方乃至第三人的强制力。如果合同没有效力，就没有拘束力与强制力。

《劳动合同法》第十六条规定："劳动合同由用人单位与劳动者协商一致，并经用人单位与劳动者在劳动合同文本上签字或者盖章生效。"

需要指出的是，劳动合同文本生效并不意味着劳动关系成立，劳动合同文本生效的，如果用人单位没有实际用工，该劳动合同文本仅具有合同的约束力，并不导致用人单位承担劳动法上的义务。例如，企业与签订了劳动合同，求职者在劳动合同文本上签字，企业在文本上盖了章，但是企业并没有用工，而是约定了劳动合同在签订后20天内求职者到企业工作。在劳动合同签订后的第三天，求职者生病了，需要住院治疗一段时间，在该求职者住院治疗期间，企业不需要发病假工资。

在现实生活中，并不是所有签订的劳动合同都发生法律效力，有的劳动合同无效。

（二）无效劳动合同的含义

无效劳动合同是指所订立的劳动合同不符合法定条件，不能发生当事人预期的法律后果的劳动合同。

它虽然是双方当事人协商订立的，但因违反法律、行政法规的规定，国家不予承认，法律不予保护。无效的劳动合同，从订立的时候起，就没有法律效力。

（三）无效劳动合同的情形

《劳动合同法》第二十六条第一款规定："下列劳动合同无效或者部分无效：以欺诈、胁迫的手段或者乘人之危，使对方在违背真实意思的情况下订立或者变更劳动合同的。"劳动合同是合同的一种，合同行为最本质的特点是当事人意思表示要真实。如果当事人的意思表示不真实，就会对合同的效力造成影响。《劳动合同法》将以欺诈、胁迫的手段或者乘人之危，使对方在违背真实意思的情况下订立或者变更劳动合同的规定为无效劳动合同。

一方当事人故意告知对方虚假情况，或故意隐瞒真实情况，诱使对方当事人作出错误意思表示的，可以认定为欺诈行为。比如一些用人单位不真实或夸大介绍本单位的情况或者劳动者学历、工作经历造假，诱使对方与自己签订劳动合同的，会使劳动合同无效。

给公民及其亲友的生命健康、荣誉、名誉、财产等造成损害，或者以给法人的荣誉、名誉、财产等造成损害为要挟，迫使对方作出违背真实的意思表示的，可以认定为胁迫行为。比如一些用人单位在招工时，强迫劳动者交纳巨额集资款、风险金，并胁迫劳动者与其订立所谓"伤亡自负"协议书，或者劳动者以死相威胁要求用人单位签订劳动合同等，这些协议或合同都是无效的。

乘人之危是指一方当事人在对方处于危难之际，为谋取不正当利益，迫使对方违背自己的真实意愿订立劳动合同。

（1）用人单位免除自己的法定责任、排除劳动者权利的。有效的劳动合同，不仅主体合格，意思表示真实，而且内容要公平。内容不公平可能带来劳动合同无效。所谓公平，就是权利义务相一致。故法律规定"用人单位免除自己的法定责任、排除劳动者权利的"属于无效劳动合同的一种。比如一些危险行业的用人单位为逃避该承担的责任，常常在签订合同时，要求应聘方接受合同中的"工伤概不负责"等条款，这些条款是无效的。

（2）违反法律、行政法规强制性规定的。比如用人单位和劳动者中的一方或双方不具备订立劳动合同的法定资格的，会导致劳动合同无效。

比如《劳动合同法》中对设定违约金的条件有明确的规定，如果用人单位在劳动合同中随意为劳动者设定违约金的条款，就是无效的条款。

国家关于最低工资、工作时间、休息休假都有强制性的规定，如果劳动合同中的条款与这些劳动基准的强制性规定冲突，也会导致这些条款无效。

（四）无效劳动合同的确认

无效劳动合同由谁确认呢？

《劳动合同法》第二十六条规定："对劳动合同的无效或者部分无效有争议的，由劳动争议仲裁机构或者人民法院确认。"

可见，劳动合同无效的确认机构有两个：劳动争议仲裁委员会和人民法院。其他任何组织和个人均无权确认。劳动合同无效也不能由合同双方当事人认定。

按照我国现行"仲裁前置"的劳动争议解决机制，即劳动合同无效，应当首先由劳动争议仲裁委员会确认，在当事人不服劳动争议仲裁委员会的确认而依法提起诉讼的情况下，才由人民法院确认。

劳动合同的无效可分为部分无效和全部无效。部分无效的劳动合同是指合同的某些条款虽然违反了法律规定，但并不影响其他条款的法律效力的劳动合同。《劳动合同法》第二十七条规定："劳动合同部分无效，不影响其他部分效力的，其他部分仍然有效。"

全部无效劳动合同是国家不予承认和保护的合同，它从合同订立时起就不发生法律效力。

（五）无效劳动合同的法律后果

根据《劳动合同法》的规定，关于无效劳动合同的法律后果主要有以下几个方面：

1.支付劳动者工资

《劳动合同法》第二十八条规定："劳动合同被确认无效，劳动者已付出劳动的，用人单位应当向劳动者支付劳动报酬。劳动报酬的数额，参照本单位相同或者相近岗位劳动者的劳动报酬确定。"由此可见，在劳动合同被确认无效的情况下，如果劳动者付出劳动后，劳动报酬还没有支付的，企业应按照用人单位同类岗位劳动者的劳动报酬支付给劳动者。

2.劳动合同解除

根据《劳动合同法》第三十八条、第三十九条的规定，因一方的原因导致劳动合同无效的，另一方可以解除劳动合同。

3.赔偿损失

《劳动合同法》第八十六条规定："劳动合同依照本法第二十六条规定被确认无效，给对方造成损害的，有过错的一方应当承担赔偿责任。"具体的赔偿数额，需要根据过错方的过错大小和无过错受损害的程度确定。

互动课堂2-8

　　小王，26岁，初中毕业，是众多进城务工的农民之一，他希望在大城市里能够通过自己的双手，踏踏实实地赚点儿钱。凭着结实的身板，小王在一家建筑公司找到了搬运工的工作。签合同那天，小王见到合同上有这样一个条款："乙方若在建筑工地上发生任何事故，均属于个人责任，公司不承担任何责任。"初中文化的小王感觉不对，于是找到公司的负责人哪知负责人横蛮地对他说："所有工人都签这样的合同，这是规矩，你想干就签，不想干就走人。"小王出于对"规矩"的惧怕，留了下来。

互动课堂2-8

分析提示

　　请问：这份合同是否有效？为什么？

▶ 自学测试

一、选择题

自学测试2-8

1.劳动合同内容分为（　　　）两大类。

A.必备条款　　　　　　　　　　B.约定条款

C.工作内容和工作地点　　　　　D.劳动报酬

E.社会保险

2.劳动合同应当具备（　　　）条款。

A.用人单位的名称、住所和法定代表人或者主要负责人

B.劳动者的姓名、住址和居民身份证或者其他有效身份证件号码

C.劳动合同期限　　　　　　　　D.工作内容和工作地点

E.工作时间和休息休假　　　　　F.劳动报酬

G.社会保险

H.劳动保护、劳动条件和职业危害防护

I.法律、法规规定应当纳入劳动合同的其他事项

3.劳动合同的必备条款包括（　　　）。

A.用人单位的名称、住所和法定代表人或者主要负责人

B.劳动者的姓名、住址和居民身份证或者其他有效身份证件号码

C.劳动合同期限

D.工作内容和工作地点

E.工作时间和休息休假

F.劳动报酬

G.试用期约定

H.培训

4.劳动合同的约定条款包括（　　　）。

A.试用期　　　　　　　　　　　　B.培训

C.保守秘密　　　　　　　　　　　D.补充保险和福利待遇

5.下列劳动合同无效或者部分无效的是（　　　）。

A.以欺诈、胁迫的手段或者乘人之危，使对方在违背真实意思的情况下订立或者变更劳动合同的

B.用人单位免除自己的法定责任、排除劳动者权利的

C.劳动合同期限仅为1年的

D.劳动报酬达不到劳动者期望的

E.违反法律、行政法规强制性规定的

二、判断题

1.无效劳动合同的确认机构是用人单位。（　　　）

2.无效劳动合同是指所订立的劳动合同不符合法定条件，不能发生当事人预期的法律后果的劳动合同。（　　　）

3.劳动合同的效力是劳动法律赋予依法成立的劳动合同具有约束劳动关系当事人双方乃至第三人的强制力。（　　　）

4.劳动合同内容分为必备条款和约定条款两大类。（　　　）

5.劳动合同内容是当事人双方经过平等协商所达成的关于权利义务的条款。（　　　）

▶▶▶ 巩固与提高

一、选择题

1.（　　　）属于劳动合同约定条款内容。

A.工作内容　　　B.劳动报酬　　　C.保密事项　　　D.劳动合同终止条件

2.无效劳动合同的法律后果有（　　　）。

A.支付劳动者工资　　　　　　　　B.劳动合同可以解除

C.赔偿损失　　　　　　　　　　　D.追究刑事责任

3.无效劳动合同从订立时起就没有法律约束力。如果合同属于部分条款无效，部分仍然有效，则无效部分由（　　　）确定。

A.工会或职代会　　　　　　　　　B.企业上级主管部门

C.双方当事人协商　　　　　　　　D.人民法院或劳动争议仲裁委员会

4.能够认定劳动合同无效的机构是（　　　）。

A.各级人民政府　　　　　　　　　B.市场监督部门

C.各级劳动行政部门　　　　　　　D.劳动争议仲裁委员会

5.根据《劳动合同法》第二十八条的规定，劳动合同被确认无效，但劳动者已付出劳动的，用人单位向劳动者支付劳动报酬的数额，应当（　　　）。

A.按照当地最低工资标准支付

B.按照本单位平均工资支付

C.参照本单位相同或者相近岗位劳动者的劳动报酬确定

D.4倍赔偿

6.根据《劳动合同法》的规定，下列劳动者与用人单位订立的劳动合同，属于全部无效或部分无效的有（　　　）。

A.甲公司胁迫王某与其订立的3年期劳动合同

B.乙公司与李某订立的劳动合同，约定晚上加班在3小时以内的不支付加班工资

C.丙公司与赵某订立劳动合同，约定所有社会保险费用由赵某个人负担

D.丁公司与张某订立劳动合同，约定周末加班原则上安排补休而不支付加班工资

7.根据《劳动合同法》的规定，下列关于劳动合同无效的说法正确的是（　　　）。

A.劳动合同部分无效，则整个劳动合同无效

B.劳动合同部分无效，不影响其他部分效力的，其他部分仍然有效

C.劳动合同被确认无效，劳动者已付出劳动的，用人单位应当向劳动者支付劳动报酬

D.劳动合同被确认无效，劳动者已付出劳动的，用人单位应当向劳动者支付4倍劳动报酬

二、判断题

1.劳动合同由用人单位与劳动者协商一致即可生效。　　　　　　　　　　（　　　）

2.无效的劳动合同，从订立的时候起，就没有法律效力。　　　　　　　（　　　）

3.根据《劳动合同法》的规定，劳动合同被确认无效，劳动者已付出劳动的，用人单位应当按劳动合同中约定的标准向劳动者支付劳动报酬。　　　　　（　　　）

4.补充保险就是社会保险。　　　　　　　　　　　　　　　　　　　（　　　）

三、案例分析题

某商贸公司招聘业务员，李某前往应聘，商贸公司表示，业务员工作的成绩是公司考核的主要方面，有关工资待遇都与工作业绩直接挂钩，李某表示同意。双方遂签订合同，约定：公司聘用李某为业务员，李某每月工资为1400元+业务量2%的提成。合同履行后，李某正常上班、出差，但业务进展缓慢，一直领取保底工资1400元。后来李某得知公司给付的工资低于最低工资标准，要求公司增加工资并补发拖欠工资，商贸公司不同意。双方发生争议，李某向劳动争议仲裁部门申请仲裁。

请问：李某要求公司增加工资并补发拖欠工资合法吗？

四、问答题

1.劳动合同的内容有哪些？

2.无效劳动合同由谁确认？

任务九　劳动合同订立的风险防范

学习目标

◆知识目标

掌握劳动合同订立的程序、原则；

掌握劳动合同订立不及时的法律风险防范措施。

◆能力目标

能够按照劳动合同订立的合法程序签订劳动合同，以免劳动合同订立程序不当给企业带来法律风险。

重点难点

◆教学重点

劳动合同的订立。

◆教学难点

劳动合同订立不及时的风险防范措施。

自学任务

◆自学内容

（1）线上或线下学习本部分的教学内容，重点关注以下问题：①如何正确签订劳动合同？②如何防范劳动合同签订不及时的法律风险？

（2）自学完后完成本任务的自学测试。

自学课件 2-9-1：
劳动合同的正确签订

自学课件 2-9-2：
劳动合同签订不及时的法律风险防范

案例研讨

在线上或线下自学的基础上，以课程学习团队为单位，由团队负责人组织团队成员对案例进行讨论，达成一致意见，并制作 PPT，选派一名代表在课堂上展示案例研讨结果。

案例 1　李某毕业于北京某高校法学院，法律知识比较丰富，毕业后到一家外企应聘。由于该外企缺乏懂中国法律方面的人才，于是就录用了李某。李某上班后觉得该企业的环境不太理想，与同事的关系不融洽，很犹豫要不要长期在该企业干。几天后，人力资源部的人找到李某，要与他签订劳动合同，犹豫中的李某推脱说过几天再签。一个星期后人力资源部的负责人再次要求李某签订书面劳动合同，还没有作出最后决定的李某又一次推脱说再等几天。

请问：员工在1个月内拒签书面合同，企业该如何应对？

案例2　2017年2月，孙女士被一家房地产销售公司招用。1个月试用期过后，由于业绩突出，公司正式录用她。双方约定了工资待遇，由于觉得没有必要就没有签订书面劳动合同。1年后该房地产销售公司业绩急速下滑，公司决定精简员工，2018年5月，人事部经理告诉孙女士，下星期不用来上班了，反正也没有签订书面合同，孙女士是公司的临时工，公司什么时候不想用她就可以不用她。孙女士不同意，要求公司签订无固定期限劳动合同。公司拒签，于是孙女士向当地劳动争议仲裁委员会申请仲裁。

请问：企业的做法合法吗？为什么？

案例3　某化工厂与杨某签订了6年的劳动合同。合同期满后，杨某向厂里提出办理终止劳动合同关系手续时，该厂领导拒绝为杨某办理终止劳动合同的有关手续，提出至少续签劳动合同1年，否则不予办理任何手续，如果杨某刻意不从，就按自动离职处理。杨某为此向当地劳动争议仲裁委员会提出申诉。请求该厂为其办理解除劳动合同的手续，维护其合法权利。

请问：合同期满后企业不予办理终止劳动合同关系手续的做法合法吗？为什么？

案例4　王某从街上广告栏看到某服装厂刊登的招工启事：本厂为全民所有制企业，现欲招收缝纫工3名，如经考试后被录用，试用期1个月，试用期工资1 800元，试用期满后转为全民所有制职工，月薪不低于2 000元，并享受全民所有制工人的一切待遇。王某到该厂报名，经简单的考核后被录用，双方随即签订了为期5年的劳动合同。王某上班后发现厂内情况与招工时厂方所述情况不符，便去找负责人询问，负责人称，这是分厂。3个月后，王某月薪仍为1 800元，王某要求厂方按合同规定办理全民所有制合同工手续，厂方以名额未定为由一拖再拖，王某向当地劳动争议仲裁委员会申请仲裁，仲裁委员会受理后查明，该服装厂为私营企业，厂方所登招工启事与事实不符，仲裁委员会裁决，某服装厂承担订立无效劳动合同的法律责任，自王某试用期满至裁决生效之日，由服装厂按每月1 800元补足王某的工资并加付应得工资25%的费用，赔偿王某的损失。

请问：为什么劳动争议仲裁委员会裁决该劳动合同无效？

知识点学习

一、劳动合同订立的含义

劳动合同的订立就是劳动者和用人单位之间确立劳动关系，明确双方权利义务的法律行为。

微课2-9-1

二、劳动合同订立的程序

（一）劳动合同订立程序的含义

劳动合同订立程序，是指劳动者和用人单位订立劳动合同时所遵循的步骤或环节。

劳动合同订立

（二）劳动合同订立的程序

我国法律目前还没有对劳动合同的订立程序作出规定，但是根据实践经验和客观需要，订立劳动合同应经过要约与承诺两个基本阶段。

1.要约

劳动者或用人单位向对方提出订立劳动合同的建议称为要约，即一方向另一方提出订立劳动合同的要求。提出要求的一方为要约方，与之相对的一方为被要约方。通常情况下，要约方往往为用人单位。用人单位通过招工简章、职业介绍机构的招聘登记等形式，提出要约。要约包括工作岗位、工作任务、劳动报酬、劳动条件、保险福利等事项，以及应招人员应具备的条件等。要约方也可以是劳动者。劳动者通过求职信、求职登记等形式提出要约。

2.承诺

被要约方接受要约方的建议并表示完全同意称为承诺。承诺一旦作出，双方签约，劳动合同即告成立。这是劳动合同订立的一般程序。

三、劳动合同订立的原则

《劳动合同法》第三条规定："订立劳动合同，应当遵循合法、公平、平等自愿、协商一致、诚实信用的原则。"

它阐明了订立劳动合同所必须遵循的基本原则：

（一）合法原则

合法原则是指劳动合同的订立不得违反法律、法规的规定。这里的法律、法规既包括现行的法律和行政法规，也包括今后可能颁布的法律和行政法规；既包括劳动法律和法规，也包括民事和经济方面的法律、法规。

合法是劳动合同有效的前提条件，包括形式合法和内容合法。

1.劳动合同的主体合法

劳动合同的主体双方要有劳动权利能力和劳动行为能力。

2.劳动合同的内容合法

合同条款要具备法律、法规规定的必备条款，同时各个条款规定的条件、标准不得低于国家有关规定。

3.劳动合同的程序合法

有些行政法规会规定劳动行政主管部门的劳动合同管理机构进行鉴证和备案。

4.劳动合同的形式合法

采用书面形式。

（二）公平原则

公平是指合同内容应当公平合理，双方公正、合理确定各自权利义务，防止当事人滥用优势地位损害对方权益。

（三）平等自愿原则

平等原则是指劳动者和用人单位在法律上处于平等的地位，平等地决定是否缔约、平等地决定合同的内容，这不仅是民法的基本原则，也是指导劳动合同的基本原则。任何一方可拒绝与对方签订合同，同时任何一方都不得强迫对方与自己签订合同。

自愿原则是指双方订立劳动合同完全出于自己真实的意愿。用人单位不得强迫劳动者订立劳动合同，其他任何机关、团体和个人都无权强迫劳动者订立劳动合同。

平等自愿，是指订立劳动合同时，当事人双方均处于平等的地位自由表达真实的意思，防止一方利用优势地位附加不平等条件，或者说劳动合同即便有明确的约定，但不是当事人的意思表达，则有可能被认定无效。

根据《劳动合同法》第二十六条的规定，以欺诈、胁迫的手段或者乘人之危，使对方在违背真实意思的情况下订立或者变更劳动合同的，劳动合同无效或者部分无效。

（四）协商一致原则

协商一致就是双方当事人要对劳动合同内容达成一致意见。

协商一致原则要求当事人双方就劳动合同的主要条款达成一致意见后，劳动合同才成立。可能双方当事人都有与对方订立劳动合同的意向，但在具体条款上，如工作期限、劳动报酬等问题上往往意见不一，这时合同就不能成立。

四、劳动合同订立的形式

《劳动合同法》第十条规定："建立劳动关系，应当订立书面劳动合同。"

五、劳动合同订立的时间

《劳动合同法》第十条规定："已建立劳动关系，未同时订立书面劳动合同的，应当自用工之日起1个月内订立书面劳动合同。用人单位与劳动者在用工前订立劳动合同的，劳动关系自用工之日起建立。"

六、劳动合同文本的保管

劳动合同一式三份，用人单位、劳动者、工会各一份，签字确认领取劳动合同文本。劳动合同文本还要妥善保管。这样操作后，即便用人单位保管的劳动合同丢失，事后也可以拿出劳动者领取劳动合同文本的签字确认记录，来证明用人单位已与劳动者签订了劳动合同。

七、劳动合同签订不及时的法律风险防范

（一）用人单位与劳动者不及时签订书面劳动合同的法律后果

《劳动合同法》第十四条规定："用人单位自用工之日起满1年不与劳动者订立书面劳动合同的，视为用人单位与劳动者已订立无固定期限劳动合同。"

微课2-9-2

劳动合同签订的法律风险防范

《劳动合同法》第八十二条规定："用人单位自用工之日起超过1个月不满1年未与劳动者订立书面劳动合同的，应当向劳动者每月支付2倍的工资。用人单位违反本法规定不与劳动者订立无固定期限劳动合同的，自应当订立无固定期限劳动合同之日起向劳动者每月支付2倍的工资。"

《劳动合同法实施条例》第七条规定："用人单位自用工之日起满1年未与劳动者订立书面劳动合同的，自用工之日起满1个月的次日至满1年的前一日应当依照劳动合同法第八十二条的规定向劳动者每月支付2倍的工资，并视为自用工之日起满1年的当日已经与劳动者订立无固定期限劳动合同，应当立即与劳动者补订书面劳动合同。"

因此，用人单位不与劳动者签订书面劳动合同应承担的法律后果是：一是补签书面劳动合同；二是支付员工双倍工资；三是用人单位自用工之日起满1年不与劳动者订立书面劳动合同的，视为用人单位与劳动者已订立无固定期限劳动合同，还要补签书面劳动合同，支付员工双倍工资。

（二）劳动合同订立不及时风险的防范措施

（1）先签合同，后用工的，可以预约生效，规避部分法律责任。

（2）签订合同要及时，防止出现书面劳动合同应签未签的情况。书面劳动合同应签未签的情况有五种：

①用人单位主观原因不予签订。这是《劳动合同法》颁布之前书面合同应签未签最为常见的情况。在《劳动合同法》颁布之后，这种情况得到了有效遏制。

②劳动者主观上不愿意签订。

③用人单位和劳动者之间都没有主观上不愿意签订的因素，而是因为一些客观的原因使然。比如有的员工入职后没有来得及签订书面劳动合同就投入到工作中去，期间被派往外地或者HR发生变动等。

④书面劳动合同单位保管不力或遗失。用人单位和劳动者之间既不存在主观上不愿意，也不存在客观上的障碍，书面劳动合同也签订了，但是等到发生劳动争议之时因为单位保管不力、遗失等原因致使"举证不能"，这样在仲裁庭或者法庭上单位一方就要承担由于举证不能所带来的法律后果，等同于书面劳动合同应签未签。

⑤劳动合同上面的签字不是员工本人的笔迹。这是一种极端情况，很多企业特别在不同的省市有分支机构的企业，普遍存在这样一种情况，就是员工签订书面劳动合同的时候，并不是当面签订，这样人力资源管理部门就不能够保证在劳动合同上面的签字是员工本人的笔迹。当劳动争议发生时，员工一方有可能出于合同对本人不利的考虑，矢口否认见到过这么一份书面劳动合同，否认签订。如果笔迹确实不是员工本人的，在中国的司法实践过度看重书面证据的环境下，用人单位一方很有可能不得不面临承担书面劳动合同应签未签的法律后果。这种情况罕见，但在实践中此类案件发生过。

根据法律规定，企业必须在用工1个月内与员工签订书面合同，否则要支付双倍工资，补签书面合同。企业签订劳动合同要及时，防止书面劳动合同应签未签的情况出现。

（三）员工拒签书面劳动合同的处理

1.员工1个月内拒签书面劳动合同的处理办法

《劳动合同法实施条例》第五条规定："自用工之日起1个月内，经用人单位书面通知后，劳动者不与用人单位订立书面劳动合同的，用人单位应当书面通知劳动者终止劳动关系，无需向劳动者支付经济补偿，但是应当依法向劳动者支付其实际工作时间的劳动报酬。"

根据以上规定，企业处理员工1个月内拒签书面劳动合同的办法为：

一是经用人单位书面通知后，劳动者不与用人单位订立书面劳动合同的，用人单位应当书面通知劳动者终止劳动关系。

二是终止劳动关系不用向劳动者支付经济补偿。

三是企业应当依法向劳动者支付其实际工作时间的劳动报酬。

2.员工超过1个月拒签书面劳动合同的处理办法

《劳动合同法实施条例》第六条规定："用人单位自用工之日起超过1个月不满1年未与劳动者订立书面劳动合同的，应当依照劳动合同法第八十二条的规定向劳动者每月支付2倍的工资，并与劳动者补订书面劳动合同；劳动者不与用人单位订立书面劳动合同的，用人单位应当书面通知劳动者终止劳动关系，并依照劳动合同法第四十七条的规定支付经济补偿。前款规定的用人单位向劳动者每月支付2倍工资的起算时间为用工之日起满1个月的次日，截止时间为补订书面劳动合同的前一日。"

根据以上规定，企业处理员工超过1个月拒签书面劳动合同的情况为三种：

一是每月支付两倍工资，并补签书面合同。企业向员工每月支付两倍工资的起算时间为用工之日起满1个月的次日，截止时间为补订书面合同的前一日。

二是如果员工拒签书面合同，应当书面通知劳动者终止劳动关系。

三是应当支付经济补偿。企业书面通知劳动者终止劳动关系，应当向员工支付经济补偿，经济补偿的办法和标准，按《劳动合同法》的相关规定执行。

可见，企业不与劳动者签订书面合同，企业要付出高昂的代价，企业应采取各种强化措施，严格内部签订劳动合同的纪律，禁止或防范出现员工不与企业签订劳动合同的现象，避免与员工形成事实劳动关系。

建立劳动关系必须订立书面劳动合同。已经发生用工没有及时订立书面劳动合同的，给予1个月的宽限期，超出宽限期仍没有订立书面劳动合同的，用人单位应当向劳动者支付两倍工资。可以预见，预防劳动合同应签未签几乎成为人力资源部门避免违法用工的首要任务。

互动课堂2-9

　　高某系某职业院校毕业生，与一家用人单位签订了就业协议书，双方约定试用期为3个月，期满后再签订劳动合同。试用期满，单位如约通知高某签订劳动合同，但高某因在试用期内发现该单位管理混乱，经济效益差，经常拖欠工资，故拒绝与对方签订劳动合同。后来，企业主管找到高某，告知他如果拒绝签订劳动合同，用人单位将采取如下措施：（1）扣押高某的毕业证和技术等级证；（2）不转出高某的档案；（3）高某向用人方交纳培养费6 000元，因为用人单位曾与高某所在的学校签订合同，每年向学校提供30 000元委托培训费，校方每年要安排5名毕业生到该单位工作。高某只好同意与对方签订劳动合同，合同期8年。不久，一家机械制造公司招聘技术人员，高某经过考试后被聘用，于是，便去该公司上班。为此，原单位要求高某赔偿培训费和违约金，高某遂向劳动争议仲裁委员会申请了仲裁。

　　请问：高某该不该赔偿原单位培训费和违约金？

互动课堂2-9

分析提示

➡ 自学测试

自学测试2-9

一、选择题

1.订立劳动合同应经过（　　）两个基本阶段。

A.要约　　　　　　　　　　　B.承诺

C.劳动合同履行　　　　　　　D.劳动合同终止

2.劳动合同订立的原则有（　　）。

A.合法原则　　　　　　　　　B.公平原则

C.平等自愿原则　　　　　　　D.协商一致原则

3.根据《劳动合同法》的规定，用人单位与劳动者建立劳动关系的时间是（　　）。

A.自用工之日起　　　　　　　B.自劳动合同签订之日起

C.自用工之日起1个月内　　　 D.自劳动合同备案之日起

4.企业处理员工超过1个月拒签书面劳动合同的办法有（　　）。

A.每月支付两倍工资，并补签书面合同

B.书面终止劳动关系

C.应当支付经济补偿

D.终止劳动关系不用向劳动者支付经济补偿

5.企业处理员工1个月内拒签书面劳动合同的办法有（　　）。

A.用人单位应当书面通知劳动者终止劳动关系

B.终止劳动关系不用向劳动者支付经济补偿

C.企业应当依法向劳动者支付其实际工作时间的劳动报酬

D.企业可以不支付劳动者实际工作时间的劳动报酬

6.防范劳动合同订立不及时风险的措施有（　　）。

A.先签合同，后用工的，可以预约生效，规避部分法律责任

B.签订合同要及时，防止书面劳动合同应签未签的情况

C.先用工，后签合同

D.协商一致可以不签劳动合同

二、判断题

1.用人单位与劳动者在用工前订立劳动合同的，劳动关系自合同签订之日起建立。

（　　）

2.已建立劳动关系，未同时订立书面劳动合同的，应当自用工之日起1个月内订立书面劳动合同。

（　　）

3.用人单位自用工之日起超过1个月不满1年未与劳动者订立书面劳动合同的，应当向劳动者每月支付2倍工资。

（　　）

4.建立劳动关系必须订立书面劳动合同。

（　　）

5.自用工之日起1个月内，经用人单位书面通知后，劳动者不与用人单位订立书面劳动合同的，用人单位应当书面通知劳动者终止劳动关系，向劳动者支付经济补偿，依法向劳动者支付其实际工作时间的劳动报酬。

（　　）

◆▶ 巩固与提高 ▶

一、选择题

1.根据《劳动合同法》的规定，用人单位与劳动者已建立劳动关系，未同时订立书面劳动合同的，应当自用工之日起（　　　）内订立书面劳动合同。

A.1个月　　　　　　　B.3个月　　　　　　　C.6个月　　　　　　　D.1年

2.根据《劳动合同法》的规定，下列有关劳动合同的说法中，不正确的是（　　　）。

A.建立劳动关系，应当订立书面劳动合同

B.已建立劳动关系，未同时订立书面劳动合同的，应当自用工之日起1个月内订立书面劳动合同

C.用人单位与劳动者在用工前订立劳动合同的，劳动关系自书面劳动合同订立之日起确立

D.自用工之日起1个月内，经用人单位书面通知后，劳动者不与用人单位订立书面劳动合同的，用人单位可以与劳动者终止劳动关系，无须支付劳动报酬

3.用人单位和劳动者已建立劳动关系，但未同时订立书面劳动合同，下列处理中，正确的是（　　　）。

A.自用工之日起1个月内，劳动者不与用人单位订立书面劳动合同，则用人单位无须向劳动者支付经济补偿

B.用人单位自用工之日起6个月未与劳动者订立书面劳动合同的，应当向劳动者每月支付2倍的工资，且与劳动者补订合同

C.用人单位自用工之日起满1年未与劳动者订立书面劳动合同的，则视为自用工之日起满1年的当日已经与劳动者订立无固定期限劳动合同，应当立即与劳动者补订书面劳动合同

D.用人单位自用工之日起超过7个月未与劳动者订立书面劳动合同的，向劳动者每月支付2倍工资的起算时间为用工之日起满1个月的次日

4.用人单位与劳动者不及时签订书面劳动合同的法律后果包括（　　　）。

A.补签书面劳动合同

B.支付员工双倍工资

C.用人单位自用工之日起满1年不与劳动者订立书面劳动合同的，视为用人单位与劳动者已订立无固定期限劳动合同，还要补签书面劳动合同，支付员工双倍工资

D.承担刑事责任

5.根据《劳动合同法》第十条第一款的规定，建立劳动关系，应当订立（　　　）。

A.书面劳动合同　　B.口头协议　　　　　C.口头劳动合同　　　D.保密协议

二、判断题

1.建立劳动关系，可以订立书面劳动合同，也可以口头约定。　　　　　　　（　　　）

2.自愿原则是指双方订立劳动合同完全出于自己真实的意愿。　　　　　　　（　　　）

3.劳动者或用人单位向对方提出订立劳动合同的建议称为承诺。　　　　　　（　　　）

三、案例分析题

案例1 某食品加工企业向社会招聘一名销售主管，王某前往应聘。他向企业递交了以往在多个企业从事销售主管工作的书面说明。企业很快就与王某签订了2017年8月至2018年8月的劳动合同。

大半年过去了，王某的销售业绩仍无起色，企业派人调查，结果发现王某所说的"在多个企业从事销售主管工作"纯属虚构。企业当即作出了解除劳动合同的决定。王某对企业解除劳动合同的决定不服，要求企业按照解除劳动合同的有关规定支付经济补偿金。

请问：企业该不该支付王某的经济补偿金？为什么？

案例2 马女士到一家服装公司应聘，应聘成功后，马女士开始上班，但该公司一直未与她签订劳动合同，在此期间，马女士多次联系公司人力资源部负责人，要求签订书面劳动合同，但公司以其工作时间不长，没有显著的成绩为由拒绝签订书面劳动合同。3个月后，马女士生病到医院就诊，发现自己没有医保账户，查询后发现公司并没有为其建立社会保障账户，缴纳社会保险费。马女士再次找到人力资源部，要求签订书面劳动合同，并补缴社会保险费。该公司拒绝与其签订劳动合同，并声称就是想让马女士走。马女士此时要求公司支付双倍工资，但公司表示马女士没有给公司带来收益，何来双倍工资。马女士于是申请劳动争议仲裁。

请问：马女士要求签订书面劳动合同、补缴社会保险费、支付双倍工资合法吗？为什么？

案例3 林某是一家房地产公司的员工，公司的福利待遇不错。2018年2月1日开始工作起，公司一直未与林某签订劳动合同。为此，林某一直找人力资源部的领导，要求签订劳动合同，人力资源部的领导一直以种种理由拒绝。1年后公司为规范用工制度，要求所有的员工必须签订劳动合同，也与林某补签了书面劳动合同。林某补签劳动合同时发现合同中约定的劳动关系成立的时间是签订劳动合同的时间，而不是1年前自己开始工作的时间，如果这样，那么工龄、工资待遇都要少算1年。林某要求公司重新计算自己的工龄。公司表示，他以前的工作时间是以前的，是临时的，不计算在正式的劳动关系之内，现在签订了劳动合同，劳动关系要从劳动合同签订的时间算起。

请问：林某与房地产公司的劳动关系成立时间应从什么时候开始算起？为什么？

四、问答题

1.劳动合同订立的含义是什么？

2.劳动合同订立包括哪两个阶段？

3.劳动合同订立的原则是什么？

模块三
劳动合同的履行与变更

　　劳动合同依法订立后，用人单位和劳动者应当按照劳动合同的约定，全面履行各自的义务，并享受相应的权利，任何一方都不得擅自变更或者解除劳动合同。同时，全面履行劳动合同并不意味着劳动合同绝对不能变更，用人单位与劳动者签订劳动合同后，在法定条件下可以变更，《劳动合同法》具体规定了劳动合同履行和变更的条件及程序。本模块仅从用人单位的角度对劳动合同的履行和变更的风险防范进行介绍。

任务一　劳动合同履行的风险防范

▶ 学习目标

◆ 知识目标

正确理解劳动合同履行的含义；

正确理解劳动合同履行的原则；

掌握企业变更与劳动合同的履行。

◆ 能力目标

能够正确履行劳动合同，防范履行劳动合同不当行为给企业带来的风险。

▶ 重点难点

◆ 教学重点

劳动合同履行的原则。

◆ 教学难点

企业变更与劳动合同的履行。

▶ 自学任务

◆ 自学内容

（1）线上或线下学习本部分的教学内容，重点关注以下问题：①劳动合同履行的含义是什么？②如何正确履行劳动合同？

（2）自学完后完成本任务的自学测试。

自学课件 3-1-1：
劳动合同的正确履行

▶ 案例研讨

在线上或线下自学的基础上，以课程学习团队为单位，由团队负责人组织团队成员对案例进行讨论，达成一致意见，并制作 PPT，选派一名代表在课堂上展示案例研讨结果。

案例 1　某单位于 2017 年隶属关系发生变化，即由原某某集团管理划为国资委管理，2018 年公司名称也随之改变，由原来的某某集团更名为某某有限公司。随后，公司与员工在原劳动合同的变更栏中进行了企业盖印、劳动者签字确认。但有部分员工不签字，他们的理由是：当初进公司，是因为原企业名称中有集团字样，是冲集团来的，现在企业名称没有集团字样了，他们要求解除劳动合同并要求支付经济补偿金。

请问：劳动者因单位名称变化要求解除劳动合同并要求支付经济补偿金合法吗？为什么？

案例2 小黄与某公司签订的劳动合同中约定的岗位是技术主管，后来公司的总经理更换了。新到任的总经理以公司法定代表人变化为由，要求与员工重新签订劳动合同，小黄的工作岗位被重新安排到售后服务部门。小黄对此不同意，要求继续履行劳动合同。公司以原劳动合同已作废为由拒绝继续履行。

请问：公司以原劳动合同已作废为由拒绝继续履行的做法合法吗？为什么？

案例3 小徐原是某证券和信托公司负责证券业务的部门经理。小徐与该公司签订了5年的劳动合同。在劳动合同履行的第3年，该公司被分立为某信托公司和某证券公司。新成立的证券公司以精简人员为由，拒绝全盘接受原来的人员，小徐在不被接受之列。新成立的证券公司与拟不被继续留用的员工就解除劳动合同事宜进行协商，小徐不同意解除劳动合同。

请问：证券公司以原公司分立为由与小徐解除劳动合同合法吗？为什么？

知识点学习

一、劳动合同履行的含义

劳动合同履行是指劳动合同当事人按照劳动合同规定的条款，双方各自履行合同规定的义务和实现合同规定的权利的行为。

劳动合同依法订立就必须履行，这既是《劳动法》赋予合同双方当事人的义务，也是劳动合同对双方当事人具有法律约束力的主要表现。

《劳动合同法》第三条规定："依法订立的劳动合同具有约束力，用人单位与劳动者应当履行劳动合同约定的义务。"

劳动合同的履行，并不是当事人一方所能完成的，必须由双方当事人共同完成。只有双方当事人各自履行自己所承担的义务，才能保证劳动合同的履行。

微课3-1-1

劳动合同的履行

二、劳动合同履行的原则规定

1.全面履行原则

《劳动合同法》第二十九条规定："用人单位与劳动者应当按照劳动合同的约定，全面履行各自的义务。"这一规定是关于劳动合同履行的原则性规定。所谓全面履行各自的义务是指用人单位和劳动者需要按照劳动合同约定的内容全面履行，不得打折扣。劳动者一方应按照劳动合同规定的时间、地点和方式，保质保量地完成劳动任务，用人单位应全面按照有关法律的规定和劳动合同的规定，向劳动者提供劳动保护条件以及劳动报酬和保险福利待遇等。

2.履行不明确条款的规则

《劳动合同法》第十八条规定："劳动合同对劳动报酬和劳动条件等标准约定不明确，引发争议的，用人单位与劳动者可以重新协商；协商不成的，适用集体合同规定；

没有集体合同或者集体合同未规定劳动报酬的，实行同工同酬；没有集体合同或者集体合同未规定劳动条件等标准的，适用国家有关规定。"

对劳动合同中内容不明确的条款，应当依法确定其具体内容，然后予以履行。一般认为，用人单位内部劳动规则有明确规定的，就按照该规定履行；用人单位内部劳动规则未做明确规定的，就按照集体合同的规定履行；集体合同未做明确规定的就按照有关劳动政策和规定履行；劳动法规和政策未做明确规定的，就按照通行的习惯履行；没有可供遵循的习惯的，就由双方当事人协商确定如何履行。其中，劳动给付义务也可按照用人单位的指示履行。

三、企业变更与劳动合同履行

劳动合同履行是一个动态的过程，在履行过程中，用人单位的情况可能会发生一些变化，如单位名称、法定代表人、投资者发生变化，再如企业改制、合并、分立等。当用人单位发生变更时，劳动合同的效力是否受影响？劳动合同该如何履行？《劳动合同法》对此专门作出了相应的规定。

1.单位名称、法定代表人、投资者等变化时劳动合同的履行

《劳动合同法》第三十三条规定："用人单位变更名称、法定代表人、主要负责人或者投资人等事项，不影响劳动合同的履行。"这属于用人单位组织本身没有发生变化，用人单位的一些基本事项发生变化。按照法律规定，此类情况下，劳动合同不受影响，用人单位和劳动者均需要按照原劳动合同继续履行。

2.用人单位发生合并、分立时劳动合同的履行

《劳动合同法》第三十四条规定："用人单位发生合并或者分立等情况，原劳动合同继续有效，劳动合同由承继其权利和义务的用人单位继续履行。"

合并是公司、企业等变更的形式之一，指两个以上公司、企业通过合同约定合并为一个公司、企业的法律行为。

分立是公司、企业等变更的另一种形式。公司分立有两种具体形式，一种是公司分立产生新的公司，原公司继续存在；另一种是公司分立产生两个或两个以上的新公司，原公司解散不存在。

公司的合并、分立属于用人单位组织本身发生了变化。根据法律规定，无论是用人单位发生合并或是分立，原劳动合同都不受影响，应由承继其权利义务的用人单位继续履行。所谓"承继其权利义务的用人单位继续履行"，实质是在原用人单位与新用人单位之间发生了一次劳动合同债权债务的概括转移，即新用人单位完全取代了原用人单位在劳动合同中的法律地位，由新用人单位与劳动者继续履行原劳动合同的内容。

需要指出的是，用人单位变革时虽然不影响原劳动合同的履行，但双方当事人最好变更以下劳动合同的用人主体，而非其他条款。因为不论是"用人单位变更名称"还是"用人单位发生合并或者分立"，原有的用人单位名称与新的单位名称已不相同，如果不履行变更用人主体的手续，则会在后续的法律事务中遇到麻烦，如劳动争议仲裁、诉讼中主体的确定问题。

四、劳动合同履行的风险防范

（1）对于涉及劳动合同的主要条款的变更，需要双方协商一致，并签订相关的协议

明确；慎用用人单位单方变更劳动合同的方法，避免相关风险。

（2）用人单位平时要做好考勤记录、休假记录、加班记录、业绩考核记录，及时发放工资、及时缴纳社会保险、提供相应的劳动保护条件，完善相关制度流程，收集保管相关的证据材料等。

（3）对于在劳动合同履行阶段出现的重要争议要及时让 HR、公司法律顾问介入处理。

互动课堂 3-1

陈某大学毕业后到甲家电生产企业从事市场开发工作，与该企业签订了4年的劳动合同。1年半后，家电行业的竞争空前激烈，众多企业为了维持经营，不得不打"价格战"。甲企业由于技术比较落后，成本压不下来，在竞争中很快处于劣势。不久甲企业就被知名的乙公司合并了。乙公司很快就派人进驻甲企业，进行人员调整。乙公司以原劳动合同主体方已变更，原劳动合同无法继续履行为由，要求员工与乙公司重新签订劳动合同，否则将以不愿签订合同为由与相关员工解除劳动关系。陈某以自己尚有2年半的劳动合同未履行为由拒绝签订新劳动合同。于是乙公司与陈某解除了劳动合同。陈某认为该公司合并了甲企业，原企业的权利和义务应当由新公司承继，而自己的劳动合同还没有到期，可以继续履行，无须签订新劳动合同，公司以自己不愿签订合同为由解除劳动合同，没有法律依据。陈某向劳动争议仲裁委员会提出申诉，要求乙公司继续履行自己原来签订的劳动合同。乙公司则辩称自己合并了原来的企业，原企业的主体资格也就不存在了，陈某与原企业签订的劳动合同已无法履行，因此，陈某应当签订新的劳动合同。而陈某拒绝签订新的劳动合同，该公司因此有理由解除与陈某的劳动关系。

互动课堂 3-1

分析提示

请问：该公司以陈某拒绝签订新的劳动合同为由解除陈某的劳动关系合法吗？为什么？

➡ 自学测试

一、选择题

自学测试 3-1

1.下列关于企业变更后劳动合同的履行的说法中，正确的有（　　　）。

A.用人单位变更名称、法定代表人、主要负责人或者投资人等事项，不影响劳动合同的履行

B.用人单位发生合并或者分立等情况，原劳动合同继续有效，劳动合同由承继其权利和义务的用人单位继续履行

C.用人单位变更名称、法定代表人、主要负责人或者投资人等事项，劳动合同作

废，可以不履行

D.用人单位发生合并或者分立等情况，原劳动合同无效，劳动合同可以不履行

2.劳动合同对劳动报酬和劳动条件等标准约定不明确的履行包括（　　　）。

A.引发争议的，用人单位与劳动者可以重新协商

B.协商不成的，适用集体合同规定

C.没有集体合同或者集体合同未规定劳动报酬的，实行同工同酬

D.没有集体合同或者集体合同未规定劳动条件等标准的，适用国家有关规定

二、判断题

1.用人单位与劳动者应当按照劳动合同的约定，全面履行各自的义务。　　（　　）

2.用人单位变更名称、法定代表人、主要负责人或者投资人等事项，原劳动合同无效。　　　　　　　　　　　　　　　　　　　　　　　　　　　　　　（　　）

▩▩▩▶ 巩固与提高 ▩▩▩

一、选择题

用人单位发生合并或者分立等情况，原劳动合同（　　　）。

A.继续有效　　　　　　　　　　B.失去效力

C.效力视情况而定　　　　　　　D.由用人单位决定是否有效

二、判断题

1.依法订立的劳动合同具有约束力，用人单位与劳动者应当履行劳动合同约定的义务。　　　　　　　　　　　　　　　　　　　　　　　　　　　　　　　（　　）

2.劳动合同对劳动报酬和劳动条件等标准约定不明确，引发争议的，用人单位与劳动者可以重新协商；协商不成的，适用集体合同规定；没有集体合同或者集体合同未规定劳动报酬的，实行同工同酬；没有集体合同或者集体合同未规定劳动条件等标准的，适用国家有关规定。　　　　　　　　　　　　　　　　　　（　　）

3.劳动合同履行是指劳动合同当事人按照劳动合同规定的条款，双方各自履行合同规定的义务和实现合同规定的权利的行为。　　　　　　　　　　　　　（　　）

三、案例分析题

江某原在某大公司人事部工作，于2015年7月开始在职工大学学习，学习期间与公司签订了期限为5年的劳动合同，因江某所学专业是人力资源管理，所以双方在合同中约定，在江某毕业后其仍回人事部从事原工作。2018年6月，江某从职工大学毕业后回到公司，此时由于公司已更换了法人代表，将江某安排到公司下属的一家企业当推销员。江某要求公司按合同约定安排工作，而公司称原合同是前任领导签订的，不同意江某继续回人事部工作。双方因此发生劳动争议，江某向劳动争议仲裁委员会提出申诉，要求公司履行劳动合同。

请问：江某要求公司履行劳动合同合法吗？为什么？

四、问答题

1.劳动合同履行的含义是什么？

2.企业发生变更时劳动合同如何履行？

任务二　劳动合同变更的风险防范

▶▶▶ **学习目标** ◀◀◀

◆知识目标

正确理解劳动合同变更的含义、原则；

掌握劳动合同变更的条件、程序。

◆能力目标

能够正确变更劳动合同，防范变更劳动合同不当行为给企业带来的风险。

▶▶▶ **重点难点**

◆教学重点

劳动合同变更的条件。

◆教学难点

调岗降薪的实务操作。

▶▶▶ **自学任务**

◆自学内容

（1）线上或线下学习本部分的教学内容，重点关注以下问题：①劳动合同变更的含义是什么？②如何正确变更劳动合同？

（2）自学完后完成本任务的自学测试。

自学课件 3-2-1：
劳动合同的正确变更

▶▶▶ **案例研讨**

在线上或线下自学的基础上，以课程学习团队为单位，由团队负责人组织团队成员对案例进行讨论，达成一致意见，并制作PPT，选派一名代表在课堂上展示案例研讨结果。

案例1　王某大学毕业后到某广告公司工作，与该公司签订了两年的劳动合同。王某担任设计部的文职人员，月工资包括基础工资1 800元、社会保险600元，效益工资600元、交通及话费补助40元，午餐补贴每天10元。1年后王某开始休产假。该广告公司为了减少成本，单方面作出决定，每月向王某支付基础工资1 800元，并电话通知王某。王某当时不在，于是公司把决定告诉了王某丈夫。王某休完产假后，找到公司领导，要领取全额工资。该公司领导表示：王某在合同期怀孕，应通知公司，而王某却没有及时告知，给公司的工作安排带来了很多麻烦，额外雇人给公司带来了比较大的损失。为了弥补损失，公司决定只发基础工资并且通知了王某，王某应当接受1 800元/月的工资。王某认为公司只是通知了自己的丈夫并未与自己协商，自己根本没有行使发言权，因此公司单方面决定的工资无效，应当按照合同约定的数额发放。双方争议比较大。王某于是请求仲裁。

请问：公司单方面变更了王某的工资合法吗？为什么？

案例2 代某2018年与某钢铁公司签订了3年的劳动合同，合同中规定其工作岗位为焊接工，工资报酬按照该公司相应岗位的工资标准支付。工作一段时间后，公司发现其焊接技术不符合客户的要求。为此，在公司的安排下，代某接受了一段时间的培训，但其焊接的产品仍然达不到客户的要求。公司决定让其从事其他工作，代某没有提出异议。当月发工资时，代某发现其工资待遇与以前相比有差异，公司告之岗位不一样，所以工资有差异。代某提出回原工作岗位工作。公司拒绝，代某于是向劳动争议仲裁委员会提起申诉。

请问：劳动者不胜任工作，企业有权变更其工作岗位吗？为什么？

案例3 王某与某公司签订了劳动合同，双方约定王某负责仓库保管工作，后公司以食堂缺少管理人员为由，在未与王某协商的情况下，调王某到食堂工作。王某不同意，认为签订劳动合同时约定其是担任仓库保管员的工作，拒绝到食堂上班。公司则认为变更职工工作岗位，是企业行使用人自主权的正当行为，随后作出相应决定：以王某不服从工作为由，停发其工资并限期一个月离职。

请问：公司变更王某的岗位合法吗？为什么？

案例4 王某2014年与某商店签订了劳动合同，约定有效期为4年，违反合同者支付违约金1 000元。2016年3月，该商店和某大学达成协议，规定在业余时间，大学为商店培训财会人员，培训期为1年。4月，商店制定了《员工手册》，规定商店培训的人员，在培训结束后，必须为商店服务满5年，不满5年要求调动的，必须全额支付培训费。5月，王某通过了某大学组织的考试，商店遂根据《员工手册》与王某签订了一份培训合同。2017年，王某结束了培训。2018年，王某提出与商店签订的劳动合同到期，要求终止劳动合同。商店向劳动争议仲裁委员会申诉，要求王某支付违约金和培养费。

请问：商店是否有权要求王某支付违约金和培养费？为什么？

知识点学习

一、劳动合同变更的含义

劳动合同变更是指劳动合同依法订立，在合同尚未履行或者尚未履行完毕之前，经用人单位和劳动者双方协商同意，对劳动合同内容进行部分修改、补充或者删减的法律行为。

变更后的劳动合同是原劳动合同的派生，是双方已存在的劳动权利关系的发展。通过权利义务关系的调整，使劳动合同适应变化发展的新情况，从而保证合同的继续履行。

劳动合同的变更仅限于劳动合同内容的变化，而不是主体的变更。主　　微课3-2-1
体变更应另行订立劳动合同。

二、变更劳动合同的原则

《劳动法》第十七条规定："订立和变更劳动合同，应当遵循平等自愿、
协商一致的原则，不得违反法律、行政法规的规定。"

劳动合同的变更

可见，变更劳动合同的原则与订立劳动合同的原则相同。一些新的情况出现时，应
及时变更合同的内容，要保证变更后的劳动合同内容的合法性。

三、变更劳动合同的条件

《劳动合同法》第三十五条规定："用人单位与劳动者协商一致，可以变更劳动合同
约定的内容。"

原劳动部办公厅《关于职工岗位变更与企业发生争议等有关问题的复函》中指出，
"关于用人单位能否变更职工岗位问题。按照《劳动法》第十七条、第二十六条、第三
十一条的规定精神，因劳动合同订立时所依据的客观情况发生重大变化，致使原劳动合
同无法履行而变更劳动合同，须经双方当事人协商一致，若不能达成协议，则可按法定
程序解除劳动合同；因劳动者不能胜任工作而变更、调整职工工作岗位，则属于用人单
位的自主权。对于因劳动者岗位变更引起的争议应依据上述规定精神处理。"

根据劳动法律、法规的有关规定和变更劳动合同的实际情况，有下列情形之一的，
合同双方可以变更合同：

（1）在不损害国家、集体和他人利益的情况下，双方协商一致的；

（2）劳动合同订立时所依据的客观情况发生了重大变化，经合同双方协商一致的；

（3）由于不可抗力的因素致使劳动合同无法履行的；

（4）劳动合同订立时所依据的法律、法规已修改的；

（5）劳动者的身体健康状况发生变化、劳动能力丧失或部分丧失、所在岗位与其职
业技能不相适应等，造成原劳动合同不能履行或者如果继续履行原劳动合同规定的义务
对劳动者明显不公平；

（6）法律、法规允许的其他情况。

在劳动合同没有变更的情况下，用人单位不得安排劳动者从事劳动合同规定以外的
工作，但下列情况除外：

（1）发生事故或遇灾害，需要及时抢修或救灾；

（2）发生短期停工；

（3）劳动者违反劳动纪律而被调做其他工作；

（4）法律、法规允许的其他情况。

四、劳动合同变更的形式

《劳动合同法》第三十五条规定："变更劳动合同，应当采用书面形式。"

这一规定明确了变更劳动合同必须采用书面形式。言外之意，口头变更的形式是法
律所不承认的。在实践中，用人单位变更劳动合同往往采用口头形式，直接通知劳动者
变更劳动合同，双方按照变更后的内容履行。这样操作不规范也不合法，且容易产生

纠纷。

五、劳动合同变更的程序

劳动合同变更的程序，一般分为以下三个步骤：

（一）一方提出变更合同的请求

当事人一方要求变更劳动合同时，应及时向对方提出变更合同的要求，说明变更合同的理由、内容、条件以及请求对方答复的期限等项内容。

（二）另一方按期作出答复

当事人一方得知另一方提出变更合同的要求，应在对方规定的期限内作出答复，可以表示同意，也可以提出不同意见，还可以在不违背法律规定的情况下表示不同意。

（三）签订书面协议

双方当事人就变更劳动合同达成一致意见时，应当就变更内容签订书面协议，载明变更的具体内容、变更条款的生效日期，并由双方当事人签名、盖章。

《劳动合同法》第三十五条规定："变更后的劳动合同文本由用人单位和劳动者各执一份。"

六、劳动合同变更的法律风险防范

在员工关系管理过程中，劳动合同变更是用人单位人事部门经常会碰到的，其中涉及调岗调薪和工作地点变更的较多，如何防范调岗调薪和工作地点变更带来的法律风险呢？

（一）调岗降薪操作

很多用人单位认为调岗降薪属于企业用工自主权的范畴，其实这种认识是错误的。因为，根据《劳动合同法》的规定，工作内容和劳动报酬是劳动合同的必备条款。劳动合同的条款依法订立即具有法律约束力，当事人必须履行劳动合同约定的义务，任何一方不得单方随意变更。实践中许多企业单方变更劳动者的岗位和薪金都是不符合法律、法规规定的，一旦发生纠纷，用人单位会面临很大的法律风险。那么调岗降薪应如何进行呢？

调岗降薪属于劳动合同变更的一种，因此，一般情况下，调岗降薪需要双方协商一致，遵循一定的程序，体现双方协商的过程：

（1）不管是用人单位的原因还是劳动者的原因，公司需要对员工的岗位或薪酬进行调整，应当及时向员工提出调岗降薪的要求，说明变更的理由、内容、条件等。

（2）规定一个合理的期限，不管是否接受调整，员工均应在规定的期限内作出答复。对员工的疑问、咨询，公司应当将沟通记录保存下来，留作书面证据。

（3）双方达成书面协议，若员工与公司就调岗降薪变更的内容经过协商，取得一致意见，应当达成变更劳动合同的书面协议，书面协议应指明对哪些条款作出变更，并应确定变更的生效日期，书面协议经双方签字盖章生效。

调岗降薪需要双方协商一致，但是，这并不意味着劳动者不同意，用人单位就无法调岗降薪。用人单位只要能证明调岗降薪具有充分的合理性，就能被劳动争议仲裁委员会和法院支持。

如何证明具有"充分合理性"呢？主要可以从两个方面来说：

一是从企业角度来说，即企业因客观情况的变化以及生产经营的需要，需要合并，增减岗位、职位等。

二是从劳动者角度来说，如员工的身体状况、工作表现与业绩、知识技能水平等，与本职、本岗位的要求不符合，甚至员工有严重失职行为或者能力不够导致所负责的工作出现重大失误，给公司造成损失或者有必然造成损失的危险等。

互动课堂 3-2

某公司与侯某订立了无固定期限的劳动合同，侯某任副总经理一职。2016年，公司进行内部结构的重大调整，侯某在企业整改中被调至行政管理部任后勤主管，工资待遇也随新岗位调整，侯某对此感到非常愤慨。经仲裁程序诉至法院，要求继续履行原合同。公司提供了如下证据：一是劳动合同约定"公司可根据工作需要和员工的工作及表现变更员工的工作岗位"，《员工手册》也有相同的规定。二是侯某作为分管公司法务的副总经理因对合同审查不严，导致两起合同诈骗事件的发生，公司损失500万元。三是公司机构调整后，因为业务拓展的需要，对侯某原来的岗位制定了新的、具体的工作职责，要求从业人员具备丰富的法律实务操作能力，熟练掌握计算机操作技能和良好的英语听、说、读、写技能。这些要求侯某无一具备。四是公司规章制度设定了每一个岗位的薪资区间。

互动课堂 3-2

分析提示

请问：该公司从哪些角度说明了调岗降薪的合理性？

（二）工作地点变更操作

工作地点变更与岗位调整类似，公司应与员工进行协商。针对一些情况特殊的个案，公司可以提前作出约定：

（1）根据员工工作性质，员工在订立劳动合同时对某些工作地点不可能固定的工作岗位，如项目工人、司机、销售员、市场拓展人员等，可以事先做好情况说明及约定，地点可以不固定。

（2）因为经营上的需要而调整工作内容或工作地点的，是可以操作的，但是不能降低员工的劳动条件。

（3）如果工作地点发生变更，新的工作地点较远，公司提供一定的交通解决方案即可，比如班车、交通补贴等。

➡️ 自学测试

一、选择题

1.根据劳动法律、法规的有关规定和变更劳动合同的实际情况，允许变更劳动合同的条件是（　　）。

自学测试 3-2

A.经双方当事人协商同意的

B.订立劳动合同时所依据的法律、行政法规和规章已经修改或者废止的

C.劳动合同约定的劳动报酬和劳动标准低于集体合同规定的

D.企业经上级主管部门批准或根据市场变化决定转产或调整生产任务的

E.企业严重亏损或因发生自然灾害，确实无法按照原约定的条件履行劳动合同的

F.因其他客观情况发生重大变化，致使劳动合同无法履行的

G.劳动者因健康状况而不能从事原工作的

H.法律、法规允许的其他情况

2.变更劳动合同的程序，一般分为（　　　）等步骤。

A.一方提出变更合同的请求

B.另一方按期作出答复

C.签订书面协议

D.变更劳动合同只要发信息给人力资源部经理就可以了

二、判断题

1.变更劳动合同，应当采用书面形式。　　　　　　　　　　　　　　　（　　　）

2.用人单位与劳动者协商一致，可以变更劳动合同约定的内容。　　　　（　　　）

3.变更劳动合同，应当遵循平等自愿、协商一致的原则，不得违反法律、行政法规的规定。　　　　　　　　　　　　　　　　　　　　　　　　　　　　　（　　　）

4.劳动合同变更是指劳动合同依法订立，在合同尚未履行或者尚未履行完毕之前，经用人单位和劳动者双方协商同意，对劳动合同内容进行部分修改、补充或者删减的法律行为。　　　　　　　　　　　　　　　　　　　　　　　　　　　　　　（　　　）

▶▶▶ 巩固与提高 ◀◀◀

一、选择题

1.根据《劳动合同法》第三十五条的规定，变更劳动合同，应当采用（　　　）的形式。

A.书面　　　　　　　　B.口头　　　　　　　　C.书面和口头都可以

2.在劳动合同没有变更的情况下，用人单位不得安排劳动者从事劳动合同规定以外的工作，但（　　　）除外。

A.发生事故或遇灾害，需要及时抢修或救灾

B.发生短期停工

C.劳动者违反劳动纪律而被调做其他工作

D.法律、法规允许的其他情况

二、判断题

1.劳动合同变更不仅限于劳动合同内容的变化，主体也可以变更。　　　（　　　）

2.变更劳动合同的原则与订立劳动合同的原则相同。　　　　　　　　　（　　　）

3.调岗降薪属于劳动合同变更的一种。　　　　　　　　　　　　　　　（　　　）

三、案例分析题

王先生通过社会招聘进入A公司工作，双方签订了为期3年的劳动合同。合同履行

期间，A公司由于经营上的原因，经资产重组与B公司进行了合并，并将合并的公司在市场监管部门重新注册登记为C公司。C公司成立后，以原劳动合同一方主体不存在，原劳动合同无法履行为由，要求员工与C公司重新签订劳动合同，否则将解雇不愿签订劳动合同的员工。

　　请问：C公司的做法合法吗？为什么？

四、问答题

1.劳动合同变更的原则有哪些？

2.劳动合同变更的条件有哪些？

模块四
试用期员工管理

　　试用期是员工进入企业首先要经历的阶段，是企业与员工加深了解的重要时间平台。试用期管理是否成功，深深地影响着企业的生存与发展。做好试用期的管理，减少企业的各种损失，还有利于提高企业整体的管理实力，提高管理效率，为企业的健康、稳定、发展打下良好的基础。本模块仅从用人单位的角度对试用期员工管理的风险防范进行介绍。

任务　试用期员工管理的风险防范

学习目标

◆知识目标

掌握试用期的法律期限，避免试用期约定中出现违法行为。

◆能力目标

能够正确约定试用期，防范试用阶段的风险。

重点难点

◆教学重点

《劳动合同法》对试用期的限制。

◆教学难点

试用期员工管理中的法律风险防范。

自学任务

◆自学内容

（1）线上或线下学习本部分教学内容，重点关注以下问题：①如何正确约定试用期？②试用期员工管理中法律风险防范措施有哪些？

（2）自学完后完成本任务的自学测试。

自学课件 4-1-1：
试用期的正确约定

自学课件 4-1-2：
试用期员工管理中的法律风险防范措施

案例研讨

在线上或线下自学的基础上，以课程学习团队为单位，由团队负责人组织团队成员对案例进行讨论，达成一致意见，并制作PPT，选派一名代表在课堂上展示案例研讨结果。

案例1　李某毕业于西安某大学，专业是软件设计。毕业后，决定在西安求职。由于人才市场上软件专业人才比较多，竞争比较激烈。在连续谈了几家公司后，终于得到了某家游戏公司的面试机会。面试中表现优异，公司决定聘用李某。在与公司签订劳动合同时，发现试用期有6个月，整个合同的期限只约定了试用期的工作内容和2年的合同期限，李某提出试用期过长，而整个合同的期限过短的问题，公司表示：目前游戏设计的时间一般在6个月左右，如果在这一段时间里他能开发出好的游戏，那么就会留下李某，否则公司将辞退他。6个月后，李某设计的游戏得到了公司的好评。但这时人力资源部经理与李某交谈，称游戏还未上市，无法判断这款游戏的好坏，只能再和李某签订一份试用期合同，一切根据游戏上市后的业绩确定。李某为生计和自己设计的游戏，只得又和游戏公司签订了一份6个月的试用期合同。不久游戏上市，业绩还不错，李某满以为自己会成为正式员工，可结果还是被公司辞退。李某很气愤，到当地劳动争议仲裁委员会申请仲裁。

请问：企业的做法合法吗？为什么？

案例2　徐某与某公司签订了3年的劳动合同，合同约定试用期4个月。徐某在试用期间表现尚可，但试用期满后考试成绩却不甚理想。公司决定延长徐某的试用期半年，延长试用期间徐某不按原劳动合同享受有关工资和其他待遇。徐某认为试用期满后，公司应履行劳动合同，按合同约定享受有关工资和其他待遇。双方对此各持己见。徐某向劳动争议仲裁委员会提出申诉。

请问：公司能否延长劳动者试用期？为什么？

案例3　某公司在招聘员工时首先与新进员工签订一份试用合同，试用期届满且合格的，公司再与劳动者签订正式的劳动合同。公司与前来应聘的何小姐签订了一份6个月的试用合同，并且约定若何小姐通过公司的试用期考核，公司将与其签订为期3年的劳动合同。在何小姐工作的第5个月，公司认为何小姐不符合公司的录用条件，便通知何小姐解除试用期劳动合同。何小姐不服公司的决定，便申请劳动争议仲裁，要求公司承担解除劳动合同的责任。

请问：何小姐的请求能否获得法律的支持？为什么？

案例4　梁某与某企业签订了3年的劳动合同，合同约定试用期3个月。在试用期快要结束时，该企业通知梁某，由于目前经济不景气决定解除与梁某的劳动合同，并声称："试用期用人单位可以随时解除劳动合同，这是法律规定的。"梁某认为自己工作没有任何问题，不应当被解除劳动合同，因此双方发生争议。

请问：试用期内用人单位随时可以解除劳动合同吗？为什么？

知识点学习

一、试用期的含义

试用期是指用人单位和劳动者建立劳动关系后为增进了解、选择而约定的不超过6个月的考察期。

试用期是劳动合同的约定条款。在劳动合同中规定试用期，一方面可以维护用人单位的利益，给企业考查劳动者是否与录用要求一致的时间，避免用人单位遭受不必要的损失。另一方面，可以维护新招收职工的利益，使被录用的职工有时间了解用人单位的工作内容、劳动条件、劳动报酬等是否符合劳动合同的规定。在劳动合同中规定试用期，既是订立劳动合同双方当事人的权利与义务，同时也为劳动合同其他条款的履行提供了保障。在试用期内，劳动者发现用人单位的条件不符合事先介绍的情况或者不适应工作环境；用人单位发现劳动者不符合招用的条件，双方都可以提出解除劳动合同。

二、试用期与见习期、学徒期、实习期的区别

（一）见习期

见习期是计划经济体制下，针对新分配到用人单位工作的大中专毕业生，进行业务适应及考核的一种制度。

根据《劳动部办公厅对〈关于劳动用工管理有关问题的请示〉的复函》及相关规定，用人单位招收应届毕业生后，原则上都要安排见习，期限为1年。见习期满如果合格，则为该员工办理转正手续，评定其专业职称，聘任相应职务，确定工作岗位。如果见习期满达不到见习要求，可延长见习期半年至1年，或者降低工资标准。表现特别不好的，可予以辞退，由学校重新分配。可见，见习期是计划经济体制时期的制度安排，本质上是试用期的一种形式。目前，见习已渐渐退出企业劳动用工领域，但在正式宣布废除前，仍有存在的可能。

（二）学徒期

根据《劳动部办公厅对〈关于劳动用工管理有关问题的请示〉的复函》及相关规定，学徒期是针对某些工作岗位的新招工人，为了让其熟悉业务、提高工作技能的一种培训、学习期限。学徒期也是计划经济体制时期的制度安排，至今在一些技术岗位上仍然沿用，并按照技术等级标准规定的期限执行。学徒期一般根据工作岗位、技术等级要求来确定。虽说学徒期是新进员工学习、接受培训的期限，但该期限应包括在劳动合同期内，且在劳动合同中可以同时约定试用期和学徒期。在学徒期内，用人单位应当按照劳动合同的约定为学徒工安排工作岗位，并支付劳动报酬及交纳社会保险费。目前，学徒期的适用范围比较狭窄。

（三）实习期

实习期是针对在校生而言的概念，是指学生在校期间，到单位的具体岗位上参与实践工作。在法律上区别是否为实习的唯一标准就是学生的身份，即以学生身份到用人单位工作（包括假期的勤工俭学等）属于实习，不视为就业。毕业后以失业或待业人员身份到用人单位的，则具备劳动者的身份，视为就业，产生试用期、学徒期等概念。

一般来说，在校学生在学校安排下或者利用课余时间到单位进行实习，因此时全日制学生还是学生身份而不受劳动法调整和保护，他与用人单位建立的也不是劳动关系。由于学生不是劳动法调整的对象，学生和实习单位之间发生的争议不能作为劳动争议处理。如果出现工伤等问题，可通过民事纠纷的渠道解决。同样的道理，大学生毕业前与用人单位和学校三方签订的高校毕业生就业协议，在法律上视为民事合同，如双方在签订劳动合同之前违约，需按协议承担违反民事合同的违约责任。由于实习期不受劳动法调整，因此，国家关于最低工资的规定也不适用于学生，实习期的报酬如何发，当事人可以自由协商。

以上可见，见习期、学徒期、实习期不是法律上的概念，而试用期则是法律明确规定的概念。

三、《劳动合同法》对试用期的规定

（一）试用期期限的法律规定

《劳动合同法》第十九条第一款规定："劳动合同期限3个月以上不满1年的，试用

期不得超过1个月；劳动合同期限1年以上不满3年的，试用期不得超过2个月；3年以上固定期限和无固定期限的劳动合同，试用期不得超过6个月。"

《劳动合同法》第十九条第三款规定："以完成一定工作任务为期限的劳动合同或者劳动合同期限不满3个月的，不得约定试用期。"

《劳动合同法》第十九条第四款规定："试用期包含在劳动合同期限内。劳动合同仅约定试用期的，试用期不成立，该期限为劳动合同期限。"

《劳动合同法》第七十条规定："非全日制用工双方当事人不得约定试用期。"

1.试用期与劳动合同的种类和期限挂钩，但最长不超过6个月

可以约定试用期的情形和不可以约定试用期的情形见表4-1。

表4-1　　　　　　　　可以约定试用期的情形和不可以约定试用期的情形

可以约定试用期的情形	不可以约定试用期的情形
◆用人单位初次录用员工签订的劳动合同期限超过3个月 ◆合同期限在3个月以上不满1年的，试用期≤1个月 ◆合同期限在1年以上不满3年的，试用期≤2个月 ◆3年以上固定期限和无固定期限劳动合同，试用期≤6个月	◆期限不满3个月的劳动合同 ◆以完成一定工作任务为期限的劳动合同 ◆用人单位与员工续订劳动合同 ◆员工转正后的升职或换岗 ◆非全日制用工 ◆劳动期限等于试用期限

2.试用期包括在劳动合同期限之内

《劳动合同法》第十九条第四款明确了试用期与劳动合同期限的关系，即劳动合同期限包括试用期，试用期是劳动合同的一部分。如果用人单位与员工签订3年期限的劳动合同，约定的试用期为6个月，那么3年的劳动合同期限中，前6个月是试用期。

需要指出的是，用人单位不能将试用期从劳动合同期限中分离出来，如果用人单位在签订劳动合同时，将试用期与劳动合同分离，就属于法律规定的劳动合同仅约定试用期，那么这个试用期在法律上是不成立的，这个试用期就是劳动合同期限。

实践中有的HR会将试用期和正式期的劳动合同分别签署，新员工入职后先签订一份试用期合同，试用期满符合录用条件后再签订所谓正式的劳动合同。根据《劳动合同法》第十九条第四款"试用期包含在劳动合同期限内。劳动合同仅约定试用期的，试用期不成立，该期限为劳动合同期限。"这种做法是错误的。

（二）试用期次数的法律规定

《劳动合同法》第十九条第二款规定："同一用人单位与同一劳动者只能约定一次试用期。"劳动者在同一用人单位的试用期只能约定一次，用人单位不得以任何理由再次与劳动者约定试用期，具体包括：在试用期结束后，不管是在合同期限内，还是劳动合同续订，或者劳动合同终止一段时间后又招用该劳动者，用人单位不得再约定试用期。也就是说，试用期条款适用于初次就业的劳动者。

员工在试用期满时的表现仍不能令企业满意，但是不满意的程度又没有达到企业想要终止试用解除劳动合同的程度，于是很多HR常会"延长试用期"，需要注意的是，

试用期一经约定符合法定情形，就不能随意变更。试用期满，只要单位方面没有明确的"不符合录用条件"之意思表达，视同转正。这就意味着，HR们要加强对新员工试用期考查的能力和技术，在管理手段上要有创新，而不能仅仅依靠试用期限的长短来控制。

（三）试用期工资的法律规定

《劳动合同法》第二十条规定："劳动者在试用期的工资不得低于本单位相同岗位最低档工资或者劳动合同约定工资的80%，并不得低于用人单位所在地的最低工资标准。"

《劳动合同法实施条例》第十五条规定："劳动者在试用期的工资不得低于本单位相同岗位最低档工资的80%或者不得低于劳动合同约定工资的80%，并不得低于用人单位所在地的最低工资标准。"

从这一规定来看，员工试用期工资受到两个限制：

（1）不得低于本单位相同岗位最低档工资的80%或者不得低于劳动合同约定工资的80%。

（2）不得低于用人单位所在地的最低工资标准。

如果用人单位在试用期给员工支付的工资低于当地最低工资水平，按照《劳动合同法》第八十五条的规定："劳动报酬低于当地最低工资标准的，应当支付其差额部分；逾期不支付的，责令用人单位按应付金额50%以上100%以下的标准向劳动者加付赔偿金。"

（四）试用期解雇的法律规定

在很多企业管理者的观念中，"试用期"中的"试用"，就是双方关系还没有正式确定下来，任何一方都可以随时炒对方的"鱿鱼"。其实，这种理解是对试用期的一种误解。用人单位解除试用期员工的劳动合同，法律有严格规定。

《劳动合同法》第二十一条规定："在试用期中，除劳动者有本法第三十九条和第四十条第一项、第二项规定的情形外，用人单位不得解除劳动合同。用人单位在试用期解除劳动合同的，应当向劳动者说明理由。"

由此可见，用人单位在试用期解除劳动合同比较难。

（五）违法试用的责任

《劳动合同法》第八十三条规定："用人单位违反本法规定与劳动者约定试用期的，由劳动行政部门责令改正；违法约定的试用期已经履行的，由用人单位以劳动者试用期满月工资为标准，按已经履行的超过法定试用期的期间向劳动者支付赔偿金。"

四、试用期员工管理的法律风险防范

对用人单位来说，在严格依法用工的基础上，还必须注意试用期员工管理中的法律风险。用人单位要防范试用期员工管理中的法律风险，需要把握好以下几个环节。

微课4-1-1

试用期员工管理的法律风险防范

（一）正确约定试用期

试用期应严格按照法律规定约定，不得超期；与同一劳动者只能约定一次试用期，不得重复约定；切忌签订单独的试用合同，不仅达不到约定试用的目的，反而浪费了一次固定期限劳动合同；试用期工资不得低于本单位相同岗位最低档工资或者劳动合同约定工资的80%，并不得低于用人单位所在地的最低工资标准等。

（二）科学设计录用条件

员工试用的结果不外乎两个：符合"录用条件"予以转正；不符合"录用条件"劳动合同解除。

在这里的关键点是"录用条件"。录用条件是试用期员工管理的前提和基础。设定试用期的目的在于考查员工是否符合"录用条件"。不符合"录用条件"是决定劳动合同予以解除而不必支付经济补偿的法定条件。那什么是录用条件？有的人称，招聘广告、入职登记表等都可以确定录用条件。应该说，这是不懂企业管理的表现。招聘广告的性质是要约邀请，招聘条件比较宽泛，目的是发布招聘信息吸引人员前来应聘。录用应聘者进行试用的前提是符合招聘条件，也就是说，招聘条件是人力资源部门为了招揽应聘者并进行初步筛选而设定的条件，应该比录用条件略低。如果将招聘条件混同于录用条件，试用期为何以不符合"录用条件"为由解除劳动合同呢？《劳动合同法》第二十一条规定："在试用期中，除劳动者有本法第三十九条和第四十条第一项、第二项规定的情形外，用人单位不得解除劳动合同。用人单位在试用期解除劳动合同的，应当向劳动者说明理由。"也就是说，在试用期单位一方提出解除劳动合同的法定情形限于如下几类：

（1）试用期内被证明不符合录用条件；（《劳动合同法》第三十九条）

（2）员工犯有严重过失；（《劳动合同法》第三十九条）

（3）伤病等原因致使不能胜任情况。（《劳动合同法》第四十条第一、二项）

不符合"录用条件"是试用期解除劳动合同的法定条件，因此，企业想要利用这一法律规定来保护自己的权益，就必须在招聘时对录用条件作出具体明确的规定。只有明确的录用条件才能够证明劳动者是否在试用期内符合条件。用人单位在确定录用条件的时候应当注意：

◆录用条件应当与员工从事的岗位挂钩，尽量减少千人一面的条件。

◆录用条件应当能够用具体的数据或标准评判，避免模糊性描述，这样方便考核和作出是否录用的决定，在产生争议的时候也方便举证。

◆不要将岗位职责等同于录用条件。仅仅从业务能力的好坏来评价员工是否与企业相匹配是不够的，员工还应该具备"严格遵守企业规章制度""严格保守企业商业秘密""正确履行考勤义务"等条件。

（三）事先公示录用条件

用人单位的录用条件必须告知员工并要求员工签字确认。

（四）加强试用期考核

试用期考核是试用期员工管理的重点和关键工作。因为用人单位要解除试用期员工的劳动合同，举证责任在用人单位，即要拿出证据证明员工不符合录用条件，而不能只凭自己的感觉来评判员工是否符合录用条件。要证明员工不符合录用条件，需要以考核结果为依据。

（五）在试用期内作出选择

经过试用考核，用人单位需要作出选择：是继续留用员工，还是办理解除劳动合同手续。此时，用人单位不能通过延长试用期的办法继续对员工进行考核。因不符合"录用条件"解除劳动合同，仅限于试用期，一旦超过试用期，用人单位就不能以此为由解除劳动合同。故试用期届满前，必须对试用期员工的去留作出选择，如果难以确定是否完全符合要求，最好按照"从严控制"的原则在试用期内以不符合"录用条件"为由解除劳动合同。当然，用人单位以此为由解除劳动合同，必须找出劳动者不符合录用条件的地方。

互动课堂4-1

互动课堂4-1

分析提示

　　小李就读于某大学计算机专业，但是在大学学习期间专业实践能力较弱，缺乏实践经验。毕业后，小李应聘某信息技术公司的初级软件工程师工作。该工作要求从业者有较熟练的软件开发能力和实践经验。经过简单的面试，小李得到了这份工作，并与公司签订了3年的劳动合同，约定试用期6个月。哪知才开始工作，公司就发现小李的实践能力很弱，3个月的考核结果证明小李不符合录用条件。公司与之沟通，希望他能改进，但3个月后其仍没有改变，于是，公司决定与小李解除劳动合同。

　　请问：公司解除与小李的劳动合同合法吗？为什么？

自学测试

一、选择题

自学测试4-1

1.《劳动合同法》对试用期的规定有（　　　　）。

A.劳动合同期限3个月以上不满1年的，试用期不得超过1个月

B.订立劳动合同时所依据的法律、行政法规和规章已经修改或者废止的

C.3年以上固定期限和无固定期限的劳动合同，试用期不得超过6个月

D.以完成一定工作任务为期限的劳动合同或者劳动合同期限不满3个月的，不得约定试用期

E.非全日制用工双方当事人不得约定试用期

F.试用期包含在劳动合同期限内。劳动合同仅约定试用期的，试用期不成立，该期限为劳动合同期限

G.同一用人单位与同一劳动者只能约定一次试用期

H.劳动者在试用期的工资不得低于本单位相同岗位最低档工资或者劳动合同约定工资的80%，并不得低于用人单位所在地的最低工资标准

2.用人单位防范试用期员工管理中法律风险的措施有（　　　　）。

A.科学设计录用条件

B.事先公示录用条件

C.加强试用期考核

D.在试用期外作出选择

E.在试用期内作出选择

3.违法试用的责任有（　　　）。

A.用人单位违反本法规定与劳动者约定试用期的，由劳动行政部门责令改正

B.违法约定的试用期已经履行的，由用人单位以劳动者试用期满月工资为标准，按已经履行的超过法定试用期的期间向劳动者支付赔偿金

C.追究法人刑事责任

D.追究法人民事责任

二、判断题

1.试用期考核是试用期员工管理的重点和关键工作，要证明员工是否符合录用条件，需要以考核结果为依据。　　　　　　　　　　　　　　　　　　　　　　　（　　　）

2.录用条件即招聘条件。　　　　　　　　　　　　　　　　　　　　　　　　（　　　）

3.试用期内用人单位可以随时解除劳动合同。　　　　　　　　　　　　　　　（　　　）

4.试用期是指用人单位和劳动者建立劳动关系后为增进了解、选择而约定的不超过6个月的考察期。　　　　　　　　　　　　　　　　　　　　　　　　　　　　　（　　　）

➡ 巩固与提高

一、选择题

1.根据《劳动合同法》第十九条的规定，劳动合同期限不满（　　　）个月的，不得约定试用期。

A.12　　　　　　　　B.6　　　　　　　　C.3　　　　　　　　D.9

2.根据《劳动合同法》第十九条的规定，试用期最长不得超过（　　　）个月。

A.12　　　　　　　　B.10　　　　　　　　C.6　　　　　　　　D.3

3.劳动者在试用期的工资不得低于本单位相同岗位最低档工资或者劳动合同约定工资的比例是（　　　）。

A.30%　　　　　　　B.50%　　　　　　　C.60%　　　　　　　D.80%

4.劳动合同期限1年以上不满3年的，试用期不得超过（　　　）。

A.1个月　　　　　　B.2个月　　　　　　C.半个月　　　　　　D.1个半月

5.根据《劳动合同法》第十九条的规定，劳动合同期限3个月以上不满1年的，试用期不得超过（　　　）个月。

A.1　　　　　　　　B.2　　　　　　　　C.3　　　　　　　　D.6

6.根据《劳动合同法》第十九条的规定，3年以上固定期限和无固定期限的劳动合同，试用期不得超过（　　　）个月。

A.12　　　　　　　　B.8　　　　　　　　C.6　　　　　　　　D.24

7.根据《劳动合同法》第十九条第二款的规定，同一用人单位与同一劳动者在约定试用期时（　　　）。

A.可以多次约定试用期

B.只有在与劳动者解除或终止劳动合同一段时间后又重新雇佣时，才可以重新约定试用期

C.只能约定1次试用期

D.可以约定3次试用期

8.根据《劳动合同法》第二十条的规定，下列关于劳动者在试用期的工资说法正确的是（　　）。

A.劳动者在试用期的工资不得低于本单位相同岗位最低档工资或者劳动合同约定工资的80%，并不得低于用人单位所在地的最低工资标准

B.劳动者在试用期的工资不得低于用人单位所在地的社会平均工资，劳动者在试用期的工资不得低于本单位平均工资的80%

C.劳动者在试用期的工资不得低于本单位平均工资的90%

D.劳动者在试用期的工资不得低于本单位平均工资的50%

9.按照《劳动合同法》第八十三条的规定，用人单位违法与劳动者约定的试用期已经履行的，用人单位应当以（　　）为标准，向劳动者支付赔偿金。

A.劳动者试用期的月工资　　　　　　B.劳动者试用期满的月工资

C.当地最低工资　　　　　　　　　　D.全国最低工资

10.在试用期用人单位一方提出解除劳动合同的法定情形限于（　　）。

A.试用期不符合"录用条件"　　　　　B.员工犯有严重过失

C.伤病等原因致使不能胜任情况　　　D.工伤

二、判断题

1.试用期与见习期、学徒期、实习期没有区别。　　　　　　　　　　　　（　　）

2.以不符合"录用条件"为由解除劳动合同，仅限于在试用期，一旦超过试用期，用人单位就不能以此为由解除劳动合同。　　　　　　　　　　　　　　　　（　　）

3.岗位职责就是录用条件。　　　　　　　　　　　　　　　　　　　　（　　）

三、案例分析题

案例1　刘女士被一家药业公司聘用，她在2018年6月4日与公司签订了一份《聘用合同》。约定合同期限为2018年6月4日到同年12月31日。《聘用合同》中约定试用期为3个月，并约定了工资待遇，试用期底薪为每月2 000元，转正后为每月2 500元。同年7月12日，公司通知刘女士停止工作。

刘女士不再上班后，觉得当初《聘用合同》中3个月试用期的约定不符合法律规定，于同年10月13日将药业公司告上了法院。

请问：3个月试用期的约定是否符合法律规定？为什么？

案例2　小刘被某软件公司聘用，双方签订了劳动合同，合同约定：合同期限为3年，其中试用期为3个月（自2月12日起至5月11日止）。在试用期内，因他的能力和水平所限，5月11日，经理对他说：你必须在今天搞出完整的动画设计。如果你能保质保量地完成，就说明你符合公司录用条件规定的技术水平要求；否则，就说明你不符合要求。第二天（5月12日），经理召集总设计师和其他几位资深设计师一起，对小刘的

设计进行了评议，结论是：小刘的设计不合格，他的技术水平不符合录用条件中规定的标准。5月13日（试用期满后的第二天），公司以小刘在试用期间被证明不符合"录用条件"为理由，单方解除了小刘的劳动合同。

请问：公司能以小刘在试用期间被证明不符合录用条件为理由，单方解除小刘的劳动合同吗？为什么？

案例3　某合资公司聘用了软件工程师李某，双方签订了为期3年的劳动合同，试用期约定为4个月。但在李某上班的第五天，就患了流行性感冒，后病情加重住进了医院。公司随即以李某在试用期内生病为由，解除了与李某的劳动合同。李某在向律师咨询后，向劳动争议仲裁委员会提出了申诉。

请问：合资公司以李某在试用期内生病为由，解除了与李某的劳动合同是否合法？为什么？

四、问答题

1.《劳动合同法》中如何规定试用期约定？

2.《劳动合同法》中如何规定试用期工资？

3.试用期员工管理中如何防范法律风险？

模块五
核心员工管理

　　核心员工是占据企业关键岗位、具有与该岗位相适应的较高能力、具有较高人力资源稀缺性且对企业文化有较高认同度的员工。企业之间的竞争就是核心人力资源的竞争。企业80%的价值也许来自于20%的员工，他们是企业价值的主要创造者。核心员工对企业来说是非常重要的，因而对核心员工的管理更为重要。本模块仅从用人单位的角度对出资培训员工和商业秘密保护的风险防范进行介绍。

任务一　出资培训员工的风险防范

▶ 学习目标

◆知识目标

掌握培训协议签订的条件；

掌握服务期的含义及约定的注意事项；

掌握违约金约定的注意事项；

正确理解违约金和赔偿金的区别。

◆能力目标

能够与员工正确签订培训协议，以防范培训协议签订不当带来的风险。

▶ 重点难点

◆教学重点

培训协议的订立。

◆教学难点

出资培训员工的法律风险防范。

▶ 自学任务

◆自学内容

（1）线上或线下学习本部分教学内容，重点关注以下问题：①培训协议签订的前提是什么？②如何正确签订培训协议？

（2）自学完后完成本任务的自学测试。

自学课件5-1-1：
培训协议的正确签订

▶ 案例研讨

在线上或线下自学的基础上，以课程学习团队为单位，由团队负责人组织团队成员对案例进行讨论，达成一致意见，并制作PPT，选派一名代表在课堂上展示案例研讨结果。

案例1 某公司新招聘两名工作人员小张和小李。公司与两名新员工签订了3年的劳动合同，约定试用期为3个月。试用期内小张和小李表现都不错，公司也缺乏高级技术人员，于是决定为两人各出资2万元进行20天的专业技术培训。但是，小张在试用期届满5天前通知公司要解除劳动合同，小李也在试用期过后1个月通知公司要解除劳动合同。公司对小张和小李的答复是：解除劳动合同可以，但必须赔偿公司支付的培训费。小张和小李均不同意赔偿2万元的培训费。

请问：小张和小李该不该赔偿2万元的培训费？企业应该选择什么样的人进行培训？

案例2　周先生与某制造公司签订了为期3年的劳动合同，任该公司技术主管。合同履行期间，公司为了落实新产品开发中某项技术的应用，派周先生接受应用技术的培训，并为周先生出资10万元，在培训前，双方签订了培训和服务协定：公司出资派周先生出国接受技术培训，培训费用由公司全额承担，周先生培训归来后，应为公司服务5年，否则按未服务年限赔偿培训费。周先生培训结束后回企业工作，劳动合同即将期满，但距离周先生的服务期还有2年多。

公司提出应当续延劳动合同至服务期满，但周先生不同意，双方未能达成一致，公司认为周先生的服务期尚未结束，通知周先生继续工作。周先生则认为，双方不能就变更合同期限达成协议，原合同就应该期满终止，并在原劳动合同期满后离开公司。双方因此发生争议。

请问：周先生该不该继续履行劳动合同？为什么？

案例3　小杨参加一次大型的校园招聘会，经过双向选择，被某玻璃仪器厂录用，从事技术类工作，双方签订了3年的劳动合同。

小杨在试用期内表现良好，试用期结束后厂领导希望把他培养成为厂里的技术骨干并长期留用。为了提高小杨的专业技能，厂方派他到国外参加专业技术脱产培训1个月，培训费用为6万元，由玻璃仪器厂全额支付。为了防止培训后小杨跳槽给该厂造成的损失，双方签订了一份培训协议作为劳动合同的附件。协议规定：小杨接受培训后要为工厂服务5年，若他在这期间提出解除劳动合同，应当支付该厂违约金共计8万元，按照培训结束后工作每满1年减免赔偿20%的方法支付。

经过几年的发展，该厂经营效益大幅度增长。第3年的时候，另外一家玻璃仪器厂私下里找到小杨，愿意高薪聘请他担任技术总监。面对更好的待遇和发展前途，小杨有些动摇了。于是，该年年底，小杨以劳动合同到期为由，要求终止劳动关系。厂方认为小杨还在培训协议约定的服务期限内，应当续订劳动合同，继续履行服务期约定；若想解除劳动关系，应该按照协议的规定支付违约金3.2万元。小杨不服，向当地劳动争议仲裁委员会申请仲裁。

请问：小杨终止劳动合同合法吗？本案应如何处理？

案例4　小张从职业院校毕业后进入一家化工厂，不久，由于对专业人才的特殊需求，厂领导决定把小张派往北京总部接受两个月的脱产专业技能培训，培训费用全部由厂里支付，双方签订了一份服务期协议，规定小张培训归来后要为工厂服务5年，同时工资将由现在的每月2000元提高到每月2500元。培训结束后，小张开始履行服务期。从第3年开始，企业调整了薪酬战略，将管理岗位的工资全部上调，与小张相同岗位的同事月工资已经上调到了每月3500元，但是小张的工资并没有因此而调整，小张觉得对自己不公平，要求厂方按此标准上调自己的工资，厂方称当初小张脱产培训已经享受了厂方的全额费用支持，而且培训协议中明确规定：小张服务期的劳动报酬是每月 2 500 元，小张对此并无异议，因而拒绝为其提高工资待遇。双方争执不下。

　　请问：小张在服务期要求正常调整工资合法吗？为什么？

▶ 知识点学习

　　人力资源培训与开发，是用人单位向劳动者提供工作所必需的知识与技能，依据劳动者需要与组织发展要求对劳动者的潜能开发与职业发展进行系统设计与规划的过程，最终的目的是通过提升劳动者的能力，实现劳动者与用人单位的同步成长。

　　用人单位对劳动者的培训可以分为常规培训和非常规培训两种。

　　常规培训主要是指：由国家规定的，用人单位按照职工工资总额的一定比例提取职工教育培训经费，用于职工特别是一线职工的教育和培训。这些培训是用人单位的一项义务，也就是费用由单位支付，通常不涉及签订培训协议的问题。

　　非常规培训是用人单位提供费用、派劳动者参加专业技术培训。非常规培训通常涉及签订培训协议的问题。

　　一、培训协议的内容

　　培训协议是用人单位和劳动者双方在自愿的基础上协商一致订立的，主要约定具体的培训费用、违约金、违约金的支付方式以及培训后的服务期等内容。

　　二、培训协议的订立

　　《劳动合同法》第二十二条第一款规定："用人单位为劳动者提供专项培训费用，对其进行专业技术培训的，可以与该劳动者订立协议，约定服务期。"

　　（一）培训协议订立的前提条件

　　签订培训协议必须具备两个前提条件：一是培训费用是否属于专项培训费用；二是培训性质是否属于专业技术培训。

　　1.专项培训费用

　　《劳动合同法实施条例》第十六条规定："劳动合同法第二十二条第二款规定的培训费用，包括用人单位为了对劳动者进行专业技术培训而支付的有凭证的培训费用、培训期间的差旅费用以及因培训产生的用于该劳动者的其他直接费用。"

　　专项培训费用包括用人单位承担或部分承担的劳动者因培训而发生的各种学杂费、培训费、参观考察费、观摩费、往返交通费和培训期间的生活补贴等。

　　企业出资对员工进行培训，一定要保留支付凭证，做实做细财务，在财务中明确列出为员工进行专业技术培训所支付的费用，以便在发生争议时有足够的证据来证明自己的主张。

　　2.专业技术培训

　　专业技术培训是指企业提供专项培训费用的专业技术培训，包括岗位专业技术和职业技能培训两个方面。比如从国外引进一条生产线、一个项目，必须有能够操作的人，为此，把劳动者送到国外去培训，回来以后从事这项工作，这个培训就是本条所指的培训。

没有专项培训费用或企业无法举证存在专项培训费用的培训，不是法定专业技术培训，企业不能据此与员工约定服务期。

专业技术培训属于职业培训的范畴，是一种特殊的职业培训，不是一般的职业培训，一般的职业培训是用人单位的义务。《劳动法》第六十八条规定："用人单位应当建立职业培训制度，按照国家规定提取和使用职业培训经费，根据本单位实际，有计划地对劳动者进行职业培训。从事技术工种的劳动者，上岗前必须经过培训。"《关于企业职工教育经费提取与使用管理的意见》的第二条"进一步明确企业职工教育培训的内容和要求"规定："企业职工教育培训的主要内容有：政治理论、职业道德教育；岗位专业技术和职业技能培训以及适应性培训；企业经营管理人员和专业技术人员继续教育；企业富余职工转岗转业培训；根据需要对职工进行的各类文化教育和技术技能培训。"可见，职业培训内容广泛，专业技术培训属于职业培训的范畴，是一种特殊的职业培训，一般的业务流程熟悉培训、规章制度培训以及员工继续教育等培训排除在专业技术培训范畴之外。

3.服务期

服务期是指企业与劳动者约定的，劳动者因享有企业给予的特殊待遇而承诺必须为企业工作的期限。

通常，企业出资对劳动者进行专业技术培训是为了进一步开发人力资源，基本期望是提升劳动者工作能力，从而使其能继续为企业服务，带来持续的高绩效。所以服务期的约定通常很关键。

服务期主要是针对核心劳动者而言的，目的是防止劳动者接受企业出资的培训后提前结束服务期，从而给企业带来培训费用等直接经济损失和重新选拔、录用和培训新人所带来的各种间接成本。它是合理保护企业利益，规范核心员工随意跳槽、解除劳动合同的一种法律手段和人力资源管理措施。

（二）签订培训协议时应注意的问题

1.服务期的期限与起算点

关于服务期期限的确定，法律没有相应的规定，需要用人单位和员工协商确定。这一约定不能违反公平合理原则。如出资培训的费用很少，却约定很长的服务期，显然是不合理的。因此，用人单位与员工约定服务期时，需要将服务期期限的长短与出资数额的多少挂钩，结合培训的类型等因素，合理确定服务期期限。

最常见的服务期起算一般是从员工培训结束之日开始。

2.服务期与劳动合同期限要衔接

由于服务期与劳动合同期限不是同一概念，在实践中，用人单位往往是在劳动合同履行过程中为员工出资进行培训，然后约定一个服务期。服务期与劳动合同期限往往存在交叉的情形。因此，用人单位在与员工签订服务期协议时，需要将服务期与劳动合同期限衔接好，否则，容易产生纠纷。

《劳动合同法实施条例》第十七条规定："劳动合同期满，但是用人单位与劳动者依照劳动合同法第二十二条的规定约定的服务期尚未到期的，劳动合同应当续延至服务期满；双方另有约定的，从其约定。"

服务期是劳动者因接受用人单位给予的特殊待遇而承诺必须为用人单位服务的期限,是劳动者与用人单位在劳动关系存续期间因为培训事项作出的特别约定,实际上是对原劳动合同期限的一种变更。因而,在劳动合同期满而服务期尚未到期时,劳动合同应当续延至服务期满。

企业在处理培训服务期和劳动合同期限时应注意:一是尽可能保持合同期限与服务期一致,在约定服务期时,如服务期长于合同期限,应及早变更合同期限。妥善处理处于服务期内员工的劳动合同期限变更事宜,避免因服务期与劳动合同期限不一致产生的纠纷。二是注意在服务期内企业不得有违法行为。如企业有违反《劳动合同法》的不当行为,员工可以不受服务期的限制,解除合同无须支付违约金。三是虽然《劳动合同法实施条例》中规定了服务期限与合同期限不一致的处理办法,但在实践中,即使通过服务期规定勉强留住了员工,也难免对员工的士气以及企业归属感等方面产生影响,即通常所说的"留得住人,留不住心"。因此,企业还是要注意通过其他人力资源政策和措施真正留住员工。

3.违约金的约定

《劳动合同法》第二十二条规定:"劳动者违反服务期约定的,应当按照约定向用人单位支付违约金。违约金的数额不得超过用人单位提供的培训费用。用人单位要求劳动者支付的违约金不得超过服务期尚未履行部分所应分摊的培训费用。"

根据本条对于违约金和支付的规定:首先,劳动者违反了服务期约定,就应当支付违约金。其次,违约金总额要封顶,不得超过用人单位提供的培训费用。用人单位要求劳动者支付的违约金不能超过尚未履行的服务期所应分摊的培训费用。之所以要封顶,是因为规定违约金的主要目的是补偿用人单位的损失,在一定程度上也可以限制劳动者过于频繁地跳槽。然而,过高的违约金对劳动者带有强烈的惩罚色彩,而且可能成为束缚劳动者自由择业的枷锁,从而不利于人力资源的优化配置。

需要注意的是:《劳动合同法》关于培训后服务期限和违约金的规定,其目的并不是禁止劳动者流动,而是为了规范有序流动。也就是说,企业在对员工进行培训时,并不能指望约定了服务期,劳动者就不能走了。而是说,即使在签订服务期的情况下,劳动者仍有选择流动的权利,只不过在违约的情况下要支付用人单位相应的培训费损失。因而对企业来说,虽然可以通过约定服务期和违约金来防止人员跳槽,但只凭一纸培训协议来留住人才显然不够。人力资源培训开发制度只有与其他制度,如绩效管理、薪酬制度相配套,才能有效发挥作用。

4.违约金和赔偿金的区别

企业应当注意区别违约金和赔偿金,不能把二者混为一谈,虽然他们都是违反劳动合同所应当承担的责任,承担违约金和赔偿金的主观要件都是一方当事人有过错,客观要件都是有违约事实,但是他们有以下几点区别:

(1)支付依据不同

违约金是一方当事人违反合同约定需要承担的责任。劳动合同的违约责任只有根据法律规定才能约定。《劳动合同法》第二十五条规定:"除本法第二十二条和第二十三条规定的情形外,用人单位不得与劳动者约定由劳动者承担违约金。"企业可以与劳动者约定由劳动者来承担违约金的情形只有两种：一是违反培训协议约定的服务期可以约定违约金；二是劳动者违反约定的禁业限制条款，在禁业限制期限内到与本企业有直接竞争关系的企业从事相同工作，可以约定违约金。除此之外不得再约定其他违约金条款。违约金要以合同事先约定为前提。

赔偿金即赔偿责任，是法律规定的，《劳动合同法》第九十条规定："劳动者违反本法规定解除劳动合同，或者违反劳动合同中约定的保密义务或者竞业限制，给用人单位造成损失的，应当承担赔偿责任。"也就是说赔偿金的支付，要以给另一方当事人造成损失为前提。赔偿金的给付要按照实际的损害结果来进行，而无论合同是否有相应约定。

（2）功能不同

支付违约金的条件是要有违约事实，而不论对方是否存在损失，因为违约金具有惩罚的性质。而支付赔偿金不仅要有违约的事实，更重要的是要有实际损失，赔偿金通常具有补偿的性质。

（3）数额与实际损失的关系不同

由于违约金是事先在劳动合同中约定的，因而实际发生的损失与约定的数额可能不一致。赔偿金则是完全根据实际损失的大小来确定的。

三、员工培训管理中法律风险的防范

用人单位出资对劳动者进行专业技术培训是为了提高劳动者的专业技术水平，提高企业的生产效率，但是，如果管理不当，不但达不到目的，反而会引起很多纠纷。因此，在出资培训时，用人单位需要防范出资培训的风险，预防有关纠纷的发生。总体而言，需要注意以下几点：

（一）慎重选择培训对象

《劳动部办公厅关于试用期内解除劳动合同处理依据问题的复函》规定：用人单位出资对职工进行各类技术培训，职工提出与单位解除劳动关系的，如果在试用期内，则用人单位不得要求劳动者支付该项培训费用。如果试用期满，在合同期限内，则用人单位可以要求劳动者支付该项培训费用。

因此，用人单位为劳动者出资进行专业技术培训时，必须选择合适的对象。

首先，不要轻易对处于试用期内的员工进行培训，否则，适用期内员工离职，企业将束手无策。

其次，最好选择对企业忠诚度高的员工作为培训对象。

（二）服务期内薪酬的适当调整

《劳动合同法》第二十二条第三款规定："用人单位与劳动者约定服务期的，不影响按照正常的工资调整机制提高劳动者在服务期期间的劳动报酬。"

（三）保留好培训费用支出凭证

因劳动者违反服务期约定产生争议，用人单位主张违约金的，在实践中，相关部门要求用人单位提供相应的培训支出凭证，否则，用人单位的要求也无法获得法律支持。

互动课堂 5-1

　　小赵受聘于某公司担任程序设计员，公司在为其提供 3 个月的培训之前，与其签订了服务期为 3 年的合同。1 年后，小赵偶然发现，公司并没有依照法律规定为他缴纳社会保险金。小赵找到公司交涉，但是被公司的相关负责人无理斥责，还威胁小赵不要把事情闹大，不然后果自负。小赵觉得自己受到欺骗，因此递交了辞职申请，但公司以小赵尚在服务期内为由，要求小赵赔偿巨额违约金。小赵在强大压力下，向当地劳动行政部门申诉。

　　请问：小赵辞职需要赔偿巨额违约金吗？为什么？

互动课堂 5-1

分析提示

▶▶▶ 自学测试 ◀◀◀

自学测试 5-1

一、选择题

1.培训协议的内容包括（　　　）。

A.培训费用　　　　　　　　B.违约金

C.违约金的支付方式　　　　D.培训后的服务期

2.签订培训服务期协议，必须具备的两个前提为（　　　）。

A.用人单位提供专项培训费用　　　B.对劳动者进行常规培训

C.对劳动者进行专业技术培训　　　D.员工承诺培训后为企业服务

3.专项培训费用包括（　　　）。

A.用人单位为了对劳动者进行专业技术培训而支付的有凭证的培训费用

B.培训期间的差旅费用

C.因培训产生的用于该劳动者的其他直接费用

D.其他旅游费用

4.对培训协议中违约金的正确理解包括（　　　）。

A.劳动者违反服务期约定的，应当按照约定向用人单位支付违约金

B.违约金的数额不得超过用人单位提供的培训费用

C.用人单位要求劳动者支付的违约金不得超过服务期尚未履行部分所应分摊的培训费用

D.违约金的数额可多可少，只要用人单位和劳动者协商一致就可以了

5.防范员工培训管理中法律风险的措施有（　　　）。

A.慎重选择培训对象

B.服务期内薪酬的适当调整

C.保留好培训费用支出凭证

D.约定高违约金可以避免受训劳动者违约

二、判断题

1.服务期是指企业与劳动者约定的，劳动者因享有企业给予的特殊待遇而承诺必须为企业工作的期限。服务期起算一般是从员工培训结束之日开始。（　　）

2.非常规培训通常涉及签订培训协议的问题。（　　）

3.常规培训主要是指由国家规定，用人单位按照职工工资总额的一定比例提取职工教育培训经费，对职工特别是一线职工的教育和培训。这些培训是用人单位的一项义务，也就是费用由单位支付，通常不涉及签订培训协议的问题。（　　）

4.用人单位对劳动者的培训可以分为常规培训和非常规培训两种。（　　）

5.用人单位为劳动者提供专项培训费用，对其进行专业技术培训的，可以与该劳动者订立协议，约定服务期。（　　）

巩固与提高

一、选择题

1.根据《劳动合同法》第二十二条的规定，在（　　）的条件下，用人单位可以与劳动者订立协议，约定服务期。

A.用人单位为劳动者提供了培训

B.用人单位为劳动者提供专项培训费用，对其进行专业技术培训

C.用人单位为劳动者提供了培训，并与劳动者协商一致

D.用人单位没有为劳动者提供培训

2.根据《劳动合同法》第二十二条的规定，用人单位为劳动者提供专项培训费用，对其进行专业技术培训，可以与该劳动者订立协议约定服务期，在服务期中劳动者违反服务期约定的，应支付的违约金数额（　　）。

A.不得超过用人单位提供的培训费用

B.应等于用人单位提供的培训费用

C.可以小于用人单位提供的培训费用

D.可以大于用人单位提供的培训费用

二、判断题

1.劳动者违反服务期约定，应按照约定向用人单位支付违约金，但用人单位不能提供培训出资的证明，就无权要求劳动者按约定承担违约责任。（　　）

2.专项培训费用是指用人单位承担的劳动者因培训而发生的培训费。（　　）

三、案例分析题

案例1　申某与一企业签订了5年的劳动合同，合同履行第二年，该企业出资送申某进行专业进修培训，双方签订了培训合同，合同约定：申某培训结束后，在企业工作不得少于3年，否则应退赔企业为其支付的培训费。申某培训结束后，在该企业工作不到1年便不辞而别，企业多次找申某要求回单位履行合同，申某始终不归，企业在这种情况下决定：按旷工将申某除名，并解除劳动合同，要求申某退赔培训费15 000元。申某不服企业的决定，认为解除劳动合同是企业的决定，不是自己提出的，不应退赔培训费，遂向当地劳动争议仲裁委员会申请仲裁。

请问：企业解除与申某的劳动合同，并要求申某退赔培训费合法吗？为什么？

案例2　王某2009年大学毕业后被分配到某公司从事科研工作，2012年单位出资13万元派其到国外培训。2016年3月，王某与公司签订了为期11年的劳动合同。合同约定，单位出资培训过的人员服务期限不得少于10年。2018年4月，王某欲另谋高就，向单位提出辞职申请。单位不同意，而王某认为根据《劳动合同法》的规定，在提出申请30天后单位应为其办理劳动合同解除手续。双方对此产生争议，王某辞职未成后拒绝上班，导致其负责的产品利润比往年同期下降14万元。为此，单位申诉至劳动争议仲裁委员会，要求王某赔偿培训费及直接经济损失。

请问：公司要求王某赔偿培训费及直接经济损失合法吗？为什么？

案例3　小于在2018年8月15日与某外资企业签订了为期3年的劳动合同，其中前3个月为试用期。小于上班后，该外资企业考虑刚毕业的学生没有实践经验，于是同年9月企业出资送小于去参加为期1个月的就职培训，同年双方又签订了为期5年的服务协议，起始时间与劳动合同的起始时间相同，双方约定如果小于在服务期内解除合同，则需按约定支付企业违约金1万元。同年11月，该外资企业在讨论年终奖问题时，认为新员工为单位创造的效益不明显，当年不发给年终奖，第2年减半发放，从第3年起全额享受。小于认为奖金应该与员工的个人业绩挂钩，而不应由工作年限决定。于是小于以公司的规定不合理为由书面向该外资企业提出解除劳动合同。并自11月10日起未到企业上班。11月13日，该外资企业书面通知他公司已经同意他辞职，人事部会依法为他办理退职手续，让他交纳违约金1万元，但均遭小于拒绝。11月30日该外资企业向劳动争议仲裁委员会申诉，要求小于支付违约金1万元。

请问：企业要求小于试用期内辞职交纳违约金，合法吗？为什么？

四、问答题

1.培训服务协议订立的前提条件是什么？

2.出资培训员工管理中如何防范法律风险？

任务二　商业秘密保护的风险防范

▶ **学习目标**

◆知识目标

正确理解商业秘密、竞业限制条款的含义；

掌握商业秘密保护的手段；

掌握竞业限制的适用范围、地域与期限；

正确理解竞业限制的经济补偿；

掌握违反竞业限制条款的法律责任。

◆能力目标

能够依法约定竞业限制条款，以保护用人单位的商业秘密。

▶ **重点难点**

◆教学重点

《劳动合同法》中竞业限制的规定。

◆教学难点

竞业限制和商业秘密保护的区别与联系。

▶ **自学任务**

◆自学内容

（1）线上或线下学习本部分教学内容，重点关注以下问题：①企业商业秘密保护的方法有哪些？②竞业限制的法律规定有哪些？

（2）自学完后完成本任务自学测试。

自学课件 5-2-1：
企业商业秘密的保护手段

自学课件 5-2-2：
竞业限制的法律风险防范

▶ **案例研讨**

　　在线上或线下自学的基础上，以课程学习团队为单位，由团队负责人组织团队成员对案例进行讨论，达成一致意见，并制作 PPT，选派一名代表在课堂上展示案例研讨结果。

　　案例 1　潘某是西安某大学机械电子工程专业的优秀学生。在校期间，他取得了很多骄人的学术成绩。2016 年 7 月份本科毕业后，潘某被美国某著名机电研究院选中，作为国际优秀培养生前往该研究院学习。经过两年的努力。潘某顺利取得该研究院颁发的硕士学位。2018年9月，潘某回国后被北京市一家大型机电公司高薪聘请为机电工程师，负责企业所有研制和开发工作。鉴于潘某这样的人才在市场上很稀缺，企业负责人怕万一哪天他被别的企业挖走了会把自己单位的业界领先的技术信息透露出去，于是单位在潘某的劳动合同中加了竞业限制条款，条款规定：潘某与本单位解除或终止劳动合同后，在两年内不得在国内任何一家与机电相关的企业工作，否则就要负违约责任。潘某拿到劳动合同后，发现其中关于竞业限制的条款太苛刻，他找到单位负责人要求重新商定竞业限制范围和地域，否则拒绝签合同。

请问：用人单位竞业限制条款合法吗？为什么？

案例2　王某在一家外资服装公司担任财会工作。后因身体原因，王某向公司提出辞职。公司在收到王某的辞职报告后，总经理助理找到王某，要求她签订一份"解除劳动合同协议书"，该协议对王某今后就业提出了竞业限制条款。

对企业的要求，王某感到不解，自己从事的不是什么保密工作，应该是没有竞业限制的，所以她不愿签订协议书。之后几天，总经理助理多次要求王某签订协议书，并声称只要她签字，就可以马上办理退职手续，否则此事没完没了。面对威胁，王某聘请了律师，律师向该服装公司发出了协商解决双方争议的律师函，但是，该服装公司全然不当回事，既没有在3天内答复王某是否协商，也没有同意给王某办理退职手续，不久，该公司给王某寄来了旷工处理通知，接着又寄来了第二份旷工处理决定。

请问：企业要求王某签订保密协议的做法合法吗？为什么？

案例3　钱某大学毕业后进入一家著名跨国软件信息技术公司，在第一次合同到期后公司与钱某续订了3年的劳动合同，并提拔钱某为该公司技术开发部的技术总监。由于技术总监一职掌握大量公司的核心技术和商业机密，公司在劳动合同中规定了竞业限制协议条款，条款中规定：双方在解除劳动合同之后，自钱某离职之日起3年内，钱某不得到生产经营与本公司有竞争关系的其他公司任职；也不得自己生产经营与本公司有竞争关系的同类产品或业务。如果钱某违反竞业限制条款中的相关规定，要向企业支付违约金并赔偿损失。

钱某劳动合同到期后，由于与公司在待遇问题上存在较大争议，双方没能续签合同。钱某在离开公司后，发现由于竞业限制条款的限制，他很难再找到新的工作。想想这3年的漫长时光，钱某决定去找原公司协商一下，看看能否将竞业限制期限缩短，却被公司断然拒绝。钱某无奈之下，只好向劳动争议仲裁委员会申请仲裁。

请问：钱某有权要求公司缩短竞业限制期限吗？为什么？

案例4　杨某是某大学MBA进修班的毕业生，2016年7月12日，他到某咨询公司担任咨询师的职位。双方签订了2年的劳动合同。合同中特别约定，杨某必须保守咨询公司的商业秘密，否则要承担相应的违约责任。杨某书面承诺：其在本公司工作期间所得知的相关情报，诸如顾客资料、薪酬支付体系、合约事项等，全部作为保密事项。如有违反，杨某将受到解雇处分，同时赔偿公司的经济损失。

由于杨某接的几个项目完成得比较好，公司领导对其颇为满意，杨某由普通的咨询师做到了中层管理者，后来又当上了业务部门的经理。杨某升到经理职位时，公司与其约定了竞业限制条款。2018年7月合同到期之前，这家公司发现，杨某在工作之余又和另一家咨询公司签订了一份兼职协议书，其中明确约定，杨某是另一家公司的兼职咨询师，杨某为兼职公司联系所签的咨询合约按咨询费的15%提成。杨某没有向自己的受聘公司提起这件事。杨某兼职事情暴露后，双方合同期限已满，杨某索性带着自己的客户离开了原公司，将自己掌握的客户信息披露给新公司，导致两家大客户最终与新公司签订委托合同。对此，杨某认为是正常的人员流动，客户选择新的合作伙伴也是在市场机制下自由选择的结果，并没有违反法律。原公司向北京市仲裁委员会申请劳动争议仲裁，要求杨某进行违约赔偿。

请问：杨某该不该赔偿？为什么？

知识点学习

商业秘密是企业的核心竞争力，也是企业安身立命之本。商业秘密保护在竞争日益激烈的社会变得十分重要。有关资料显示，90%以上的商业秘密案件都与人才流动有关，因此，如何防范和规避核心员工的流动导致泄露商业机密，是对人力资源管理的一大挑战。

一、商业秘密的保护

(一) 商业秘密的概念

商业秘密是指不为公众知悉，能为权利人带来经济利益，具有实用性并经权利人采取保密措施的技术信息和经营信息。

(二) 商业秘密构成要件

商业秘密必须具备三个构成要件：

1. 秘密性

秘密性即不为公众所知悉。这是商业秘密最核心的特征，是商业秘密维系其经济价值和法律保护的前提条件。商业秘密理应处于秘密状态，以此来维护它的价值，如果其内容为公众所知悉，其固有的价值就有可能丧失殆尽。凡是公众所知悉的信息都不属商业秘密范围。

2. 价值性和实用性

价值性和实用性即能为权利人带来经济效益和竞争优势。商业秘密必须具有商业价值，可以是现实的商业价值，也可以是潜在的商业价值，这些商业价值可以给权利人带来竞争优势。正是由于商业秘密能给权利人带来经济利益，才会出现商业秘密的侵占和争夺。侵犯商业秘密行为的背后是经济利益的驱动。

3. 保密性

保密性即经权利人采取必要的保密措施。此种措施包括限定秘密公开范围，在涉密信息的载体上标有保密标志或者采取保密码，签有保密协议，对于涉密的场所限制来访者等。

(三) 商业秘密的种类

商业秘密主要有两种：一种是技术信息，一种是经营信息。

技术信息包括设计、程序、产品配方、制作工艺、制作方法等信息。

经营信息包括用人单位的管理诀窍、客户名单、货源情报、产销策略、招投标中的标底及标书内容等信息。此外用人单位的合同格式、经营计划表、价格协议细节、广告方案等也是经营信息。

（四）劳动法中保护商业秘密的方式

在现代社会，商业秘密越来越重要，是关系企业生存和发展的关键因素之一。商业秘密如果泄露出去必然会损害企业的利益，甚至造成灭顶之灾。但是，由于商业秘密的重大商业价值和诱惑力，侵犯商业秘密的案件在现实中时有发生。作为用人单位，必须增强保护商业秘密的法律意识，采取有效措施防止泄密事件发生。

采取何种法律措施可确保商业秘密万无一失呢？

实际上，可达到保护商业秘密目的的法律措施有多种，有刑法保护、民法保护、行政法保护、反不正当竞争法保护、劳动法保护等。这里主要介绍劳动法保护。

在劳动法中保护商业秘密的方式也是多样的：

（1）用人单位可以与劳动者在劳动合同中约定保密条款，就保守商业秘密的事项作出详细约定。这是保护商业秘密最常用和有效的方式之一。

《劳动合同法》第二十三条第一款规定："用人单位与劳动者可以在劳动合同中约定保守用人单位的商业秘密和与知识产权相关的保密事项。"

保密条款不是劳动合同的必备条款，而是由用人单位和劳动者选择约定的条款，如果用人单位确有需要保护的商业秘密，最好在劳动合同中订立保密条款，以对保密问题作出细致的约定。

（2）用人单位同掌握或接触商业秘密的员工签订专门的保密协议。如果用人单位对于保密有特别高的要求，可在劳动合同之外订立专门的保密协议，以对商业秘密保护问题作更加详细的约定。保密条款或保密协议双方当事人的权利和义务由双方当事人自行协商确定。保密协议中一般应载明下列事项：保密的范围、期限、员工应履行的保密义务及员工违反保密约定时应承担的责任等。

（3）企业内部制定保护商业秘密方面的劳动纪律和规章制度。制定规章制度是企业管理的有效手段，企业可通过制定保护本单位商业秘密方面的规章制度对员工进行约束。当然，规章制度的制定必须合法，并应向劳动者告之。

（4）竞业限制是保护商业秘密的重要手段。

企业员工在工作中可能会接触和掌握企业的商业秘密，而员工队伍是流动的，掌握单位商业秘密的员工离开原单位后可能会泄露原单位的商业秘密，特别是员工如果到了与原单位有竞争关系的开展同类业务的单位或者自己从事与原单位相同的业务，尤其可能泄露、使用原单位的商业秘密。为了防止员工泄密，企业可以与员工约定在工作期间或离开企业后的一定时间内不得到与原单位从事同类业务的有竞争关系的单位就业，也不得自己从事与原单位相同的业务，即竞业限制。

二、竞业限制

（一）竞业限制的含义

竞业限制，又称竞业禁止，是指禁止本用人单位承担保密义务的劳动者在劳动关系存续期间或劳动关系终止之后到与本单位有竞争关系的其他单位工作或自己从事与本单位有竞争关系的同类产品或业务。

（二）竞业限制的分类

（1）竞业限制按义务主体不同可分为在职劳动者的竞业限制和离职劳动者的竞业限制。在职劳动者的竞业限制是指禁止劳动者在劳动关系存续期间到与本单位有竞争关系的其他单位工作或自己从事与本单位有竞争关系的业务。离职劳动者的竞业限制是指禁止劳动者在劳动关系终止之后到与本单位有竞争关系的其他单位工作或自己从事与本单位有竞争关系的业务。

（2）竞业限制依产生义务依据不同可分为法定竞业限制和约定竞业限制。法定竞业限制义务基于法律直接规定而产生。如企业的董事、经理在职期间不得兼职，不得自己或为他人经营竞争企业或竞争性业务。

约定竞业限制义务是基于双方当事人约定而产生。

（三）《劳动合同法》中竞业限制的规定

《劳动合同法》第二十三条第二款规定："对负有保密义务的劳动者，用人单位可以在劳动合同或者保密协议中与劳动者约定竞业限制条款，并约定在解除或者终止劳动合同后，在竞业限制期限内按月给予劳动者经济补偿。劳动者违反竞业限制约定的，应当按照约定向用人单位支付违约金。"

《劳动合同法》第二十四条规定："竞业限制的人员限于用人单位的高级管理人员、高级技术人员和其他负有保密义务的人员。竞业限制的范围、地域、期限由用人单位与劳动者约定，竞业限制的约定不得违反法律、法规的规定。在解除或者终止劳动合同后，前款规定的人员到与本单位生产或者经营同类产品、从事同类业务的有竞争关系的其他用人单位，或者自己开业生产或者经营同类产品、从事同类业务的竞业限制期限，不得超过2年。"

1.竞业限制条款适用的人员

竞业限制的人员范围，包括企业的高级管理人员、高级技术人员和其他负有保密义务的人员。

高级管理人员指企业从事决策和管理事务的人，包括公司的董事、经理、监事，以及非公司制企业的厂长、经理或者其他负责人等。

高级技术人员一般指在我国干部统计中拥有高级专业技术职称的人员，如高级工程师、主任医师、教授、高级会计师等。

其他负有保密义务的人员指因工作关系可能接触到企业商业秘密的人，包括文秘人员、档案保管人员、财务人员、市场计划与营销人员、公关人员、法务人员等。

订立竞业限制协议必须具备一个前提条件：该员工所在的岗位是掌握企业商业秘密的，应当承担保护商业秘密的义务。

2.竞业限制的职业范围

竞业限制的职业范围限于同时具备以下特征的职业种类：

（1）生产与原单位同类产品或经营同类业务。

（2）与原单位生产经营活动有竞争关系。

3.竞业限制的地域范围

竞业限制的实质是对劳动者择业权的限制，其目的在于保护用人单位的商业秘密。竞业限制是解决劳动者劳动权、择业自由权与公平竞争市场规则冲突的有效途径。劳动者解除或终止合同后，重新择业，通过劳动换取报酬，这是法律赋予劳动者的基本权利。但劳动者行使这一基本权利，可能造成不正当竞争。劳动者离开原单位后，如果将从原单位获得的商业秘密应用于新用人单位的经营中，就与原单位形成不正当竞争，给原单位造成损失。因而，如何平衡保护劳动者择业自由权与维护平等竞争的市场法则之间的关系，就成为一个重要问题。

竞业限制的地域范围大小直接关系到对劳动者工作权利限制的多少。合理确定竞业限制地域范围对用人单位商业秘密保护和劳动者工作权保障具有重要意义。

《劳动合同法》第二十四条规定："竞业限制的范围、地域、期限由用人单位与劳动者约定，竞业限制的约定不得违反法律、法规的规定。"

与用人单位是否能够形成实际竞争关系是确定竞业限制地域范围的标志。

4.竞业限制的期限

《劳动合同法》第二十四条规定，劳动者离职后的竞业限制约定期限不得超过2年。2年期满，竞业限制条款对劳动者再无约束力，劳动者可以从事所限制的职业。

5.竞业限制的时机

竞业限制协议可以在员工入职时签订，可以在员工在职期间签订，也可以在员工离职时签订。从方便操作的角度讲，最好是选择员工入职时签订，不要选择员工离职时签订。因为员工离职时，用人单位很难控制员工，如果员工此时不愿意与用人单位签订竞业限制协议的话，用人单位一点办法也没有。因此，竞业限制协议签订的最佳时机是员工入职时。

6.竞业限制的经济补偿

竞业限制制度在一定程度上限制劳动者的择业自由，用人单位在竞业限制期限内按月给予劳动者经济补偿，补偿劳动者择业自由受到一定限制而遭受的损失。

关于经济补偿金的标准，《劳动合同法》没有明确规定。《最高人民法院关于审理劳动争议案件适用法律若干问题的解释》（四）第六条规定："当事人在劳动合同或者保密协议中约定了竞业限制，但未约定解除或者终止劳动合同后给予劳动者经济补偿，劳动者履行了竞业限制义务，要求用人单位按照劳动者在劳动合同解除或者终止前12个月平均工资的30%按月支付经济补偿的，人民法院应予支持。前款规定的月平均工资的30%低于劳动合同履行地最低工资标准的，按照劳动合同履行地最低工资标准支付。"

7.竞业限制的违约责任

竞业限制条款的违约责任包括用人单位未按约定或法律规定支付经济补偿金的违约责任和劳动者违反竞业限制约定的违约责任。

《劳动合同法》并未对用人单位违约责任予以规定，但是，用人单位违约，不支付竞业限制经济补偿金的，会导致劳动者不受竞业限制协议的约束。

《最高人民法院关于审理劳动争议案件适用法律若干问题的解释》（四）第八条规定："当事人在劳动合同或者保密协议中约定了竞业限制和经济补偿，劳动合同解除或者终止后，因用人单位的原因导致 3 个月未支付经济补偿，劳动者请求解除竞业限制约定的，人民法院应予支持。"

《劳动合同法》规定了劳动者的违约责任，《劳动合同法》第二十三条第二款规定："劳动者违反竞业限制约定的，应当按照约定向用人单位支付违约金。"

《劳动合同法》第九十条规定："劳动者违反本法规定解除劳动合同，或者违反劳动合同中约定的保密义务或者竞业限制，给用人单位造成损失的，应当承担赔偿责任。"

因此，劳动者违反竞业限制条款的法律责任有：（1）支付违约金。（2）支付赔偿金。

三、竞业限制与商业秘密保护的联系与区别

（一）竞业限制与商业秘密保护的联系

竞业限制往往与商业秘密的保护联系密切，竞业限制是保护用人单位商业秘密的方式之一。通过签订竞业限制协议，减少劳动者泄露、非法使用用人单位商业秘密的机会。

（二）竞业限制与商业秘密保护的区别

竞业限制与商业秘密的保护既有联系，又有区别。

竞业限制协议的存在可以是保护商业秘密的一个方式，但竞业限制本身并不等同于保护企业商业秘密；竞业限制的内容也不仅仅是保护商业秘密。反之，商业秘密的保护并不是只有竞业限制一个途径。具体说，商业秘密保护与竞业限制的区别在于：

1. 功能不尽相同

保密义务主要限于保护企业商业秘密，侧重不能"说"，竞业限制既保护商业秘密，也约束劳动者的就业机会，侧重不能"做"。

2. 义务产生的基础不同

保密义务的产生是基于法律规定，或者基于劳动合同的附随义务，不管双方是否有明示的约定，员工在职期和离职以后均须承担保守单位商业秘密的义务。而竞业限制义务则是基于双方之间约定而产生的，无约定则无义务。

3. 约束期不同

保密义务的存在是没有期限的，只要商业秘密存在，义务人的保密义务就存在；而竞业限制的期限由当事人具体约定，这个期限包括劳动关系存续期间和双方约定的劳动合同终止和解除后一段时间，而且在劳动合同终止或解除后的期限不能超过 2 年。

4. 补偿对价关系不同

员工承担保密义务不需要权利人支付保密费，而对于离职后履行竞业限制义务的劳动者，用人单位则需支付合理的补偿费。

5. 法律责任形式不同

违反保密义务的员工，应当承担相应的民事责任，构成犯罪的，承担刑事责任。而违反竞业限制义务的责任人通常只需要依据约定承担民事责任。

因此，从用人单位的角度看，为了保护自身的商业秘密和与知识产权相关的事项不被侵害，可以对负有保密义务的劳动者，在劳动合同或者保密协议中约定竞业限制条款。

四、商业秘密保护的法律风险防范

商业秘密是能给企业带来经济利益，并且被企业采取了相关保密措施，不为他人知晓的相关商业信息。但是，实践中很多企业并没有注意到商业秘密可能被泄露的风险，也就不会去思考如何保密。商业秘密传播渠道极广，有时防不胜防，企业应该如何保护自身的商业秘密呢？

（一）树立商业秘密法律保护的意识

企业要重视商业秘密的法律保护，能够明确商业秘密容易泄露的环节，并采取如制定、完善商业秘密保护制度并遵守和执行等有力的预防措施，就可以有效避免商业秘密泄露的法律风险。

（二）加强对涉密人员的管理

一是与涉密人员签订合法有效的保密协议或竞业限制协议，防范商业秘密泄露。二是与掌握商业秘密的关键员工签订无固定期限劳动合同，或使其成为企业的股东，使之与企业形成荣辱与共、休戚相关的命运共同体，建立长期稳定的劳动关系，从而实现保护商业秘密的目的。三是企业应做到感情留人、事业留人、待遇留人，为涉密人员充分发展提供良好的工作环境、福利待遇，运用经济手段留住人才。企业留住了人才，实际上就是在保护企业的商业秘密。

（三）加强对涉密设备的管理

企业的核心商业秘密文件经常通过网络、传真机、电脑和打印机等传输，因此，要加强对这些设备的管理。建议：为企业高级管理人员配备专用传真机、打印机；配备专职人员使用专用设备收发涉密文件；完善机密文件的保管制度及阅处机密文件的规章制度等，以防范机密文件因保管不善而泄密。

互动课堂 5-2 -

互动课堂 5-2

分析提示

　　　老张担任某网络公司战略部主任，公司与老张签订了一份《保密和竞业限制协议》，协议约定老张应当保守网络公司商业秘密，且劳动合同解除后2年内不得到有竞争关系的单位任职，否则承担违约金1万元。此后，网络公司给老张的工资中增发保密工资1 000元/月。劳动合同到期后，老张与网络公司解除劳动关系。同月，老张入职一家与该网络公司经营同类业务的网络公司，该网络公司向劳动争议仲裁委员会申请仲裁，认为公司每月支付了保密费1 000元，老张应当承担竞业限制义务，要求老张支付违约金1万元，并在2年内不得到与该公司有竞争关系的单位任职。

　　　请问：企业要求老张应当承担竞业限制义务，支付违约金1万元，合法吗？为什么？

◆ 自学测试 ◆

一、多项选择题

1.商业秘密的种类包括（　　　）。

A.技术信息　　　　　　　　　　　B.经营信息

C.媒体信息　　　　　　　　　　　D.宣传资料

2.商业秘密必须具备的要件有（　　　）。

A.秘密性　　　　　　　　　　　　B.价值性和实用性

C.保密性　　　　　　　　　　　　D.公开性

3.在劳动法中保护商业秘密的方式有（　　　）。

A.用人单位可以与劳动者在劳动合同中约定保密条款

B.用人单位同掌握或接触商业秘密的员工签订专门的保密协议

C.企业内部制定保护商业秘密方面的劳动纪律和规章制度

D.竞业限制是保护商业秘密的重要方式

4.竞业限制的人员限于（　　　）。

A.用人单位的高级管理人员　　　　B.高级技术人员

C.其他负有保密义务的人员　　　　D.用人单位的所有人员

5.劳动者违反竞业限制条款的法律责任有（　　　）。

A.支付违约金　　　　　　　　　　B.支付赔偿金

C.承担刑事责任　　　　　　　　　D.承担行政责任

二、判断题

1.商业秘密是指不为公众知悉，能为权利人带来经济利益，具有实用性并经权利人采取保密措施的技术信息和经营信息。　　　　　　　　　　　　　　　（　　　）

2.竞业限制是保护用人单位商业秘密的唯一手段。　　　　　　　　（　　　）

3.竞业限制，又称竞业禁止，是指禁止本用人单位承担保密义务的劳动者在劳动关系存续期间或劳动关系终止之后到与本单位有竞争关系的其他单位工作或从事与本单位有竞争关系的同类产品或业务。　　　　　　　　　　　　　　　　　　（　　　）

4.竞业限制的职业范围限于同时具备以下特征的职业种类：生产与原单位同类产品或经营同类业务；与原单位生产经营活动有竞争关系。　　　　　　　　　　（　　　）

5.劳动者离职后的竞业限制约定期限，不得超过3年。　　　　　　（　　　）

6.与用人单位是否能够形成实际竞争关系是确定竞业限制地域范围的标志。（　　　）

7.用人单位与劳动者签订竞业限制条款，但是不给予劳动者经济补偿，则该条款无效。　　　　　　　　　　　　　　　　　　　　　　　　　　　　　　（　　　）

8.保密条款是劳动合同的必备条款。　　　　　　　　　　　　　　（　　　）

◆ 巩固与提高 ◆

一、选择题

1.根据《劳动合同法》第二十四条的规定，劳动者离职后的竞业限制约定期限，不

自学测试5-2

得超过（　　　）。

　　A.1年　　　　　　　　B.2年　　　　　　　C.6个月　　　　　　　D.9个月

　　2.根据《劳动合同法》第二十四条的规定，用人单位可以将（　　　）列为竞业限制人员。

　　A.基层管理人员　　　　　　　　　　B.高级管理人员

　　C.高级技术人员　　　　　　　　　　D.全体单位员工

　　3.竞业限制的职业范围限于同时具备以下特征的职业种类（　　　）。

　　A.生产与原单位同类产品或经营同类业务

　　B.与原单位生产经营活动有竞争关系

　　C.不论地域，所有生产与原单位同类产品或经营同类业务

　　D.所有领域的工作

二、判断题

　　1.商业秘密主要有两种：一种是技术信息，一种是经营信息。　　　　　　　（　　）

　　2.为了防止员工泄密，企业可以与员工约定后者在工作期间或离开企业后的一定时间内不得到与本单位从事同类业务的有竞争关系的单位就业，也不得自己从事与本单位相同的业务，即竞业限制。　　　　　　　　　　　　　　　　　　　　　　（　　）

三、案例分析题

　　案例1　金先生在某公司担任技术部门主管，从事产品开发工作，与公司订有5年的劳动合同。工作中，金先生与其主管部门的几名技术人员一起开发新产品，取得一定的成果。为了保证新产品的顺利开发，公司要求与员工签订保密协议。协议约定：不管什么原因离开公司，在1年之内不得前往与公司有竞争业务的单位工作，否则将赔偿公司的经济损失；作为补偿，公司将按金先生等员工的守约情况给予经济补偿费。金先生及部门员工对协议内容没有异议，于是双方签订了保密协议。不久，金先生的劳动合同期限即将届满，公司为了强化产品开发力度，计划找一个更合适的技术人员担任技术部门主管，于是，公司通知金先生：劳动合同期满后不再续订。金先生接到公司的通知后，要求公司考虑以往情况给予留任，但公司表示已有合适人选，希望金先生谅解。于是，金先生在合同到期后只能按期办理了相关离职手续。结算工资时，金先生要求公司给予竞业限制补偿金。公司表示以后看情况再定。合同终止后，金先生离开了公司，考虑到曾经与原公司有过一个"在1年内不得前往与公司有竞争业务的单位工作"的协议，因此，半年过去了，金先生尚未找到一个比较满意的工作。为了维持生计，金先生再次向原公司提出支付经济补偿金的要求，公司此时表示：因为公司未支付金先生经济补偿金，所以金先生也不必遵守竞业限制的协议，可以尽管去找合适的工作。金先生认为公司应在合同终止时即告之不必遵守协议，现在告之则应赔偿自己半年来的经济损失。在进一步交涉未果的情况下，金先生即向劳动争议仲裁委员会申请仲裁，要求原公司赔偿半年来的经济损失。

　　请问：金先生是否有权要求原公司赔偿半年来的经济损失？为什么？

　　案例2　2016年9月，北京某电脑公司聘任朱某担任公司的游戏软件设计人员。双方签订了正式的劳动合同，约定：朱某的工作是游戏软件设计，月工资是人民币8 000

元，业绩突出的另发奖金，合同期限至 2018 年 9 月 30 日。合同还约定：合同期满的 6 年内，朱某不得到国内其他电脑行业企业工作，不得泄露公司的商业秘密，否则应向公司支付罚金 10 万元。2018 年 9 月合同到期后双方未续订合同，之后朱某到上海某电子公司工作，原单位北京某电脑公司得知后，认为朱某违反了合同的约定，申请仲裁要求朱某按照当初的约定承担 10 万元的赔偿责任。

请问：北京某电脑公司要求朱某承担 10 万元的赔偿责任合法吗？为什么？

案例 3　张扬应聘到广告公司做业务策划，双方签订了工作协议书，协议期限 2 年。工作协议书中还约定"因本工作带有商业保密性质，无论员工解聘或离职，半年内不得从事涉及广告策划、经营等活动"，但其中没有对违约责任和竞业限制的相关补偿进行约定。1 年后，张扬以身体不适、难以继续工作为由向广告公司提出辞职。在办理离职手续过程中，广告公司没有向张扬支付竞业限制的补偿费用。不久，该广告公司发现张扬在自己的竞争对手的广告公司中从事广告业务策划工作。该公司以张扬"违反双方关于竞业限制的约定，会泄露公司的客户资源秘密，并有可能给公司造成巨大的经济损失"为由向劳动争议仲裁委员会提出申诉，要求张扬立即停止在竞争对手公司的工作。劳动争议仲裁委员会驳回广告公司的申诉请求。

请问：为什么劳动争议仲裁委员会驳回广告公司的申诉请求？

四、问答题

1. 什么是竞业限制？

2.《劳动合同法》中对竞业限制有哪些规定？

模块六
员工离职管理

从管理的角度来看，员工离职是员工流动的一种重要方式，合理的员工流动对企业人力资源的合理配置具有重要作用，但不合理的员工流动会影响企业的持续发展。

从法律的角度来看，员工离职过程中涉及双方诸多的权利与义务，如工作交接、办理离职手续，支付经济补偿金等。此外，《劳动合同法》对员工主动离职和被动离职的规定也大相径庭，员工主动离职几乎不受法律的限制，而用人单位辞退劳动者则受到严格的法律限制，用人单位辞退劳动者需要符合法定的条件、遵循法定程序，甚至支付法定的经济补偿金。这就意味着员工离职对用人单位而言还面临着相应的法律风险和相应的成本。

综上所述，无论是从法律的角度，还是从管理的角度来看，员工离职管理对企业来说都是至关重要的。而且从实践来看，员工离职阶段也是劳动争议的易发期、高发期，需要企业人力资源管理人员提前做好准备，严格依法操作，避免员工离职管理中的法律风险，控制员工离职的成本。

本模块仅从用人单位的角度对劳动合同终止、劳动合同协商解除、劳动者单方解除劳动合同、用人单位单方解除劳动合同、离职手续办理的风险防范进行介绍。

任务一　劳动合同终止的风险防范

▶ 学习目标

◆ 知识目标

正确理解劳动合同终止的含义；

掌握劳动合同终止的条件；

掌握劳动合同的延期终止。

◆ 能力目标

能够正确终止劳动合同，防范劳动合同终止不当给企业带来的风险。

▶ 重点难点

◆ 教学重点

劳动合同终止的情形和限制条件。

◆ 教学难点

劳动合同终止的经济补偿。

▶ 自学任务

◆ 自学内容

（1）线上或线下学习本部分的教学内容，重点关注以下问题：①劳动合同终止的条件和限制有哪些？②劳动合同终止的程序和违法终止的责任有哪些？

（2）自学完后完成本任务的自学测试。

自学课件 6-1-1：
劳动合同终止的条件

自学课件 6-1-2：
劳动合同终止的程序

▶ 案例研讨

在线上或线下自学的基础上，以课程学习团队为单位，由团队负责人组织团队成员对案例进行讨论，达成一致意见，并制作PPT，选派一名代表在课堂上展示案例研讨结果。

案例1　老张一直在某汽车维修公司工作，在最后一次续订合同时与该汽车维修公司签订了为期3年的劳动合同。合同未到期，老张已经达到退休年龄，由于老张的养老保险缴费期未足15年，因此不能领取养老保险。公司终止与老张的劳动合同，并为老张办理了退休手续。但是，老张认为劳动合同尚未到期，且他还没有拿到养老保险，公司没有权利终止他的劳动合同，必须等到合同期满后才能办理退休手续，否则，公司属违约行为，应赔偿他的损失。公司坚持按照规定，为老张办理了退休手续，从办理退休手续之日起停止老张的工作，并停发工资。老张不服，向当地劳动争议仲裁委员会提起仲裁，要求公司履行劳动合同。

请问：公司终止与老张的劳动合同合法吗？为什么？

案例2 张先生应聘一家生产性企业担任项目经理一职，签订了以完成一定工作任务为期限的劳动合同，合同规定：张先生领导的项目团队在完成该生产项目之后解散，企业与张先生的劳动合同终止。张先生在项目中尽职尽责，带领团队顺利完成任务。张先生和企业的劳动合同宣告终止。张先生要求获得合同终止的经济补偿，但是遭到企业的拒绝。张先生解释，根据《劳动合同法》的相关规定，劳动合同终止时用人单位有义务支付劳动者经济补偿。于是，张先生提请劳动争议仲裁，要求企业支付其相应的经济补偿金。

请问：企业是否应支付张先生相应的经济补偿金？为什么？

案例3 王某是某纺织厂一名纺织工人，与纺织厂签订了为期3年的劳动合同。在一次对机器的常规操作中，王某发生工伤事故，左手手腕被机器绞伤。经过半年的治疗后，王某的病情基本处于稳定状态，经伤残鉴定，王某属于部分丧失劳动能力。转眼间王某的合同就要到期了，纺织厂决定终止合同，给王某下发了"终止合同通知书"，并支付王某相应的经济补偿金。但是王某听工友说，自己是工伤职工，因此纺织厂在提出终止劳动合同时，除了经济补偿金外，还应当支付其他的补助金。

请问：纺织厂在终止与王某的劳动合同时，除了经济补偿金外，还应当支付哪些补助金？

案例4 李某与A建筑公司签订了一份3年期的劳动合同。在合同执行过程中，他工作勤奋，为公司创造了良好的业绩。合同到期后，公司有意留用李某。但由于家庭的原因，李某决定不再在这家公司工作，于是与公司终止合同。但是，公司只是口头答应与李某终止合同，并没有下发终止合同的书面证明。合同终止后1个月，李某去B建筑公司应聘，B建筑公司认为李某符合录用条件，决定录用他。但是B建筑公司听说李某曾经在业界的另一家公司工作，为避免法律风险，B建筑公司要求李某出具合同终止证明。李某到A建筑公司，要求其出具合同终止的书面证明，却被告知自己已经不是公司的人了，公司没有必要为他开具证明，之后李某的多次催促都没有结果。由于李某没有终止合同的书面证明，证明他已经与原单位解除劳动关系，因此B建筑公司决定不录用李某。李某万般无奈，向劳动争议仲裁委员会申请仲裁，要求A建筑公司开具终止合同的书面证明。

请问：A建筑公司该不该为李某开具终止合同的书面证明？为什么？

知识点学习

劳动合同终止，是企业人力资源退出机制的一条路，这条路能否走顺，就要看企业的人力资源管理者能否熟知法律，依法操作，合理规范了。学习本单元将指导你正确应对劳动合同终止的法律风险。

一、劳动合同终止的含义

劳动合同终止是指劳动合同期限届满或者法律规定的终止条件出现，一方或双方当事人消灭劳动关系的法律行为。

二、劳动合同终止的情形

根据《劳动合同法》第四十四条的规定，有下列情形之一的，劳动合同终止：

（1）劳动合同期满的；

（2）劳动者开始依法享受基本养老保险待遇的；

（3）劳动者死亡，或者被人民法院宣告死亡或者宣告失踪的；

（4）用人单位被依法宣告破产的；

（5）用人单位被吊销营业执照、责令关闭、撤销或者用人单位决定提前解散的；

（6）法律、行政法规规定的其他情形。

《劳动合同法实施条例》第二十一条规定："劳动者达到法定退休年龄的，劳动合同终止。"

只有达到法定年龄的劳动者才能够办理退休手续，领取基本养老保险；劳动者达到法定退休年龄，用人单位即可以终止劳动合同。

三、劳动合同终止的限制

《劳动合同法》第四十五条规定："劳动合同期满，有本法第四十二条规定情形之一的，劳动合同应当续延至相应的情形消失时终止。但是，本法第四十二条第二项规定丧失或者部分丧失劳动能力的劳动者的劳动合同的终止，按照国家有关工伤保险的规定执行。"

根据《劳动合同法》第四十二条的规定，劳动者有下列情形之一的，用人单位不得依照本法第四十条、第四十一条的规定解除劳动合同：

（1）从事接触职业病危害作业的劳动者未进行离岗前职业健康检查，或者疑似职业病病人在诊断或者医学观察期间的；

（2）在本单位患职业病或者因工负伤并被确认丧失或者部分丧失劳动能力的；

（3）患病或者非因工负伤，在规定的医疗期内的；

（4）女职工在孕期、产期、哺乳期的；

（5）在本单位连续工作满15年，且距法定退休年龄不足5年的；

（6）法律、行政法规规定的其他情形。

四、劳动合同终止的经济补偿问题

《劳动合同法》第四十六条规定："除用人单位维持或者提高劳动合同约定条件续订劳动合同，劳动者不同意续订的情形外，依照本法第四十四条第一项（劳动合同期满的）规定终止固定期限劳动合同的；依照本法第四十四条第四项（用人单位被依法宣告破产的）、第五项（用人单位被吊销营业执照、责令关闭、撤销或者用人单位决定提前解散的）规定而终止劳动合同的，用人单位应当向劳动者支付经济补偿。"

根据《劳动合同法》第四十七条的规定，经济补偿按劳动者在本单位工作的年限，每满1年支付1个月工资的标准向劳动者支付。6个月以上不满1年的，按1年计算；不满6个月的，向劳动者支付半个月工资的经济补偿。

　　劳动者月工资高于用人单位所在直辖市、设区的市级人民政府公布的本地区上年度职工月平均工资3倍的，向其支付经济补偿的标准按职工月平均工资3倍的数额支付，向其支付经济补偿的年限最高不超过12年。

　　这里所称月工资是指劳动者在劳动合同解除或者终止前12个月的平均工资。

　　《劳动合同法》第七十一条规定："非全日制用工双方当事人任何一方都可以随时通知对方终止用工。终止用工，用人单位不向劳动者支付经济补偿。"

五、劳动合同终止的程序

1.劳动合同终止采用书面方式通知

　　《劳动法》第二十三条规定："劳动合同期满或者当事人约定的劳动合同终止条件出现，劳动合同即行终止。"法律没有要求劳动合同终止时用人单位提前通知的义务。《劳动合同法》对此没有要求，但也没有禁止。从管理上来说，尽管法律没有明确规定，但是本着"互信""互谅"的原则，建议用人单位一方还是在劳动合同终止之前提前一段时间通知员工，这也体现出一种对员工的责任和人文关怀的管理态度，对在职的员工有一定的示范效应，现实中很多管理规范的公司不仅会提前通知，还会采用书面方式，以示尊重。

2.劳动合同终止手续的办理

　　《劳动合同法》第五十条规定："用人单位应当在解除或者终止劳动合同时出具解除或者终止劳动合同的证明，并在15日内为劳动者办理档案和社会保险关系转移手续。"

　　"劳动者应当按照双方约定，办理工作交接。用人单位依照本法有关规定应当向劳动者支付经济补偿的，在办结工作交接时支付。"

　　"用人单位对已经解除或者终止的劳动合同的文本，至少保存2年备查。"

3.劳动合同终止用人单位的附随义务

　　《劳动合同法》第五十条规定："用人单位应当在解除或者终止劳动合同时出具解除或者终止劳动合同的证明。"这是强制性的法定义务。实践中存在用人单位在劳动合同终止之后，对合同终止的证明不重视，在送达过程中出现失误，使送达过程不符合法定要求，不能提供有效的送达回执，在产生劳动争议时得不到劳动争议仲裁委员会的支持而败诉的实例。作为人力资源管理者，若终止合同证明送达失败，将被认定为劳动合同没有终止，劳动关系还存在，甚至可能视同与劳动者续签无固定期限的劳动合同，单位如果拿不出证据辩解，就会产生更大的麻烦。因此，用人单位在出具劳动合同终止证明时，一定要注意送达过程的合法性，以保证终止决定有法律效力。具体而言，用人单位必须做好以下工作：

　　（1）直接交由本人，并要求签收。

　　（2）本人不在的，交其同住成年亲属签收。

　　（3）邮寄送达，以挂号查询回执上注明的收件日期为送达日期。最好选择标明文件名称的特快专递形式。

　　（4）在送达职工下落不明，或者用上述送达方式无法送达的情况下，可以公告送达，即张贴公告或通过报刊等新闻媒介通知。自发出公告之日起，经过15日，即视为送达。

注意：能用直接送达或邮寄送达而未用，直接采用公告方式送达，视为无效。

六、劳动合同违法终止的责任

（一）劳动合同违法终止的含义

所谓违法终止，是指用人单位终止劳动合同不符合法律的规定。

（二）劳动合同违法终止的责任

《劳动合同法》第四十八条规定："用人单位违反本法规定解除或者终止劳动合同，劳动者要求继续履行劳动合同的，用人单位应当继续履行；劳动者不要求继续履行劳动合同或者劳动合同已经不能继续履行的，用人单位应当依照本法第八十七条规定支付赔偿金。"

《劳动合同法》第八十七条规定："用人单位违反本法规定解除或者终止劳动合同的，应当依照本法第四十七条规定的经济补偿标准的2倍向劳动者支付赔偿金。"

可见，对于用人单位违法终止劳动合同的责任，法律规定主要体现在两个方面：一是恢复劳动关系；二是劳动者也可以要求用人单位支付双倍的经济补偿作为赔偿金。

七、劳动合同终止的法律风险防范

劳动合同终止的法律风险防范措施有：

（1）设置劳动合同到期提前提醒程序，避免用人单位员工较多，合同到期时间不一致导致的疏漏。

（2）合同到期后，及时办理终止手续。

（3）在劳动合同中设计预防事实劳动关系的条款。如约定"劳动合同期满后，如劳动者仍在原单位工作，视为合同期限自动延期1个月"，以避免人事工作疏忽或某项正在进行的工作项目中断。

互动课堂6-1

互动课堂6-1

许某被任命为某单位生化研究中心主任，与单位签订了3年的劳动合同，2018年年初，许某合同到期，该单位作出终止劳动合同的决定，并通知其在规定的期限内到单位办理相关手续。许某在规定的期限内未到单位办理手续，该单位就直接通过媒体刊登对许某终止劳动合同的决定。许某不服，申请仲裁，劳动争议仲裁委员会认定该单位的通知送达无效。

分析提示

请问：劳动争议仲裁委员会认定该单位的通知送达无效，为什么？

▶ 自学测试

自学测试6-1

一、多项选择题

1.《劳动合同法》第四十四条规定：有下列情形（   ）之一的，劳动合同终止。

A. 劳动合同期满的

B. 劳动者开始依法享受基本养老保险待遇的

C. 劳动者死亡，或者被人民法院宣告死亡或者宣告失踪的

D. 用人单位被依法宣告破产的

E. 用人单位被吊销营业执照、责令关闭、撤销或者用人单位决定提前解散的

F. 法律、行政法规规定的其他情形

2.《劳动合同法》第四十五条规定："劳动合同期满，有本法第四十二条规定情形（　　）之一的，劳动合同应当续延至相应的情形消失时终止。"

A. 从事接触职业病危害作业的劳动者未进行离岗前职业健康检查，或者疑似职业病病人在诊断或者医学观察期间的

B. 在本单位患职业病或者因工负伤并被确认丧失或者部分丧失劳动能力的

C. 患病或者非因工负伤，在规定的医疗期内的

D. 女职工在孕期、产期、哺乳期的

E. 在本单位连续工作满15年，且距法定退休年龄不足5年的

F. 法律、行政法规规定的其他情形

3. 用人单位违反本法规定解除或者终止劳动合同的责任有（　　）。

A. 劳动者要求继续履行劳动合同的，用人单位应当继续履行

B. 劳动者不要求继续履行劳动合同或者劳动合同已经不能继续履行的，用人单位应当依照本法第八十七条规定支付经济补偿标准2倍的赔偿金

C. 用人单位法人要承担刑事责任

D. 用人单位要承担治安处罚责任

4. 用人单位送达劳动合同终止证明必须做好的工作包括（　　）。

A. 直接交由本人，并要求签收

B. 本人不在的，交其同住成年亲属签收

C. 邮寄送达，以挂号查询回执上注明的收件日期为送达日期。最好选择标明文件名称的特快专递形式

D. 在送达职工下落不明，或者用上述送达方式无法送达的情况下，可以公告送达，即张贴公告或通过报刊等新闻媒介通知。自发出公告之日起，经过15日，即视为送达

E. 直接采用公告方式送达

二、判断题

1. 员工离职可以分为劳动合同解除和劳动合同终止。　　　　　　　　　（　　）

2. 劳动合同终止是指劳动合同期限届满或者法律规定的终止条件出现，一方或双方当事人消灭劳动关系的法律行为。　　　　　　　　　　　　　　　（　　）

3. 劳动者达到法定退休年龄，用人单位即可终止劳动合同。　　　　　　（　　）

4. 用人单位应当在解除或者终止劳动合同时出具解除或者终止劳动合同的证明。

（　　）

5. 用人单位应当在解除或者终止劳动合同时出具解除或者终止劳动合同的证明，并

在15日内为劳动者办理档案和社会保险关系转移手续。　　　　　　　　　　　　（　　　）

巩固与提高

一、选择题

1.下列情形中，用人单位不得终止劳动合同的是（　　　）。

A.在本单位连续工作满10年

B.在本单位连续工作满10年，且距法定退休年龄不足5年

C.在本单位连续工作满15年

D.在本单位连续工作满15年，且距法定退休年龄不足5年

2.职工患病，在规定的医疗期内劳动合同期满时，劳动合同（　　　）。

A.即行终止　　　　　　　　　　　　B.续延半年后终止

C.续延1年后终止　　　　　　　　　　D.续延到医疗期满时终止

3.非全日制用工终止时，用人单位（　　　）向劳动者支付经济补偿。

A.无义务

B.以与全日制用工相同的标准

C.以劳动者每工作满1年支付1个月工资的标准

D.以劳动者每工作满1年支付半个月工资的标准

4.劳动合同终止后，用人单位应当在（　　　）内为劳动者办理档案和社会保险关系转移手续。

A.7日　　　　　　B.15日　　　　　　C.1个月　　　　　　D.3个月

5.用人单位对已经解除或者终止的劳动合同的文本，至少保存（　　　）备查。

A.1年　　　　　　B.2年　　　　　　C.3年　　　　　　D.5年

二、判断题

1.劳动合同期满即行终止的，用人单位不应支付经济补偿金。　　　　　　　　（　　　）

2.劳动合同解除或者终止的，用人单位应当在30日内为劳动者办理档案和社会保险关系的转移手续。　　　　　　　　　　　　　　　　　　　　　　　　　　　　（　　　）

3.经济补偿按劳动者在本单位工作的年限，每满1年支付1个月工资的标准向劳动者支付。6个月以上不满1年的，按1年计算；不满6个月的，向劳动者支付半个月工资的经济补偿。　　　　　　　　　　　　　　　　　　　　　　　　　　　　　　　　（　　　）

4.终止劳动合同的证明能用直接送达或邮寄送达而未用，直接采用公告方式送达，视为无效。　　　　　　　　　　　　　　　　　　　　　　　　　　　　　　（　　　）

三、案例分析题

马某大学毕业进入某外贸公司工作，双方订立了为期1年的劳动合同。合同到期前1个月，因胃部不适，马某去医院检查发现患有一定程度的胃溃疡。医院让马某请病假进行阶段性治疗，开具了为期1个月的病假单。1个月后，马某到医院进行复查，根据病情，医生建议她继续休息1个月，待病愈后再上班，并又开具了1个月的病假单。病假期满，马某重新回到公司上班，但迎接她的却是一纸终止劳动合同的通知书。通知书内容使得马某目瞪口呆：公司决定不再与她续订合同，因此其与公司的劳动关系已于1

个月前终止。公司要求马某马上办理终止劳动合同的手续，公司会支付她到终止合同时的工资。马某认为不再续订劳动合同可以接受，但公司应当支付合同到期后1个月的病假工资。她提出：根据有关规定，自己可以享受一定的医疗期，在法定医疗期内，公司应当发放病假工资。公司则认为，公司不再与马某续订劳动合同，马某的劳动合同期限届满终止，合同终止后与公司已无劳动关系，马某在合同终止后要求公司支付病假工资缺乏理由。双方无法协商一致，马某向劳动争议仲裁委员会提起申诉。

　　请问：马某要求外贸公司支付合同到期后1个月的病假工资合法吗？为什么？

四、问答题

1. 劳动合同终止有哪些情形？
2. 劳动合同违法终止应承担哪些责任？

任务二　劳动合同的协商解除

学习目标

◆知识目标

熟练掌握劳动合同协商解除的优点；

熟练掌握劳动合同协商解除的程序。

◆能力目标

能够处理与劳动者协商解除劳动合同的有关事务。

重点难点

◆教学重点

劳动合同协商解除的程序。

◆教学难点

劳动合同协商解除的关键。

自学任务

◆自学内容

（1）线上或线下学习本部分的教学内容，重点关注以下问题：①劳动合同协商解除的含义是什么？②劳动合同协商解除的关键是什么？③劳动合同协商解除的程序有哪些？

（2）自学完后完成本任务的自学测试。

自学课件 6-2-1
劳动合同的协商解除

案例研讨

在线上或线下自学的基础上，以课程学习团队为单位，由团队负责人组织团队成员对案例进行讨论，达成一致意见，并制作 PPT，选派一名代表在课堂上展示案例研讨结果。

案例 1　何小姐大学毕业后进入某公司，不久又幸福地成立了家庭。后来，何小姐觉得工作压力大，便萌生了想换家单位的想法。但是，劳动合同期限还剩半年的时间，因此何小姐想：还是等合同到期吧。不久，公司找何小姐谈话，与其协商：因近来公司经营情况的变化，想与何小姐提前解除劳动关系，并按规定支付给何小姐经济补偿。何小姐觉得这正是个好机会，于是双方谈妥条件后签订了解除劳动关系协议书。在办理完相关的手续后，何小姐离开了公司。一周后，何小姐到医院检查发现自己怀孕了，她推算是在劳动合同解除之前的事。于是，何小姐向劳动争议仲裁委员会提出恢复劳动关系的请求。结果，仲裁庭没有支持何小姐的请求。

　　请问：仲裁庭为什么不支持何小姐的请求？

　　案例2　黄先生是某公司后勤部门的一名员工，与公司签订了无固定期限劳动合同。但公司因市场竞争激烈逐渐陷入了经营困难的状况。为摆脱困境，公司经董事会决定采取减人增效的办法。经与工会协商，公司职代会通过了人力资源部提出的协商解除劳动合同的方案。方案规定：员工在方案公布后1周内书面同意与公司协商解除劳动合同的，公司在法定经济补偿金之外再给予额外奖励金。方案公布后，黄先生对是否接受公司的方案犹豫不决，未能在规定的时间内作出决定。10天后，黄先生见公司很多人都选择"拿钱走人"的方案，便决定与公司协商解除劳动合同，于是向公司递交了协商解除劳动合同的意见书。公司表示黄先生提交协商解除劳动合同意见书时过了公司规定的期限，公司可以同意与黄先生协商解除劳动合同，但不同意支付经济补偿金和额外奖励金。于是双方发生了争议。黄先生认为：公司提出协商解除劳动合同，自己按公司规定提出了同意协商解除劳动合同的意见书，只是时间上晚了几天，公司可以不支付额外奖励金，但应支付法定经济补偿金。公司则认为：公司提出与员工协商解除劳动合同设定了期限和条件，黄先生未按公司的设定要求进行，说明黄先生未接受公司的协商解除要求；黄先生在公司设定的期限和条件之外提出与公司协商解除劳动合同，公司同意与黄先生协商解除劳动合同，但因为是黄先生提出的要求，所以公司不应支付额外奖励金和经济补偿金。

　　请问：黄先生与公司协商解除劳动合同，公司该不该支付额外奖励金和经济补偿金？

▬▬➡ 知识点学习 ▬▬

一、协商解除劳动合同的概念

《劳动合同法》第三十六条规定："用人单位与劳动者协商一致，可以解除劳动合同。"

协商解除劳动合同是用人单位与劳动者协商一致提前终止劳动关系的法律行为。

二、协商解除劳动合同的优点

（一）使用范围广

在劳动合同解除制度中，协商解除劳动合同相对用人单位利用《劳动合同法》第四十条规定的非过失性解除和第四十一条规定的经济性裁员而言，适用范围更广泛。因为用人单位利用《劳动合同法》第四十条和第四十一条解除劳动合同是受到限制的，如处于"三期"内的女职工、工伤职工等用人单位是不能解除劳动合同的。而协商解除劳动合同则没有适用范围的限制。

（二）法律风险小

协商解除劳动合同相对用人单位单方解除劳动合同而言，法律风险要小得多。因为用人单位单方解除劳动合同的，无论是利用《劳动合同法》第三十九条还是第四十条解除劳动合同，举证责任在用人单位，如劳动者严重违纪的事实、给单位造成重大损失的事实、不能胜任工作的事实等。如果用人单位举证不能，那么解除劳动合同就是违法解除，需要支付高昂的成本（双倍的经济补偿金）；相反，协商解除劳动合同，用人单位则不需要承担举证责任，只要双方达成一致意见即可。

（三）解除时间快、社会效果好

协商解除劳动合同相对用人单位利用《劳动合同法》第四十条、第四十一条解除劳动合同而言，解除时间比较快。因为用人单位利用《劳动合同法》第四十条解除劳动合同的，需要提前30日通知劳动者，利用第四十一条解除劳动合同的，需要走经济性裁员的复杂程序。而协商解除劳动合同则没有这些硬性的程序要求，只要双方协商一致即可立即解除劳动合同。

因为协商解除劳动合同是协商一致的产物，所以不容易产生纠纷，一般不会因此诉诸法律，这一点无论对劳动者，还是对用人单位来说都是比较好的。

综上所述，协商解除劳动合同有其他解除劳动合同方式不可比拟的优点，用人单位在解除劳动合同方面，除非有确凿的证据，最好优先考虑协商解除劳动合同。

三、协商解除劳动合同的关键

协商解除劳动合同的关键是要分清哪一方先提出解除的动议。因为在协商解除劳动合同时，如果是用人单位先提出协商解除劳动合同，需要向劳动者支付经济补偿金；如果是劳动者先提出协商解除劳动合同，用人单位不需要支付经济补偿金。

四、协商解除劳动合同的程序

（一）一方发出要约

协商解除劳动合同时，总有一方首先提出解除劳动合同的动议，无论是用人单位还是劳动者，都可以向对方提出解除劳动合同的请求。这是用人单位在操作时需要重点把握的问题，因为哪一方先提出解除劳动合同的要约直接影响到协商解除劳动合同的结果。

（二）另一方承诺

一方发出协商解除劳动合同的动议后，另一方愿意与之协商解除劳动合同的，需要向发出方表达同意协商解除劳动合同的意思表示。

（三）双方签署协议

双方愿意协商解除劳动合同的，需要就解除劳动合同的事项进行协商，协商一致后应签署解除协议。解除协议内容应包含哪一方先提出解除劳动合同的动议，劳动合同解除的时间、经济补偿金事项以及工作交接等内容。

（四）办理离职手续

协商解除劳动合同的最后一道程序就是办理离职手续，如工作交接、退工手续等。另外，协商解除劳动合同需要由用人单位支付经济补偿金的，用人单位需要向劳动者支付经济补偿金。

五、协商解除劳动合同的法律风险防范

1.签订书面解除协议

双方协商解除劳动合同的，不论是用人单位还是劳动者都可以提出。但如果是用人单位提出的，用人单位应向劳动者支付相应的经济补偿金；如果是劳动者提出的，用人单位则不需支付经济补偿金。

但无论是哪一方提出解除，用人单位都应签订劳动合同解除协议，用书面的形式将协商内容确定下来。一是规范用人单位人事管理程序，二是防止个别劳动者恶意仲裁（诉讼）。当然如果用人单位能够做到在与劳动者协商解除合同的过程中让劳动者主动申请辞职，确认解除劳动合同是由劳动者本人率先提出的，这样用人单位就会节省相应的经济补偿金。

2.解除协议内容不能违法

在劳动合同解除协议中，其内容条款不得违反法律强制性规定。比如，约定"劳动者在用人单位不支付相关费用的情况下的竞业禁止"，这样的规定由于违反了法律强制性规定而无效，如果给劳动者造成了损失，用人单位还要赔偿劳动者的全部损失。

互动课堂6-2

互动课堂6-2
分析提示

胡女士在一家上市的广告公司从事创意总监的工作，由于她经验丰富，思维活跃，为该广告公司创造了很大的业绩，其优秀的业绩得到了业界人士的认可。2016年，公司与其签订了无固定期限劳动合同，并且为其加薪5%。谁知2018年年初，胡女士家庭突遭变故，胡女士精神受到很大打击，工作积极性逐渐下降，在工作中常常不能集中精神。家人和朋友劝她辞去在广告公司的工作，去国外散心。胡女士也觉得这样下去不是办法，于是决定辞去工作。她找到人力资源部，要求与公司解除劳动合同。公司考虑到胡女士在这种状态下很难有好的工作状态，因此就同意解除与胡女士的劳动合同。双方在协商一致的基础上办理了合同解除手续。

请问：广告公司要支付给胡女士经济补偿金吗？为什么？

➤➤➤ 自学测试 ▰▰▰

自学测试6-2

一、多项选择题

1.劳动合同协商解除的程序包括（　　）。

A.一方发出要约　　　　　　　B.另一方承诺

C.双方签署协议　　　　　　　D.办理离职手续

2.劳动合同协商解除的优点包括（　　）。

A.使用范围广　　　　　　　　B.法律风险小

C.解除时间快、社会效果好   D.时间长

二、判断题

1.劳动合同协商解除是用人单位与劳动者协商一致提前终结劳动关系的法律行为。

    （   ）

2.协商解除劳动合同的关键是要分清哪一方先提出解除的动议。   （   ）

3.协商解除劳动合同不需要给予劳动者经济补偿金。   （   ）

4.用人单位提出协商解除劳动合同的，用人单位应根据劳动者在本单位工作年限标准发放经济补偿金。   （   ）

巩固与提高

一、选择题

1.劳动合同解除可以分为（   ）。

A.协商解除   B.法定解除

C.用人单位单方解除劳动合同   D.劳动者单方解除劳动合同

2.协商解除劳动合同的法律风险防范措施有（   ）。

A.签订书面解除协议

B.口头协议更快捷

C.解除协议内容不能违法

D.协商解除劳动合同，用人单位必须给予劳动者经济补偿金

二、判断题

1.用人单位与劳动者协商一致，可以解除劳动合同。   （   ）

2.协商解除劳动合同的最后一道程序就是办理离职手续。   （   ）

三、案例分析题

2017年12月10日，张某被某医药公司录用。双方签订了为期3年的劳动合同，月工资3 000元，每月10日发放上月工资。张某于2018年8月16日经医院诊断，确诊为怀孕，考虑到自己和男友才认识半年，张某不打算生下这个孩子，为了自己的声誉，于是决定与公司协商解除劳动合同。2018年8月27日，张某填写了工作移交单，移交单上注明离职原因为个人原因，入职日期为2017年12月10日，离职日期为2018年8月27日。当日，医药公司发放了张某当月工资及补偿金5 000元。8月28日，公司又开具了协商解除劳动合同通知书。张某离职后，迫于双方家长的压力，决定和男友结婚并生下孩子，2018年10月18日张某登记结婚。结婚后，张某觉得非常后悔，现因离职丧失了经济来源，于是同年11月上旬，张某以其已经怀孕为由向当地劳动仲裁委员会申请劳动仲裁，要求恢复与医药公司的劳动关系，劳动仲裁委员会经审理后裁决恢复劳动关系。

医药公司因不服该裁决向法院起诉。法院经审理查明，张某是在离职前的2018年8月16日经诊断确诊为怀孕，又在同年10月18日登记结婚。但在2018年8月27日，医药公司与张某办理了工作移交，工作移交单表明工作已经移交。公司还在非发薪日支付张某当月工资，张某也领取了补偿金并工作至该日，次日公司又开具了解除劳动关系的证

明，上述事实证明双方劳动关系属协商解除。法院判决对张某要求与医药公司恢复劳动关系、支付拖欠工资及同期社会保险带的请求均不予支持。

　　请问：法院为什么不支持张某的请求？

四、问答题

1.劳动合同协商解除的含义、优点是什么？

2.劳动合同协商解除有哪些程序？

任务三　劳动者单方解除劳动合同的风险防范

▶ 学习目标

◆知识目标

掌握劳动者单方解除劳动合同的情形；

掌握劳动者不依法解除劳动合同的法律责任。

◆能力目标

能够正确处理劳动者单方提出解除劳动合同的有关事务。

▶ 重点难点

◆教学重点

劳动者解除劳动合同的条件和程序。

◆教学难点

劳动者违法解除劳动合同的法律责任。

▶ 自学任务

◆自学内容

（1）线上或线下学习本部分的教学内容，重点关注以下问题：①劳动者单方主动解除劳动合同的条件和程序有哪些？②劳动者被动辞职的条件和程序有哪些？③劳动者违法解除劳动合同应承担哪些法律责任？

（2）自学完后完成本任务的自学测试。

| 自学课件6-3-1：
劳动者主动辞职的条件 | 自学课件6-3-2：
员工被动辞职的条件 | 自学课件6-3-3：
劳动者违法解除劳动合同的法律责任 |

▶ 案例研讨

在线上或线下自学的基础上，以课程学习团队为单位，由团队负责人组织团队成员对案例进行讨论，达成一致意见，并制作PPT，选派一名代表在课堂上展示案例研讨结果。

案例1　王某是北京某著名的IT公司的技术人员，与公司签订了无固定期限的劳动合同。在工作期间，他认真负责，对技术开发工作尽心尽力。由于工作环境和条件都不错，王某对工作也还满意，唯一美中不足的地方是：由于对研发部门主管的管理方式不满，王某长期与部门主管不合。因为这个原因，他已经多次找公司领导反映，要求调换部门。一次，王某和部门主管在某一技术问题上出现分歧，两个人情绪都非常激动，言辞激烈，甚至破口大骂。第二天，王某带着解除合同通知书来到人事部，通知公司30

日后解除合同。

请问：王某解除劳动合同合法吗？为什么？

案例2　刘某是某大学新闻传媒专业的毕业生，毕业后经过努力，在一家报社找到了工作，由于报社缺乏刘某这样的人才，便与其签订了无固定期限劳动合同，并且约定了1年的试用期，工作了3个月后，刘某感觉报社的工作环境略显沉闷，自己不适应这里的工作环境。她希望能够转换环境。一天刘某的同学告诉她，自己工作的一家广告公司正在招聘新人。刘某觉得这家公司很符合自己的要求，因此想去试试，于是用手机短信给人力资源部领导发了一条信息："我要辞职，从今以后不来上班了。"

请问：刘某的做法合法吗？为什么？

案例3　刘某从某矿业学校毕业，被某有色金属矿山企业录用，并签订了为期5年的劳动合同。劳动合同约定，刘某负责指导一线采矿工作，企业提供必要的劳动保护条件，工资待遇与企业管理人员相同。刘某工作后，企业为刘某提供了半年的培训，然后，按劳动合同约定安排其到一线工作，但一直没有提供相应的劳动保护设备。刘某找到企业负责人，其却答复说：刘某是按管理人员对待的，不是真正的一线工人，不能像一线工人那样领取劳动保护设备。由于工作需要，刘某也无法享受企业机关科室人员的工作环境。刘某认为，企业的这种做法违反了劳动合同中关于劳动条件的约定，所以提出解除劳动合同；而企业则提出，如果刘某擅自解除劳动合同，应赔偿企业的录用和培训费用。刘某不服，到当地劳动争议仲裁委员会提出申诉。

请问：刘某要求解除劳动合同合法吗？为什么？

案例4　曾先生供职于一家网络公司，月薪8 000元，在工作期间，他谦虚勤奋，办事周到，赢得了同事们的好评，但是让曾先生感到不安的是，公司至今未给其缴纳养老保险。曾先生认为养老保险关系到自己年老之后的生活水平，因此一定要缴纳，可是公司总是以种种理由拖延，曾先生愤怒之余又无能为力，行使了单方解除劳动合同的权利，并要求公司为其补上该交的养老保险。

请问：曾先生的要求合法吗？为什么？

▶▶▶ 知识点学习 ◀◀◀

劳动者单方面解除合同，即我们通常所说的"炒老板的鱿鱼"，从法律上来说，是劳动者辞职权的行使。我国劳动立法为了改变劳动者在劳动关系中的弱势地位，在对用人单位的权利作出一定限制的同时赋予了劳动者较多的特权，劳动者辞职权的行使就是一个典型的例证。按劳动法的规定，只要劳动者想辞职并依法提出，是不需要征得用人单位的同意的。

劳动者解除劳动合同无须征得用人单位的同意，是否会损害用人单位的利益？劳动者是否会随意提出解除劳动合同？为了防止劳动者随意提出解除劳动合同而可能损害用人单位的利益，《劳动合同法》及相关法规对劳动者单方解除合同作出了规定。

一、员工主动辞职

（一）员工主动辞职的条件和程序

1.劳动者试用期内的辞职

劳动者可以不需要理由直接提前3日通知用人单位解除劳动合同。

《劳动合同法》第三十七条规定："劳动者在试用期内提前3日通知用人单位，可以解除劳动合同。"

虽然劳动者可以任意解除劳动合同，但是也应该配合用人单位完成相关手续和工作交接。

《劳动合同法》第五十条第二款规定："劳动者应当按照双方约定，办理工作交接。"

2.劳动者试用期满后的辞职

《劳动合同法》第三十七条规定："劳动者提前30日以书面形式通知用人单位，可以解除劳动合同。"

劳动者行使本条规定的权利，必须满足以下几个条件：

（1）提前30日通知用人单位。也就是说，从劳动者的解除通知到达用人单位之日起30日后，劳动合同才能正式解除，劳动者才能离职。

劳动者以辞职的形式解除劳动合同必须提前30日通知。劳动者如果违反劳动合同的约定解除劳动合同，对用人单位造成损失的，应承担赔偿责任。

30日通知期的设立目的在于，使用人单位有较为足够的时间对劳动者的离去采取补救措施，确保用人单位生产经营的连续性和稳定性。

（2）应当以书面形式通知用人单位。根据该规定，书面形式是强制性的形式要求，劳动者不得采取其他形式的通知方式，否则会导致辞职的效力瑕疵而承担相应的法律责任。

（3）办理工作交接。

（二）员工主动辞职的后果

由员工主动提出辞职的，超过了法定的提前通知期，双方的劳动关系即可终止。对于员工主动辞职的，用人单位也无须支付经济补偿金。

（三）员工主动辞职的限制

对于负有履行服务期和竞业限制义务的特殊员工，在行使辞职权时需要承担相应的法律责任。

二、员工被动辞职

（一）员工被动辞职的含义

员工被动辞职，是指由于用人单位在履行劳动合同过程中存在过错导致劳动者提出辞职。

（二）员工被动辞职的类型

《劳动合同法》关于员工被动辞职的规定有两类：一类是劳动者可以随时通知用人单位解除劳动合同；另一类是劳动者无须通知用人单位立即解除劳动合同。

（三）员工被动辞职的条件

1.员工随时通知解除劳动合同

根据《劳动合同法》第三十八条第一款的规定，用人单位有下列情形之一的，劳动者可以解除劳动合同：

（1）未按照劳动合同约定提供劳动保护或者劳动条件的；

（2）未及时足额支付劳动报酬的；

（3）未依法为劳动者缴纳社会保险费的；

（4）用人单位的规章制度违反法律、法规的规定，损害劳动者权益的；

（5）因本法第二十六条第一款规定的情形致使劳动合同无效的；

（6）法律、行政法规规定劳动者可以解除劳动合同的其他情形。

2.员工立即解除劳动合同

《劳动合同法》第三十八条第二款规定："用人单位以暴力、威胁或者非法限制人身自由的手段强迫劳动者劳动的，或者用人单位违章指挥、强令冒险作业危及劳动者人身安全的，劳动者可以立即解除劳动合同，不需事先告知用人单位。"

上述两种情况都直接涉及限制劳动者人身自由、危及劳动者人身生命健康安全，对劳动者的危害极大，所以《劳动合同法》规定在上述两种情况下劳动者可以随时解除劳动合同，不需事先告知用人单位。

（四）员工被动辞职的后果

员工被动辞职同样也导致双方劳动关系终止。但与主动辞职不同的是，对于员工被动辞职的，用人单位还需要根据法律的规定向劳动者支付经济补偿金。

三、劳动者违法解除劳动合同的法律责任

（一）劳动者违法解除劳动合同的认定

由于法律对劳动者解除劳动合同没有条件限制，只有提前通知用人单位的程序规定，因此劳动者违法解除劳动合同的情形比较简单和一目了然，劳动者违法解除劳动合同仅限于没有履行提前通知的程序规定，即试用期内辞职没有提前3日通知用人单位，试用期满后辞职没有提前30日书面通知用人单位。在实践中，常见的劳动者违法解除劳动合同，是指劳动者辞职未提前30日书面通知用人单位。

（二）劳动者违法解除劳动合同的法律责任

对于劳动者违法解除劳动合同的法律责任，《劳动合同法》第九十条规定："劳动者违反本法规定解除劳动合同，或者违反劳动合同中约定的保密义务或者竞业限制，给用人单位造成损失的，应当承担赔偿责任。"至于赔偿的范围，原劳动部发布的《违反劳动法有关劳动合同规定的赔偿办法》中规定，劳动者违法解除劳动合同，应赔偿用人单位的经济损失有四项：

（1）用人单位招收录用其所支付的费用。这里所说的招收录用其所支付的费用，主要是指用人单位招收录用该员工所支出的超过录用一般员工所支出的常规费用。

（2）用人单位为其支付的培训费用，双方另有约定的按约定办理。这里的培训费用，可以是专业技术培训所支出的专项培训费用和能够确切地计算并分摊到离职员工头上的费用。

（3）对生产、经营工作造成的直接经济损失。

（4）劳动合同约定的其他赔偿费用。

需要指出的是，无论用人单位主张哪些赔偿费用，都需要用人单位承担举证责任，

即证明损失与劳动者违法解除劳动合同有因果关系。劳动者支付赔偿金仅具有补偿性，以用人单位的损失为限。

四、劳动者单方提出解除劳动合同的法律风险防范

用人单位要注意按照法律规定和合同约定，履行应承担的法律和合同义务：按照劳动合同约定提供劳动保护或者劳动条件；及时足额支付劳动报酬；依法为劳动者缴纳社会保险费；用人单位的规章制度应符合法律、法规的规定，不得损害劳动者权益；不得以欺诈、胁迫的手段或者乘人之危，使劳动者在违背真实意思的情况下订立或者变更劳动合同，造成劳动合同无效的法律后果；更要避免出现用人单位以暴力、威胁或者非法限制人身自由的手段强迫劳动者劳动以及违章指挥、强令冒险作业危及劳动者人身安全的行为，以避免因用工不当而承担经济补偿或赔偿的相应法律责任。

互动课堂6-3

互动课堂6-3

分析提示

　　王某是酒店的厨师，2016年12月王某与酒店签订了3年的劳动合同。2017年酒店派遣王某到香港一家厨艺学校进行3个月的培训。在这3个月里，酒店照常发放给王某基本工资，同时为王某在香港的培训支付了培训费6 000元。2018年1月，王某向酒店提出提前解除劳动合同。酒店与王某多次协商后，王某仍然坚持离开。在王某与酒店签订的劳动合同中约定：提前解除合同的一方须承担违约金4 000元。王某愿意交纳4 000元的违约金，但对酒店提出的支付培训费6 000元的要求，却不同意。

　　请问：酒店向王某追索6 000元培训费的做法合法吗？为什么？

自学测试

一、选择题

自学测试6-3

1.劳动者辞职可以分为（　　　）。

A.主动辞职　　　　　　　　　　B.被动辞职

C.经济性裁员　　　　　　　　　D.劳动合同消灭

2.劳动者试用期满后的辞职，必须满足的条件有（　　　）。

A.提前30日通知用人单位

B.应当以书面形式通知用人单位

C.可以以口头形式通知用人单位

D.不需要任何手续

3.《劳动合同法》第三十八条第一款规定：用人单位有下列情形（　　　）之一的，劳动者可以解除劳动合同。

A.未按照劳动合同约定提供劳动保护或者劳动条件的

B.未及时足额支付劳动报酬的

C.未依法为劳动者缴纳社会保险费的

D.用人单位的规章制度违反法律、法规的规定，损害劳动者权益的

E.因本法第二十六条第一款规定的情形致使劳动合同无效的

F.法律、行政法规规定劳动者可以解除劳动合同的其他情形

4.劳动者可以随时解除劳动合同，不需事先告知用人单位的情形包括（　　　）。

A.用人单位以暴力、威胁或者非法限制人身自由的手段强迫劳动者劳动的

B.用人单位违章指挥、强令冒险作业危及劳动者人身安全的

C.未依法为劳动者缴纳社会保险费的

D.用人单位的规章制度违反法律、法规的规定，损害劳动者权益的

5.劳动者违法解除劳动合同，应赔偿用人单位的经济损失有（　　　）。

A.用人单位招收录用其所支付的费用

B.用人单位为其支付的培训费用，双方另有约定的按约定办理

C.对生产、经营工作造成的直接经济损失

D.劳动合同约定的其他赔偿费用

二、判断题

1.劳动者在试用期内提前3日通知用人单位，可以解除劳动合同。　　　　　　（　　　）

2.劳动者主动辞职，用人单位必须支付经济补偿金。　　　　　　　　　　　（　　　）

3.对于负有履行服务期和竞业限制义务的特殊员工，在行使辞职权时需要承担相应的法律责任。　　　　　　　　　　　　　　　　　　　　　　　　　　　　（　　　）

4.员工被动辞职，是指由于用人单位在履行劳动合同过程中存在过错导致劳动者提出辞职。　　　　　　　　　　　　　　　　　　　　　　　　　　　　　　（　　　）

5.用人单位以暴力、威胁或者非法限制人身自由的手段强迫劳动者劳动的，或者用人单位违章指挥、强令冒险作业危及劳动者人身安全的，劳动者可以随时解除劳动合同，不需事先告知用人单位。　　　　　　　　　　　　　　　　　　　　（　　　）

6.常见的劳动者违法解除劳动合同，是指劳动者辞职未提前30日书面通知用人单位。　　　　　　　　　　　　　　　　　　　　　　　　　　　　　　　（　　　）

7.劳动者支付赔偿金仅具有补偿性，以用人单位的损失为限。　　　　　　　（　　　）

8.劳动者主动辞职，用人单位必须支付经济补偿金。　　　　　　　　　　　（　　　）

巩固与提高

一、选择题

1.劳动者在试用期内辞职，（　　　）可以解除劳动合同。

A.提前3日通知用人单位　　　　　　　　B.提前15日通知用人单位

C.提前30日通知用人单位　　　　　　　　D.提前3个月通知用人单位

2.根据《劳动合同法》的规定，下列情形中，劳动者可以不需事先告知即解除劳动合同的是（　　　）。

A.用人单位未按照劳动合同约定提供劳动保护或劳动条件的

B.用人单位未及时足额支付劳动报酬的

C.用人单位以暴力、威胁或者非法限制人身自由的手段强迫劳动者劳动的

D.用人单位未依法为劳动者缴纳社会保险费的

3.《劳动合同法》第九十条规定：劳动者违反本法规定解除劳动合同，或者违反劳动合同中约定的保密义务或者竞业限制，给用人单位造成损失的，应当（　　　）。

A.承担行政责任   B.承担治安处罚责任

C.承担刑事责任   D.承担赔偿责任

二、判断题

1.劳动者单方面解除合同，从法律上来说是劳动者辞职权的行使。　　　　（　　　）

2.劳动者被动辞职，用人单位必须支付经济补偿金。　　　　　　　　　　（　　　）

3.员工被动辞职的规定有两类：劳动者可以随时通知用人单位解除劳动合同和劳动者无须通知立即解除劳动合同。　　　　　　　　　　　　　　　　　　　（　　　）

4.劳动者违法解除劳动合同仅限于没有履行提前通知的程序规定。　　　　（　　　）

5.劳动者支付赔偿金以用人单位的预期损失为限。　　　　　　　　　　　（　　　）

三、案例分析题

A印染厂的技师孙某是企业多次培训的技术尖子，担负着印染厂一批出口产品的技术攻关任务。外地一家B印染厂因急需印染技术人员，要出高薪聘请孙某。于是孙某向A印染厂提出辞职，该厂不同意，但孙某不辞而别，去了B印染厂。A印染厂因孙某的离职，产品出口指标未能完成，造成了14万元的经济损失。

请问：孙某的行为是否构成违约？该如何处理？

四、问答题

1.劳动者单方解除劳动合同的情形有哪些？

2.劳动者违法解除劳动合同应当承担哪些赔偿责任？

任务四　用人单位辞退员工的风险防范

学习目标

◆知识目标

正确理解劳动合同解除的含义；

掌握用人单位单方解除劳动合同的情形；

掌握用人单位单方解除劳动合同经济补偿的计算。

◆能力目标

能够正确处理用人单位单方解除劳动合同的有关事务，防范辞退员工不当给企业带来的风险。

重点难点

◆教学重点

用人单位单方解除劳动合同的情形。

◆教学难点

用人单位单方解除劳动合同经济补偿的计算。

自学任务

◆自学内容

（1）线上或线下学习本部分的教学内容，重点关注以下问题：①过失性解除劳动合同有哪些条件？②非过失性解除劳动合同的条件和程序有哪些？③经济性裁员的条件和程序有哪些？④用人单位单方解除劳动合同有哪些限制？⑤用人单位违法解除劳动合同需要承担哪些责任？

（2）自学完后完成本任务的自学测试。

自学课件 6-4-1：过失性解除劳动合同的条件	自学课件 6-4-2：非过失性解除劳动合同的条件	自学课件 6-4-3：经济性裁员的条件和程序	自学课件 6-4-4：用人单位解除劳动合同的限制

案例研讨

在线上或线下自学的基础上，以课程学习团队为单位，由团队负责人组织团队成员对案例进行讨论，达成一致意见，并制作PPT，选派一名代表在课堂上展示案例研讨结果。

案例 1　小陈与某公司签订劳动合同，试用期 3 个月。半年后，公司认为：小陈在试用期内的表现不符合录用条件，决定与其解除合同。而小陈认为：此时试用期已过，公司不能以此为由与自己解除劳动合同，遂向劳动争议仲裁委员会申请仲裁。

请问：该公司与小陈解除劳动合同合法吗？为什么？

案例 2　小贾一直为自己学历低找不到好工作而苦恼。一日，见到街头有办理假证者，便产生了办假证的念头。2018 年 2 月，小贾凭着伪造的某名牌大学的本科文凭应聘到某百货集团公司，后被调入该公司下属子公司某服装公司做销售主管，双方订立了为期 1 年的劳动合同，入职登记表中明确销售主管的学历要求为大学本科文凭。同时约定小贾的工资为 4 000 元，公司还支付了 8 000 多元送他去参加市场营销的培训。

经过一段时间之后，公司发现小贾的工作能力欠缺，遂对他的大学本科学历产生了疑问，经与该大学核实后得知其本科文凭是伪造的。小贾也向公司做出了书面检查，承认他在公司应聘时使用了虚假的毕业证书。公司遂与小贾解除了劳动合同。

1 个月后，小贾向劳动争议仲裁委员会申请仲裁，提出自己是在患病住院期间用人单位单方解除劳动合同的，因此请求公司支付停工医疗期的工资、经济补偿金及 50% 的额外赔偿金等合计约 2 万元。

请问：该公司解除与小贾的劳动合同合法吗？为什么？

案例 3　粟某高考落榜后，被某工贸公司录用，签订了为期 5 年的劳动合同，分配在销售部做业务员。粟某参加工作后，上班时经常把销售部的电脑打开玩游戏。销售部经理批评了几次，粟某没当回事，抽空照样玩。2 年后，销售部实行内部承包，销售业绩与工资奖金挂钩。粟某的业绩不好，销售部经理无奈找到公司经理要求把粟某调走，公司经理没有同意。销售部经理只得将粟某的任务减少 20%，并指定一名老业务员负责培训他，带他一起跑销售。半年下来，粟某的销售业绩比一般业务员还是差得很多。经销售部经理多次反映，公司征得粟某本人的同意，让他到供应部做发货员。粟某仍然不能胜任工作。公司领导经慎重研究，决定依照法律规定解除粟某的劳动合同，并给粟某发出书面通知，让他 1 个月后来公司办理手续。1 个月后，粟某到公司办理解除劳动合同手续时，向公司索要经济补偿金。公司不同意支付，粟某向劳动争议仲裁委员会提出申诉，要求工贸公司发给其经济补偿金和赔偿金。

请问：工贸公司解除与粟某的劳动合同合法吗？工贸公司该不该给粟某经济补偿金和赔偿金？

案例 4　小刘是某房地产公司的业务代表，他的业绩非常突出，公司非常器重他，与他签订了无固定期限的劳动合同。起初小刘兢兢业业工作，后来随着业务越做越好，人就逐渐骄傲起来，常常在办公室影响其他同事做事。为此，公司领导曾经委婉建议他稍加收敛，培养团队精神。但小刘是"虚心接受，坚决不改"，仍然我行我素，随着其他员工越来越多的投诉，公司领导也越来越不满他的表现。一天上午，小刘竟然当着其他同事的面对一位年轻的女同事出言不敬，女同事不堪羞辱，伏在办公桌上哭了起来。小刘不顾周围几位男同事的怒目，言语更加放肆。

一位男同事实在看不过去，出口指责小刘。小刘听了勃然大怒，冲过去一只手一把扯住那位男同事的头发，另一只手握紧了拳头，打向那位男同事的肚子。幸亏其他同事及时将小刘用力拉开，那位男同事才没有受伤。小刘被拉开后，仍觉得不解气，突然转身抓起那位男同事放在办公桌上的业务合同一把撕烂。尽管由于公司补救及时，没有因合同撕烂而造成太大损失，但是此事在员工中间已产生了恶劣影响。公司的规章制度中明确规定，员工在上班时间与他人打架斗殴并作出过激行为的，属于严重违纪。鉴于小刘的行为严重违反公司的劳动纪律及规章制度，公司作出了解除与小刘的无固定期限劳动合同的决定。

请问：公司解除与小刘的无固定期限劳动合同合法吗？为什么？

知识点学习

用人单位单方解除劳动合同又可分为过失性解除劳动合同、非过失性解除劳动合同、经济性裁员三类。

一、过失性解除劳动合同

（一）过失性解除劳动合同的含义

过失性解除劳动合同，是指在劳动者严重违反用人单位规章制度等情况下，为了维护企业的生产经营秩序，以对劳动者进行惩罚、恢复企业秩序为目的而进行的解雇。

（二）过失性解除劳动合同的条件

惩罚解雇对企业来讲解雇成本最低，不存在经济补偿问题，因而其合法性审查也最为严格。

根据《劳动合同法》第三十九条的规定，劳动者有下列情形之一的，用人单位可以解除劳动合同：

（1）在试用期间被证明不符合录用条件的；

（2）严重违反用人单位的规章制度的；

（3）严重失职，营私舞弊，给用人单位造成重大损害的；

（4）劳动者同时与其他用人单位建立劳动关系，对完成本单位的工作任务造成严重影响，或者经用人单位提出，拒不改正的；

（5）因本法第二十六条第一款第一项规定的情形（以欺诈、胁迫的手段或者乘人之危，使对方在违背真实意思的情况下订立或者变更劳动合同）致使劳动合同无效的；

（6）被依法追究刑事责任的。

过失性解除劳动合同，在实践中是用人单位常用的，败诉也比较多的。因此，用人单位在利用这一条解除劳动合同时需要深入把握解除的条件、程序等规定。

（三）过失性解除劳动合同应注意的事项

1.依据"劳动者在试用期间被证明不符合录用条件"解除劳动合同的注意事项

劳动者在试用期间被证明不符合录用条件的，用人单位可以随时解除劳动合同。用人单位在以不符合录用条件解除劳动合同时，仍需要注意以下几点事项：

（1）试用期的约定必须合法。《劳动合同法》第十九条规定："劳动合同期限3个月以上不满1年的，试用期不得超过1个月；劳动合同期限1年以上不满3年的，试用期不得超过2个月；3年以上固定期限和无固定期限的劳动合同，试用期不得超过6个月。"用人单位在与劳动者约定试用期时，必须在法律规定的范围内进行约定，否则，超过法定范围的试用期，属于无效约定，不属于试用范围，无法以不符合录用条件为由解除劳动合同。

（2）必须在试用期内。用人单位利用不符合录用条件解除劳动合同的，必须在试用期内进行。若试用期满后仍未办理劳动者转正手续，则不能认为还处在试用期间，即便此时用人单位能证明劳动者不符合录用条件，也不能以不符合录用条件为由解除劳动合同。

（3）必须是不符合录用条件。不符合录用条件，是用人单位在试用期间解除劳动合同的前提条件。如果用人单位没有事先设计录用条件，那么就无权以此为由解除劳动合同。此外，"不符合录用要求""考核不合格"等理由也不能完全等同于不符合录用条件。如果这里的"要求""合格"不属于录用条件的范畴，显然不能以不符合录用条件为由解除劳动合同。

（4）必须提供有效的证据。对于劳动者在试用期间不符合录用条件的，用人单位必须提供有效的证明。如果用人单位没有证据证明劳动者在试用期间不符合录用条件，用人单位就不能解除劳动合同。

用人单位以劳动者在试用期间不符合录用条件为由解除试用期员工劳动合同，如果不符合上述几点要求，就属于违法解除劳动合同，需要承担因违法解除劳动合同所带来的一切法律后果。

2.依据"严重违反用人单位的规章制度"解除劳动合同的注意事项

劳动者严重违反用人单位的规章制度的，用人单位可以解除劳动合同。这一条规定看似比较简单，其实这一条规定赋予了用人单位很多的权利。在实践中，用人单位喜欢运用这一条规定解除劳动合同，但用人单位在这一条规定上败诉的也很多，其主要原因就是用人单位的规章制度存在问题。具体而言，用人单位要利用这一条规定解除劳动合同，必须事先做好以下几项工作：

（1）必须有合法有效的规章制度。规章制度对用人单位的重要性，将随着国家法制的不断完善而日渐凸显，尤其是在中长期劳动合同背景下，规章制度将是用人单位解除劳动合同的主要依据。就本条规定而言，用人单位要运用严重违纪解除劳动合同，必须首先确保单位的制度合法有效。如何制定合法有效的规章制度，是至关重要的问题。

①实体内容要合法。《劳动合同法》第四条第一款规定："用人单位应当依法建立和完善劳动规章制度，保障劳动者享有劳动权利、履行劳动义务。"虽然用人单位有权根据自身实际情况制定规章制度，但是用人单位制定出来的规章制度必须符合法律的规定。如果用人单位制定的规章制度的内容违法，当然不能依据违法的规章制度处理员工。

②制定程序要合法。《劳动合同法》第四条第二款规定："用人单位在制定、修改

或者决定有关劳动报酬、工作时间、休息休假、劳动安全卫生、保险福利、职工培训、劳动纪律以及劳动定额管理等直接涉及劳动者切身利益的规章制度或者重大事项时，应当经职工代表大会或者全体职工讨论，提出方案和意见，与工会或者职工代表平等协商确定。"

具体而言，企业制定规章制度的平等协商程序包括以下两个程序：

首先是民主程序。企业起草的规章制度草案应当首先提交职工代表大会或者全体职工讨论，由职工代表大会或者全体职工提出方案和意见。这意味着只有两种选择：企业有职工代表大会制度的，应当将规章制度的草案交由职工代表大会讨论；没有职工代表大会制度的，应当交由全体职工讨论。这个交由职工代表大会或者全体职工讨论，提出草案和意见，发扬民主的过程，可称为"民主程序"。

其次是集中程序。规章制度草案交由职工代表大会或者全体职工讨论后，职工代表大会或者全体职工肯定会提出很多方案和意见，而且这些方案和意见很可能与企业的意见差别很大。企业的规章制度最后是如何确定的呢？《劳动合同法》第四条第二款规定："企业要与工会或者职工代表平等协商确定。"也就是说，发扬民主后，规章制度最后的决定权不在企业，而是由企业与工会或者职工代表通过平等的协商程序予以决定。这个集中的过程可称为"集中程序"。

③事先要向劳动者公示。公示原则是现代法律、法规生效的一个要件，作为企业内部的规章制度更应该对其适用的员工公示，未经公示的企业内部规章制度，对员工不具有约束力。《劳动合同法》第四条第四款规定："用人单位应当将直接涉及劳动者切身利益的规章制度和重大事项决定公示，或者告知劳动者。"

（2）必须对严重违纪作出界定。《劳动合同法》明确规定，劳动者严重违反用人单位的规章制度的，用人单位可以解除劳动合同。这就意味着用人单位不仅要有规章制度，还必须在规章制度中对严重违纪作出明确的界定，否则，用人单位也无法依据这一条规定解除劳动合同。法律将"严重违纪"的界定权交给了用人单位，但并不意味着用人单位可以随便界定"严重违纪"。将小小的过错（如迟到、早退、旷工1天等）界定为"严重违纪"，职工可以随时被辞退，这样做是欠妥的。一般来说，对偶而迟到或擅自离岗不应视为严重违纪，但是长期消极怠工，或者屡教不改，如三次轻微违纪为一次中度违纪，三次中度违纪为一次严重违纪等，则属于严重违纪。

（3）必须重视日常管理取证工作。用人单位必须增强证据意识，在平时做好管理工作，对员工的违规行为及时指出并作出相应的处理，更为重要的是，要保留好证据。

3.依据"严重失职，营私舞弊，给用人单位造成重大损害"解除劳动合同的注意事项

用人单位利用这一条规定与劳动者解除劳动合同的，需要事先做好以下方面的工作：

（1）事先界定"重大损害"。例如，达到多少万元的经济损失为严重失职。

（2）做好管理取证工作。

4.依据"劳动者同时与其他用人单位建立劳动关系，对完成本单位的工作任务造成严重影响，或者经用人单位提出，拒不改正"解除劳动合同的注意事项

用人单位运用兼职事由解除劳动合同，要么证明员工的兼职对完成本单位工作造成了严重影响，要么发现后及时表达不同意员工兼职意见后员工仍兼职的，才可以解除劳动合同。如果不能举证证明这些事项，用人单位发现员工兼职后，并不能直接解除劳动合同。

（四）过失性解除劳动合同的程序

1.通知工会。《劳动合同法》第四十三条规定："用人单位单方解除劳动合同，应当事先将理由通知工会。用人单位违反法律、行政法规规定或者劳动合同约定的，工会有权要求用人单位纠正。用人单位应当研究工会的意见，并将处理结果书面通知工会。"

2.通知劳动者本人。解除劳动合同的通知必须通知本人。

3.单位内部的程序。若用人单位对解除劳动合同有相关的程序，用人单位则必须按照内部的规定执行，否则会因程序问题而带来风险。

二、非过失性解除劳动合同

（一）非过失性解除劳动合同的含义

非过失性解除劳动合同，即劳动者本身没有主观过失，但是由于劳动者自身的客观原因或外部环境的变化，用人单位在履行法定程序、付出相应的成本后，可以单方解除劳动合同。

（二）非过失性解除劳动合同的条件

为防止用人单位滥用解雇权，往往进行程序控制，如转岗或培训、提前预告或支付代通知金、进行一定的经济补偿等，而且解雇事由的举证责任，往往也由用人单位承担。

根据《劳动合同法》第四十条的规定，有下列情形之一的，用人单位提前30日以书面形式通知劳动者本人或者额外支付劳动者1个月工资后，可以解除劳动合同：

（1）劳动者患病或者非因工负伤，在规定的医疗期满后不能从事原工作，也不能从事由用人单位另行安排的工作的；

（2）劳动者不能胜任工作，经过培训或者调整工作岗位，仍不能胜任工作的；

（3）劳动合同订立时所依据的客观情况发生重大变化，致使劳动合同无法履行，经用人单位与劳动者协商，未能就变更劳动合同内容达成协议的。

（三）非过失性解除劳动合同的程序

1.通知工会

《劳动合同法》第四十三条规定："用人单位单方解除劳动合同，应当事先将理由通知工会。用人单位违反法律、行政法规规定或者劳动合同约定的，工会有权要求用人单位纠正。用人单位应当研究工会的意见，并将处理结果书面通知工会。"

2.通知劳动者本人

根据《劳动合同法》第四十条的规定，用人单位提前30日以书面形式通知劳动者本人或者额外支付劳动者1个月工资后，可以解除劳动合同。

非过失性解除劳动合同的两种通知方式的特点和风险见表6-1。

表6-1   非过失性解除劳动合同的两种通知方式的特点和风险

通知方式	用人单位提前30日以书面形式通知劳动者本人	额外支付劳动者1个月工资
特点	在预告期满前，用人单位与劳动者仍存在劳动关系，单位仍须按照法律规定为劳动者缴纳各项社会保险及住房公积金	没有预告期，自通知解除劳动合同之日起，双方劳动关系已经解除
风险	由于在30日预告通知期内劳动关系并未解除，因此不能完全排除劳动者发生工伤、患病、怀孕、受到意外伤害等风险。如果出现《劳动合同法》第四十二条规定的不得解除劳动合同的情形，那么用人单位就不能与劳动者解除劳动合同	自单位书面通知劳动者并支付1个月工资之日起，双方劳动关系即已解除，不会再产生用工风险

3.单位内部程序

若用人单位对解除劳动合同有相关的程序，则用人单位必须按照自己的内部规定执行，否则也会因程序问题带来风险。

4.特殊程序

有下列情形之一的，用人单位提前30日以书面形式通知劳动者本人或者额外支付劳动者1个月工资后，可以解除劳动合同：劳动者患病或者非因工负伤，在规定的医疗期满后不能从事原工作，也不能从事由用人单位另行安排的工作的；劳动者不能胜任工作，经过培训或者调整工作岗位，仍不能胜任工作的；劳动合同订立时所依据的客观情况发生重大变化，致使劳动合同无法履行，经用人单位与劳动者协商，未能就变更劳动合同内容达成协议的。

（四）经济补偿问题

根据《劳动合同法》第四十六条的规定，有下列情形之一的，用人单位应当向劳动者支付经济补偿：

（1）劳动者依照本法第三十八条规定解除劳动合同的；

（2）用人单位依照本法第三十六条规定向劳动者提出解除劳动合同并与劳动者协商一致解除劳动合同的；

（3）用人单位依照本法第四十条规定解除劳动合同的；

（4）用人单位依照本法第四十一条第一款规定解除劳动合同的；

（5）除用人单位维持或者提高劳动合同约定条件续订劳动合同，劳动者不同意续订的情形外，依照本法第四十四条第一项规定终止固定期限劳动合同的；

（6）依照本法第四十四条第四项、第五项规定终止劳动合同的；

（7）法律、行政法规规定的其他情形。

根据《劳动合同法》第四十七条的规定，经济补偿按劳动者在本单位工作的年限，每满1年支付1个月工资的标准向劳动者支付。6个月以上不满1年的，按1年计算；不满6个月的，向劳动者支付半个月工资的经济补偿。

劳动者月工资高于用人单位所在直辖市、设区的市级人民政府公布的本地区上年度职工月平均工资3倍的，向其支付经济补偿的标准按职工月平均工资3倍的数额支付，向其支付经济补偿的年限最高不超过12年。

这里所称月工资是指劳动者在劳动合同解除或者终止前12个月的平均工资。

《劳动合同法实施条例》第二十七条规定："劳动合同法第四十七条规定的经济补偿的月工资按照劳动者应得工资计算，包括计时工资或者计件工资以及奖金、津贴和补贴等货币性收入。劳动者在劳动合同解除或者终止前12个月的平均工资低于当地最低工资标准的，按照当地最低工资标准计算。劳动者工作不满12个月的，按照实际工作的月数计算平均工资。"

三、经济性裁员

(一) 经济性裁员的含义

经济性裁员，是企业经营陷入严重困难且无其他代偿措施时进行的附属解雇。

(二) 经济性裁员的条件

因归责事由在用人单位而劳动者并无过失，而且大规模裁员容易带来较大规模的劳动争议甚至社会不安，所以经济性裁员对于事由和程序的要求也十分严格，如经营困难的程度，解雇人选的合理性，劳动者、工会及政府的沟通等。

根据《劳动合同法》第四十一条第一款的规定，有下列情形之一，需要裁减人员20人以上或者裁减不足20人但占企业职工总数10%以上的，用人单位提前30日向工会或者全体职工说明情况，听取工会或者职工的意见后，裁减人员方案经向劳动行政部门报告，可以裁减人员：

（1）依照企业破产法规定进行重整的；

（2）生产经营发生严重困难的；

（3）企业转产、重大技术革新或者经营方式调整，经变更劳动合同后，仍需裁减人员的；

（4）其他因劳动合同订立时所依据的客观经济情况发生重大变化，致使劳动合同无法履行的。

(三) 经济性裁员的程序

根据《企业经济性裁减人员规定》第四条的规定，用人单位确需裁减人员，应按下列程序进行：

（1）提前30日向工会或者全体职工说明情况，并提供有关生产经营状况的资料。

（2）提出裁减人员方案，内容包括：被裁减人员名单、裁减时间、实施步骤，以及符合法律、法规规定和集体合同约定的被裁减人员经济补偿办法。

（3）将裁减人员方案征求工会或者全体职工意见，并对方案进行修改和完善。

（4）向当地劳动行政部门报告裁减人员方案以及工会或者全体职工的意见，并听取劳动行政部门意见。

（5）由用人单位正式公布裁减人员方案，与被裁减人员办理解除劳动合同手续，按照有关规定向被裁减人员本人支付经济补偿金，出具裁减人员证明书。

(四) 经济性裁员的限制

1.不可裁减的六类人

根据《劳动合同法》第四十二条的规定，劳动者有下列情形之一的，用人单位不得依照本法第四十条、第四十一条的规定解除劳动合同：

（1）从事接触职业病危害作业的劳动者未进行离岗前职业健康检查，或者疑似职业病病人在诊断或者医学观察期间的；

（2）在本单位患职业病或者因工负伤并被确认丧失或者部分丧失劳动能力的；

（3）患病或者非因工负伤，在规定的医疗期内的；

（4）女职工在孕期、产期、哺乳期的；

（5）在本单位连续工作满15年，且距法定退休年龄不足5年的；

（6）法律、行政法规规定的其他情形。

当用人单位裁员时，如果被裁减员工是上述六类人之一的，用人单位不能将其纳入裁员范围。否则，员工一旦提出仲裁诉讼，用人单位无疑将败诉。

2.需要优先保留的三类人

根据《劳动合同法》第四十一条第二款的规定，裁减人员时，应当优先留用下列人员：

（1）与本单位订立较长期限的固定期限劳动合同的；

（2）与本单位订立无固定期限劳动合同的；

（3）家庭无其他就业人员，有需要扶养的老人或者未成年人的。

（五）经济性裁员后的义务

《劳动合同法》第四十一条第三款规定："用人单位依照本条第一款规定裁减人员，在6个月内重新招用人员的，应当通知被裁减的人员，并在同等条件下优先招用被裁减的人员。"

四、用人单位解除劳动合同的限制

（一）用人单位解除劳动合同的限制情形

根据《劳动合同法》第四十二条的规定，劳动者有下列情形之一的，用人单位不得依照本法第四十条、第四十一条的规定解除劳动合同：

（1）从事接触职业病危害作业的劳动者未进行离岗前职业健康检查，或者疑似职业病病人在诊断或者医学观察期间的；

（2）在本单位患职业病或者因工负伤并被确认丧失或者部分丧失劳动能力的；

（3）患病或者非因工负伤，在规定的医疗期内的；

（4）女职工在孕期、产期、哺乳期的；

（5）在本单位连续工作满15年，且距法定退休年龄不足5年的；

（6）法律、行政法规规定的其他情形。

（二）用人单位违法解除劳动合同的责任

对于用人单位违法解除劳动合同的责任，法律规定主要体现在两个方面：一是劳动者可以要求恢复劳动关系；二是劳动者也可以要求用人单位支付赔偿金。

《劳动合同法》第四十八条规定："用人单位违反本法规定解除或者终止劳动合同，劳动者要求继续履行劳动合同的，用人单位应当继续履行；劳动者不要求继续履行劳动合同或者劳动合同已经不能继续履行的，用人单位应当依照本法第八十七条规定支付赔偿金。"

《劳动合同法》第八十七条规定："用人单位违反本法规定解除或者终止劳动合同的，应当依照本法第四十七条规定的经济补偿标准的2倍向劳动者支付赔偿金。"

这就意味着，一旦被认定"非法"解除劳动合同，即便用人单位出再多的费用，只要劳动者不同意，劳动合同就极有可能无法解除，这对于企业的管理者特别是HR是一个不小的难题。因此，具备劳动法规知识和劳动关系协调技能，将劳动合同予以合法解除或终止，是HR无可回避的必修课。

五、用人单位单方解除劳动合同的法律风险防范

用人单位要防范解除劳动合同的法律风险，必须要做好以下工作：

（1）用人单位单方解除劳动合同必须依法依规；

（2）用人单位要建立健全管理的规章制度，确保规章内容合法、程序合法、公示公开、可操作；

（3）注重收集、保存管理过程的相关证据；

（4）用人单位解除劳动合同通知书的送达方式合法。

互动课堂6-4

　　丁某应聘进入某公司从事司炉工作。2018年，双方依法签订了无固定期限的劳动合同。2019年年初，丁某在放假期间参加了自驾游旅行，因疲劳驾驶发生交通事故，住院治疗。医疗期满后，他的身体状况已不能从事原来的工作。于是，公司领导与丁某谈话，调整丁某的工作，让其从事公司的保洁工作。由于丁某的腿部受伤严重，不能站立较长时间，每隔一段时间就需要坐下来休息，不能及时完成公司的保洁任务。最后，公司决定支付丁某1个月工资后，解除劳动合同，并按国家规定支付经济补偿金。丁某认为自己签订的是无固定期限劳动合同，公司此举明显对其不负责任，不同意公司的决定，要求公司继续履行原劳动合同，劳动争议由此发生。

互动课堂6-4
分析提示

　　请问：公司解除与丁某的劳动合同合法吗？为什么？

自学测试

一、多项选择题

1.用人单位单方解除劳动合同可以分为（　　　）。

A.过失性解除   B.非过失性解除

C.经济性裁员   D.劳动合同消灭

自学测试6-4

2.《劳动合同法》第三十九条规定："劳动者有下列情形（　　　）之一的，用人单位可以解除劳动合同。

A.在试用期间被证明不符合录用条件的

B.严重违反用人单位的规章制度的

C.严重失职，营私舞弊，给用人单位造成重大损害的

D.劳动者同时与其他用人单位建立劳动关系，对完成本单位的工作任务造成严重影响，或者经用人单位提出，拒不改正的

E.因本法第二十六条第一款第一项规定的情形（以欺诈、胁迫的手段或者乘人之危，使对方在违背真实意思的情况下订立或者变更劳动合同）致使劳动合同无效的

F.被依法追究刑事责任的

3.过失性解除劳动合同的程序包括（　　　）。

A.通知工会

B.通知劳动者本人

C.用人单位对解除劳动合同有相关的程序，用人单位必须按照自己的内部规定执行

D.只要用人单位下文就可以了

4.依据"劳动者在试用期间被证明不符合录用条件"解除劳动合同的注意事项有（　　　）。

A.试用期的约定必须合法　　　　　　B.必须在试用期内

C.必须是不符合录用条件　　　　　　D.必须提供有效的证据

5.依据"严重违反用人单位的规章制度"解除劳动合同的注意事项有（　　　）。

A.必须有合法有效的规章制度　　　　B.必须对严重违纪作出界定

C.必须重视日常管理取证工作　　　　D.只要员工违纪

6.合法有效的规章制度必须具备（　　　）。

A.实体内容要合法　　　　　　　　　B.制定的程序要合法

C.事先要向劳动者公示　　　　　　　D.只要领导同意

7.《劳动合同法》第四十条规定：有下列情形（　　　）之一的，用人单位提前30日以书面形式通知劳动者本人或者额外支付劳动者1个月工资后，可以解除劳动合同。

A.劳动者患病或者非因工负伤，在规定的医疗期满后不能从事原工作，也不能从事由用人单位另行安排的工作的

B.劳动者不能胜任工作，经过培训或者调整工作岗位，仍不能胜任工作的

C.劳动合同订立时所依据的客观情况发生重大变化，致使劳动合同无法履行，经用人单位与劳动者协商，未能就变更劳动合同内容达成协议的

D.劳动合同准备到期的

8.非过失性解除劳动合同的程序包括（　　　）。

A.通知工会

B.通知劳动者本人

C.用人单位对解除劳动合同有相关的程序，用人单位必须按照自己的内部规定执行

D.遵循法律规定的特殊程序

9.有下列情形（　　　）之一，需要裁减人员20人以上或者裁减不足20人但占企业职工总数10%以上的，用人单位提前30日向工会或者全体职工说明情况，听取工会或者职工的意见后，裁减人员方案经向劳动行政部门报告，可以裁减人员。

A.依照企业破产法规定进行重整的

B.生产经营发生严重困难的

C.企业转产、重大技术革新或者经营方式调整，经变更劳动合同后，仍需裁减人员的

D.其他因劳动合同订立时所依据的客观经济情况发生重大变化，致使劳动合同无法履行的

10.《企业经济性裁减人员规定》第四条规定：用人单位确需裁减人员，应按下列（　　）程序进行。

A.提前30日向工会或者全体职工说明情况，并提供有关生产经营状况资料

B.提出裁减人员方案，内容包括：被裁减人员名单，裁减时间及实施步骤，符合法律法规规定和集体合同约定的裁减人员经济补偿办法

C.将裁减人员方案征求工会或者全体职工意见，并对方案进行修改和完善

D.向当地劳动行政部门报告裁减人员方案以及工会或者全体职工的意见，并听取劳动行政部门意见

E.由用人单位正式公布裁减人员方案，与被裁减人员办理解除劳动合同手续，按照有关规定向被裁减人员及本人支付经济补偿金，出具裁减人员证明书

11.《劳动合同法》第四十二条规定：劳动者有下列情形（　　）之一的，用人单位不得依照本法第四十条、第四十一条的规定解除劳动合同。

A.从事接触职业病危害作业的劳动者未进行离岗前职业健康检查，或者疑似职业病病人在诊断或者医学观察期间的

B.在本单位患职业病或者因工负伤并被确认丧失或者部分丧失劳动能力的

C.患病或者非因工负伤，在规定的医疗期内的

D.女职工在孕期、产期、哺乳期的

E.在本单位连续工作满15年，且距法定退休年龄不足5年的

F.法律、行政法规规定的其他情形

12.《劳动合同法》第四十一条第二款规定：裁减人员时，应当优先留用的人员有（　　）。

A.与本单位订立较长期限的固定期限劳动合同的

B.与本单位订立无固定期限劳动合同的

C.家庭无其他就业人员，有需要扶养的老人或者未成年人的

D.与本单位订立为期3年的固定期限劳动合同的

13.用人单位违法解除劳动合同的责任包括（　　）。

A.劳动者可以要求恢复劳动关系

B.劳动者可以要求用人单位支付赔偿金

C.劳动者可以要求用人单位支付违约金

D.用人单位要负刑事责任

二、判断题

1.过失性解除，是指在劳动者严重违反用人单位规章制度的情况下，为了维护企业的生产经营秩序，以对劳动者进行惩罚、恢复企业秩序为目的而进行的解雇。（　　）

2.劳动者同时与其他用人单位建立劳动关系，对完成本单位的工作任务造成严重影响，或者经用人单位提出，拒不改正的，用人单位可以单方解除劳动合同。　　　（　　）

3.劳动者以欺诈、胁迫的手段或者乘人之危，使对方在违背真实意思的情况下订立或者变更劳动合同的，用人单位可以单方解除劳动合同。　　　（　　）

4.劳动者被依法追究刑事责任的，用人单位可以单方解除劳动合同。　　　（　　）

5.只要劳动者违反用人单位规章制度，用人单位就可以单方解除劳动合同。
　　　　　　　　　　　　　　　　　　　　　　　　　　　　　　　　（　　）

6.非过失性解除，即劳动者本身没有主观过失，但是由于劳动者自身的客观原因或外部环境的变化，用人单位在履行法定程序、付出相应的成本后，可以单方解除劳动合同。　　　（　　）

7.医疗期是指企业职工因患病或非因工负伤停止工作治病休息不得解除劳动合同的时限。　　　（　　）

8.《劳动合同法》第四十一条第三款规定："用人单位依照本条第一款规定裁减人员，在6个月内重新招用人员的，应当通知被裁减的人员，并在同等条件下优先招用被裁减的人员。"　　　（　　）

▶ 巩固与提高

一、选择题

1.用人单位单方解除劳动合同可以分为（　　）。

A.过失性解除劳动合同

B.非过失性解除劳动合同

C.经济性裁员

D.劳动合同消灭

2.《劳动合同法》第四十六条规定：有下列情形（　　）之一的，用人单位应当向劳动者支付经济补偿。

A.劳动者依照本法第三十八条规定解除劳动合同的

B.用人单位依照本法第三十六条规定向劳动者提出解除劳动合同并与劳动者协商一致解除劳动合同的

C.用人单位依照本法第四十条规定解除劳动合同的

D.用人单位依照本法第四十一条第一款规定解除劳动合同的

E.除用人单位维持或者提高劳动合同约定条件续订劳动合同，劳动者不同意续订的情形外，依照本法第四十四条第一项规定终止固定期限劳动合同的

F.依照本法第四十四条第四项、第五项规定终止劳动合同的

G.法律、行政法规规定的其他情形

3.依据《劳动合同法》的规定，劳动者在（　　）情况下，用人单位可以解除劳动合同，但应提前30日以书面形式通知劳动者本人。

A.在试用期间被证明不符合录用条件的

B.患病或者因工负伤，在规定的医疗期内的

C.严重违反用人单位规章制度的

D.不能胜任工作，经过培训或调整工作岗位仍不能胜任工作的

4.当出现以下（   ）的情况，用人单位可以提出解除劳动合同，并不承担经济补偿金。

A.试用期满后发现劳动者不能胜任工作岗位

B.劳动者在试用期间被证明不符合录用条件

C.劳动者严重违反劳动纪律和用人单位的规章制度

D.劳动合同订立时所依据的客观条件发生重大变化

E.劳动者严重失职，营私舞弊，对用人单位利益造成重大损失

5.根据《劳动合同法》第四十七条的规定，计算经济补偿金的月工资标准是（   ）。

A.依据劳动者在劳动合同解除或者终止前12个月的平均工资

B.依据劳动者在劳动合同解除或者终止前12个月的最低工资

C.依据劳动者在劳动合同解除或者终止前12个月的当地社会平均工资

D.依据劳动者在劳动合同解除或者终止前12个月的最高工资

6.根据《劳动合同法》第四十七条规定，以下情况正确的是（   ）。

A.经济补偿金按劳动者签订劳动合同的时间开始算，不满1年按1年计算，每满1年支付1个月工资的标准支付

B.按劳动者在本单位工作的年限，每满1年支付1个月工资的标准。6个月以上不满1年的，按1年计算；不满6个月的，向劳动者支付半个月工资的经济补偿金

C.用人单位被吊销营业执照、责令关闭、撤销或者用人单位决定提前解散的，不用支付劳动者经济补偿金

D.劳动者月工资高于用人单位所在直辖市、设区的市级人民政府公布的本地区上年度职工月平均工资3倍的，向其支付经济补偿的标准按职工月平均工资6倍的数额支付

7.根据《劳动合同法》的规定，下列有关用人单位经济性裁员的说法中，符合规定的有（   ）。

A.用人单位生产经营发生严重困难的，可以进行经济性裁员

B.用人单位应当提前30日向工会或者全体职工说明情况，听取工会或者职工的意见后，将裁减方案向劳动行政部门报告，方可裁减人员

C.裁减人员时应当优先留用与本单位订立无固定期限劳动合同的员工

D.用人单位裁减人员后，在6个月内重新招用人员的，应当通知被裁减的人员，并在同等条件下优先招用被裁减的人员

8.甲公司因生产经营发生严重困难，拟裁减人员。根据《劳动合同法》的规定，下列各项中，甲公司应当提前30日向工会或者全体职工说明情况，听取工会或者职工的意见后，裁减人员方案经向劳动行政部门报告，方可裁减人员的有（   ）。

A.裁减人员10人，占职工总数的5.56%

B.裁减人员15人，占职工总数的8.33%

C.裁减人员19人，占职工总数的10.56%

D.裁减人员22人，占职工总数的12.22%

9.根据《劳动合同法》的规定，如果劳动者出现法定情形，用人单位既不得解除劳动合同，也不得终止劳动合同，劳动合同应当续延至相应的情形消失时终止。该法定情形包括（　　）。

A.在本单位患职业病或者因工负伤并被确认丧失或者部分丧失劳动能力的

B.患病或者非因工负伤，在规定的医疗期内的

C.从事接触职业病危害作业的劳动者未进行离岗前职业健康检查，或者疑似职业病病人在诊断或者医学观察期间的

D.在本单位连续工作满15年，且距法定退休年龄不足5年的

10.当出现以下（　　）的情况，用人单位不得解除劳动合同。

A.女员工在哺乳期内　　　　　　　　B.女员工在孕期、产期内

C.患病在规定的医疗期满后　　　　　D.其他符合法律、法规规定

E.患职业病或者因工负伤并被确认丧失或部分丧失劳动能力

二、判断题

1.医疗期计算应从病休第一天开始，累计计算。但公休、假日和法定节日不包括在内。　　　　　　　　　　　　　　　　　　　　　　　　　　　　（　　）

2.经济性裁员是指企业经营陷入严重困难且无其他代偿措施时进行的附属解雇。
（　　）

3.用人单位违反《劳动合同法》规定解除或者终止劳动合同的，应当依照本法第四十七条规定的经济补偿标准的2倍向劳动者支付赔偿金。　　　　　　　（　　）

4.用人单位违反《劳动合同法》规定解除或者终止劳动合同，劳动者要求继续履行劳动合同的，用人单位应当继续履行。　　　　　　　　　　　　　　　（　　）

5.《劳动合同法》第四十七条中所称的月工资，是指劳动者在劳动合同解除或者终止前的每月工资。　　　　　　　　　　　　　　　　　　　　　　　　（　　）

6.企业职工因患病或非因工负伤，需要停止工作进行医疗时，根据本人实际参加工作年限和在本单位工作年限，给予3个月到24个月的医疗期。　　　　　（　　）

三、案例分析题

案例1　李某与出租汽车公司签订劳动合同，合同期限至2018年12月31日止。李某因患重病住院治疗，2018年12月1日出院。出院后，李某遵照医生的嘱咐定期复查、治疗，一直处在病休期，未再上班。2018年12月25日，出租汽车公司下发了终止李某劳动合同的通知书，并送达李某，但李某不同意终止劳动合同。出租汽车公司认为，李某长期不工作，而且据其病情，以后将长期无法从事相关工作，因此其有权在合同将要到期前终止劳动合同。但是，李某认为自己不能劳动是处在病假期，并非故意不参加工作，且出租汽车公司在合同没有到期的情况下解除劳动合同是违约行为，不符合法律的规定。

请问：出租汽车公司解除与李某的劳动合同合法吗？为什么？

案例2　王某是某食品企业面包车间的职工，2014年12月，王某与企业签订了5年期的劳动合同，2017年12月企业组织职工到医院体检，王某被查出患有乙型肝炎。企

业认为患有传染病的人员不能从事食品行业工作，2018年1月提出与王某解除劳动合同。王某对此不服，向市劳动争议仲裁委员会提出申诉，要求企业履行劳动合同，并按规定享受医疗期待遇。

请问：企业解除与王某的劳动合同合法吗？为什么？

案例3　郑某是某无线电厂的工人，在该厂工作了15年。2019年1月在上街购物时，被一违章司机的汽车撞伤，头部缝了5针，双手、双腿存在不同程度的骨折，郑某伤愈时与企业签订的劳动合同还有5年，企业让他去劳动鉴定委员会进行鉴定，结果是郑某已丧失劳动能力，不能从事用人单位另行安排的工作。于是，企业解除了与郑某的劳动合同，也未给予相应的经济补偿。郑某不服，认为自己为企业工作了这么多年，不能这样就解除劳动合同，于是提请劳动争议仲裁委员会仲裁。

请问：无线电厂解除与郑某的劳动合同但未给予相应的经济补偿，这种做法合法吗？为什么？

案例4　女职工邵某是某服装加工厂的工人，2019年1月怀孕，由于妊娠反应，全身浮肿，邵某病休在家。服装加工厂有一批紧急任务需要加班，通知邵某上班，邵某上了几天班，病情加重，要求企业领导给予照顾，企业以邵某不能工作为由解除了与邵某的劳动合同，邵某不服企业的决定，向劳动争议仲裁委员会提请仲裁。

请问：企业解除与邵某的劳动合同合法吗？为什么？

案例5　小娟应聘到一家外企公司工作，并签订了为期1年的劳动合同，与公司的另一名同事小丽一起在前台负责接听电话并接待来访者，月工资1 800元。由于小娟经常在工作时间翻阅前台收到的免费杂志，以致公司的电话、接待工作几乎由小丽一人负责。半年后，公司对全体员工进行了工作考核，对小娟不良的工作态度进行了批评，小娟依照公司规章制度认真地写了检查。不久，公司对所有岗位人员重新优化配置，决定前台接待岗位配置1名员工。公司遂以客观情况发生变化，原劳动合同无法再继续履行为由，与小娟解除了劳动合同，并下发了办理解除劳动合同手续的通知，要求小娟在15日内办结工作交接。小娟不服，以外企公司违法解除劳动合同为由，向劳动争议仲裁委员会提出仲裁申请，要求支付赔偿金。

请问：企业解除与小娟的劳动合同合法吗？为什么？

案例6　魏某加入某信息技术公司，为其工作长达17年，去年他与该公司签订了无固定期限劳动合同。然而，最近公司因生产经营发生严重困难，决定按规定裁减10%的员工。但是由于这家企业历史悠久，其大多数职工签订的都是无固定期限劳动合同，在裁员时，企业与工会协商确定了裁员计划，并已召开了全体职工大会通报情况，同时将裁员方案向劳动行政部门报告。员工魏某也在裁员名单内，但他以和公司签订了无固定期限劳动合同为由，不同意与公司解除劳动合同，并声称公司不能将他列为经济性裁员的对象，否则就是违反了《劳动合同法》。

请问：公司因经济性裁员解除与魏某的劳动合同合法吗？为什么？

案例7　顾某在某广告公司从事市场营销工作，并与公司签订了一份为期5年的劳动合同，合同约定顾某的月薪为5 000元。在广告公司工作初期，顾某尽心尽力工作，但是由于她性格内向，从事销售工作业绩不太理想，几次年终考核，顾某的业绩总是不合格，公司经理多次找她谈话，但是效果均不理想。公司尝试为顾某调动岗位，新岗位月薪为3 000元。4个月后，公司发现顾某仍然力不从心，业绩还是很不理想。此时正值公司发展的高峰期，公司认为顾某不能胜任工作，希望能引进高效人才，因此想要与顾某解除劳动合同。于是，人力资源部与顾某谈话，提出额外付给顾某1个月的工资3 000元作为代通知金，希望能与顾某解除劳动合同。但是，顾某提出异议，认为公司应当支付她5 000元的代通知金，因为她原先从事的销售工作的月薪为5 000元，而现在的岗位是暂时调岗，不能算数。

请问：广告公司能否解除与顾某的劳动合同？公司应当支付她的代通知金到底是多少才合法？

案例8　某合资公司聘用了软件工程师李某，双方签订了为期3年的劳动合同，试用期约定为4个月。但在上班的第5天，李某就患了流行性感冒，之后病情加重住进了医院。公司随即以李某在试用期内生病为由，解除了与李某的劳动合同。李某在向律师咨询后，向劳动争议仲裁委员会提出申诉。

请问：李某试用期内生病，合资公司能否解除与李某的劳动合同？

四、问答题

1.过失性解除劳动合同的条件有哪些？

2.非过失性解除劳动合同的条件有哪些？

3.用人单位解除劳动合同的限制有哪些？

任务五　离职手续办理的风险防范

⟫⟫⟫ 学习目标 ⟪⟪⟪

◆知识目标

正确理解离职文书的含义；

掌握离职文书制作的注意事项；

掌握离职手续的办理程序。

◆能力目标

能够制作离职文书；

能够正确办理离职手续，防范离职手续办理不当给企业带来的风险。

⟫⟫⟫ 重点难点 ⟪⟪⟪

◆教学重点

离职文书的制作和送达。

◆教学难点

离职手续的办理程序。

⟫⟫⟫ 自学任务 ⟪⟪⟪

（1）线上或线下学习本部分的教学内容，重点关注以下问题：①员工离职文书如何制作和送达？②离职手续如何办理？

（2）自学完后完成本任务的自学测试。

自学课件6-5-1：
员工离职文书的制作和送达

自学课件6-5-2：
离职手续的办理

⟫⟫⟫ 案例研讨 ⟪⟪⟪

在线上或线下自学的基础上，以课程学习团队为单位，由团队负责人组织团队成员对案例进行讨论，达成一致意见，并制作PPT，选派一名代表在课堂上展示案例研讨结果。

案例1　张某系某企业的员工，近期该企业效益不太好，张某便到外面重新找了份工作，并电话通知单位人事科科长将于1个月后离职。1个月后，企业为张某办理了离职手续。张某到一家保险公司做保险推销员，但经过1个月的体验，张某发现还不如原企业好。于是，张某又与原企业联系，要求回到原企业上班，但遭到原企业拒绝。事后，张某申诉到当地劳动争议仲裁委员会，提出是原企业单方解除劳动合同的，现在要求恢复劳动关系。在庭审时，企业则声称是张某主动提出辞职的，现在又反悔要求上班，因此不同意恢复劳动关系。但是，企业苦于拿不出员工辞职的证据，最后张某的请求获得仲裁庭支持。

请问：本案中企业败诉的原因是什么？

案例 2 李某与某市公共汽车公司签订了无固定期限的劳动合同。2018 年 9 月 18 日某市公共汽车公司以"李某在 2018 年 9 月 1 日 14 时 20 分，驾驶本公司的车辆，行走在某街道时，违反劳动纪律，强行超车，事后拒不接受批评教育"为由，在某晚报上刊登申明，认为李某严重违反了公司的奖惩管理规定，即日起解除劳动合同。李某不服，向当地的劳动争议仲裁委员会提起申诉，要求补发工资并恢复劳动关系。劳动争议仲裁委员会支持了李某的请求。

请问：劳动争议仲裁委员会为什么支持了李某的请求？

案例 3 张某自 2014 年一直在某公司工作，先后与公司多次签订固定期限劳动合同，最后一次与公司签订固定期限劳动合同的时间为 2016 年 1 月 31 日，期限至 2018 年 2 月 1 日。劳动合同到期前，公司口头通知张某合同不再续签并要求张某于合同到期前一天到人事部办理离职手续，张某表示知道。劳动合同到期后，张某未找公司办理离职手续，公司也未主动为张某办理离职手续。张某到公司正常打卡并到办公室坐班。10 多天以后，公司领导发现张某还在公司上班，觉得奇怪，随即让他到人事部办理离职手续。

不久，张某到当地劳动争议仲裁委员会申请仲裁，要求公司支付自 2014 年以来在该公司工作开始起算的经济补偿金 1 万元，其理由是公司在原劳动合同到期后没有办理终止手续，而自己继续在公司上班，视为与公司续订了劳动合同，现在公司通知其离职，是公司辞退他的。

请问：公司该不该支付张某经济补偿金 1 万元？为什么？

案例 4 因为原单位效益不好，沈先生决定跳槽，不久便联系上一家外资公司，并很快与这家外资公司签订了劳动合同。新公司要求沈先生提供其与原单位解除劳动合同的证明才能录用他。但是，让沈先生苦恼的是，原单位却迟迟不为其出具解除劳动关系的证明。最后，沈先生向当地劳动争议仲裁委员会提出申诉。庭审中，原单位向仲裁庭说明了不给沈先生出具解除劳动关系证明的原因：原单位与沈先生签订了一份"培训约定条款"。按约定，沈先生必须为单位服务 5 年，每未满 1 年赔偿 2 000 元的培训费。而现在沈先生还有 3 年服务期未履行，应先向单位赔偿 6 000 元的培训费，届时单位才能为其出具解除劳动关系的证明。

请问：原单位该不该为沈先生出具解除劳动关系的证明？为什么？

知识点学习

一、员工离职文书的制作

（一）离职文书的含义

离职文书，是指劳动关系当事人就劳动合同解除、终止事宜制作的法律文件。

离职文书与离职类别有关，不同的离职类型对应不同的离职文书（见表6-2）。

表6-2　　　　　　　　　　　离职类型与离职文书对应关系一览表

离职类型	离职文书
协商解除劳动合同	劳动合同解除协议书
单位解除劳动合同	劳动合同解除通知书
员工解除劳动合同	辞职通知书
劳动合同终止	劳动合同终止通知书

（二）离职文书的作用

在实践中，很多人对于离职文书的重要性认识不够，其实离职文书无论在预防劳动争议发生，还是在处理劳动争议过程中都具有重要的作用。具体而言，其重要性体现在以下两个方面：

1.离职文书是处理劳动争议的证据

离职文书属于法律文书，是重要的证据。用人单位与员工在离职事宜上产生纠纷的，离职文书是重要的书面证据。因为用人单位与员工就离职产生的纠纷，一般涉及经济补偿金、赔偿金等，而用人单位是否需要承担这些责任，可以通过离职文书反映的离职类型确定。

2.离职文书可以确定劳动争议时效的起算点

用人单位与员工因离职而产生纠纷的，属于劳动争议的范畴，劳动争议是受时效限制的。《中华人民共和国劳动争议调解仲裁法》（以下简称《劳动争议调解仲裁法》）规定，劳动争议的时效从当事人知道或应当知道之日起开始算。有关员工离职争议的时效起算，《最高人民法院关于审理劳动争议案件适用法律若干问题的解释（二）》第一条第二项规定，人民法院审理劳动争议案件，因解除或者终止劳动关系产生的争议，用人单位不能证明劳动者收到解除或者终止劳动关系书面通知时间的，劳动者主张权利之日为劳动争议发生之日。这一解释暗含了这样几层意思：

（1）用人单位在劳动关系解除或终止后，应当制作解除或终止劳动关系书面文书，即离职文书。

（2）用人单位应当将制作的离职文书送达劳动者。

（3）如果用人单位不能证明在员工离职时将离职文书送达员工，因离职产生争议的时效永远处于未开始起算状态，员工什么时候找用人单位主张权利，劳动争议的时效什么时候开始起算。

（4）如果用人单位能证明在员工离职时已将离职文书送达员工，因离职产生争议的时效从员工收到离职文书之日起开始算。

由此可见，离职文书制作与送达的重要性。

（三）离职文书的制作

1.劳动合同解除协议书的制作

用人单位在制作劳动合同解除协议书时，应注意以下几点：

（1）应明确由哪方首先提出的动议。因为协商解除劳动合同最关键的是哪一方提出的动议。如果是用人单位先提出的解除劳动合同的动议，双

微课6-5-1

员工离职文书的制作

方协商解除的，用人单位应当向劳动者支付经济补偿金；如果是劳动者首先提出的解除劳动合同的动议，双方协商解除的，用人单位无须支付经济补偿金。因此，劳动合同解除协议书首先必须明确哪一方提出的动议，这涉及用人单位是否需要支付经济补偿金。

（2）应当明确解除时间。时间是任何法律文书都必须重视的问题。解除协议也应当明确劳动关系的解除时间，双方的劳动关系维持到哪一天。因为这涉及劳动关系的终止时间、工资支付以及经济补偿金的计算等事项。

（3）可以不说明解除理由。解除协议中可以不说明解除的缘由，因为协商解除劳动合同不问背景的原因，只要是双方协商一致即可。

（4）应当明确经济补偿金事宜。协商解除劳动合同的，在制作解除协议时，为防止产生纠纷，最好明确是否需要经济补偿金、应支付多少经济补偿金等事项。尽管法律对经济补偿金支付情形和计算标准有明确的规定，但是在制作解除协议时最好明确，以防止纠纷的发生。

2.劳动合同解除通知书的制作

用人单位在制作劳动合同解除通知书时，应注意以下几点：

（1）应当说明解除理由。用人单位单方解除劳动合同的种类有三大类：过失性解除劳动合同、非过失性解除劳动合同和经济性裁员。劳动合同的解除种类不同，其用人单位所负的责任也不同，如过失性解除劳动合同不需要提前通知，不需要支付经济补偿金；非过失性解除劳动合同则需要提前1个月通知员工，并且需要支付经济补偿金。因此，用人单位解除劳动合同首先应当说明劳动合同解除的理由，这涉及用人单位是否应支付经济补偿金。

（2）解除通知书应当列明基本事实。用人单位解除劳动合同涉及的基本事实，如员工严重违纪的事实、不能胜任工作的事实等，应当列明。需要指出的是，这些事实必须是用人单位有证据可以证明的事实。因为解除劳动合同的举证责任在用人单位，没有证据的事实在法律上就是无意义的事实。

（3）应当明确解除时间和经济补偿事宜。劳动关系的解除时间涉及劳动关系的终止时间、工资支付以及经济补偿金的计算等事项，所以也应当明确解除时间。

尽管法律关于经济补偿金有明确的规定，但是为了防止产生纠纷，最好在解除通知书中明确用人单位是否应当支付经济补偿金，若需要支付经济补偿金的，则需要进一步明确经济补偿金的数额、程序等。

3.辞职通知书的制作

辞职通知书是员工向用人单位辞职时需要递交的文书。一般而言，辞职通知书应当包括辞职的理由、时间等事项。

员工向用人单位递交辞职通知书的，为防止产生纠纷，用人单位也可以制作劳动合同解除通知书，在解除通知书中明确劳动合同解除的理由是员工主动辞职引起的即可。

员工辞职不向用人单位递交辞职书的，用人单位该如何处理呢？这也是很多用人单位困惑的问题。对于员工不辞而别的，用人单位利用考勤制度，以严重违纪解除劳动合同即可。

4.劳动合同终止通知书的制作

用人单位在制作劳动合同终止通知书时，应注意以下几点：

（1）应当明确终止的理由。在《劳动合同法》背景下，劳动合同终止首先需要明确劳动合同终止的理由，因为根据《劳动合同法》的规定，劳动合同期限届满，如用人单位不愿意续签，则需要向员工支付经济补偿金；如果用人单位提供了不低于原劳动合同约定的条件作为续订条件，员工不愿意续签的，用人单位无须向劳动者支付经济补偿金。因此，在劳动合同终止通知书中首先应当明确用人单位提供的续签条件是否低于原劳动合同约定的条件，其次应当明确是哪一方不愿意续签劳动合同的，因为这涉及用人单位是否需要支付经济补偿金。

（2）应当明确终止的时间。劳动合同到期，劳动关系不会自然消灭，当事人不愿意续签的，应当及时办理终止手续。因此，用人单位在制作劳动合同终止通知书时应当明确终止的时间，这涉及劳动关系的终止时间、工资支付以及经济补偿金的计算等事项。

（3）应当明确经济补偿事宜。在《劳动合同法》背景下，劳动合同终止也可能涉及经济补偿金问题，因此在劳动合同终止通知书中应当明确用人单位是否支付经济补偿金，若需要支付经济补偿金，则需要进一步明确经济补偿金的数额、程序等。

（四）离职文书的送达

根据《最高人民法院关于审理劳动争议案件适用法律若干问题的解释（二）》第一条的规定，用人单位在制作好离职文书后，需要送达给员工，否则，无法产生相应的法律效力。送达原指司法机关依照一定的方式和手续，将诉讼文件送交收件人的活动。对用人单位而言，送达是指用人单位以一定的方式和手续，将离职文书送交员工的活动。需要提醒企业的是，在劳动合同解除、终止时，企业不仅要制作好离职文书送达给对方，还需要保留相关证据。因此，送达对用人单位来说也是非常重要的一个环节。

微课 6-5-2

离职文书的送达

1.送达方式

关于送达方式，参照民事诉讼中的送达方式以及实践中的操作，一般有以下几种：

（1）直接送达。直接送达，是指企业工作人员将需要送达的离职文书直接交给员工或其成年家属、代收人的送达方式。例如，员工当面签收用人单位制作的劳动合同解除通知书，就属于直接送达。直接送达是实践中最常用的一种方式。但是，如果员工拒不签收离职文书，用人单位只有选择其他送达方式。

需要提醒企业的是，直接送达时一定要员工或其成年家属、代收人签字确认，表示于某年某月某日收到了劳动合同解除或终止的文书，否则，劳动者否认曾收到过企业的文书，企业将很难举证。

（2）留置送达。留置送达，是指在向员工或其成年家属、代收人送达离职文书时，受送达人拒绝签收，企业一方将离职文书留放在受送达人住所的送达方式。需要指出的是，这种送达方式，需要找证人证明送达过程。如果用人单位有工会，可以找工会的人作证；如果用人单位没有工会，则需要找受送达人居委会或村委会的人作证，否则，无法达到送达的效果。由于留置送达相对比较复杂，实践中企业一般不使用这种送达方式。

（3）邮寄送达。邮寄送达，是指企业在直接送达有困难的情况下，通过邮局以挂号信或快递的方式将需要送达的文书邮寄给受送达人的送达方式。这种方式在现代社会最为常用，因为它既简单又有效。但是，每次在使用这种方式送达时，还需要注意事后能证明信封内或快递内封装的是离职文书，否则，员工承认收到了单位的信笺，但矢口否认里面的内容，用人单位也比较被动。所以，用人单位在邮寄时，需要事先寻找无利害关系的第三人证明邮寄的内容或者在邮寄单上明确邮寄的内容为离职文书，且要注明具体的文书类型。

（4）公告送达。公告送达，是指企业在送达人下落不明或采取上述方法均无法送达时，而将需要送达的文书的主要内容予以公告，公告经过一定期限（60日）即产生送达效果。这种方式是司法机关常用的方式，对企业送达来说一般不常用，因为它的成本高，而且也没有必要，一般通过直接送达、邮寄送达即可。实在送达不到的，为及时解除劳动关系，只有选择公告送达。

需要指出的是，公告送达是最后一种送达途径，即直接送达、留置送达、邮寄送达等无法送达员工时，才可以选择公告送达，而不能首选公告送达，否则无法产生送达的效果。对此，原劳动部办公厅《关于通过新闻每天通知职工回单位，并对逾期不归者按自动离职或旷工处理问题的复函》中规定："能直接送达、邮寄送达而未用，直接采用公告方式送达，视为无效。"

2.送达的时间要求

用人单位在向员工送达离职文书时，还要注意法律对送达时间的规定。劳动合同解除、终止的情形不同，法律对于劳动合同解除、终止的文书送达时间要求也是不同的。协商解除劳动合同的，对于解除协议的送达无时间要求，随时都可以送达对方。用人单位非过失性解除劳动合同的，需要提前30日将劳动合同解除通知书送达员工，否则，需要支付员工1个月工资的代通知金；用人单位过失性解除劳动合同的，则不需要提前送达，可以随时送达；用人单位经济性裁员的，只要履行法定程序即可，对于送达的期限无特殊要求；劳动合同终止的，尽管法律没有规定用人单位提前通知的义务，但为防止产生纠纷，建议企业提前1个月将终止通知书送达员工。

二、离职手续的办理

微课6-5-3

离职手续的办理

（一）离职手续办理的含义

离职手续办理，是指用人单位与劳动者就离职所涉及的事项按照法律规定或约定，妥善进行处理的行为。

离职手续办理，不仅仅是用人单位的责任，也是劳动者的责任，如劳动者配合用人单位进行工作交接等。由此可见，离职手续办理是劳动合同解除、终止的附随义务，双方均需要承担相应的法律责任。

从离职管理的程序来看，离职手续办理是员工离职管理的最后一道程序，也是非常重要的一项工作。如果前面的工作都做好了，而离职手续办理工作没做好，就会功亏一篑，很多劳动合同解除、终止争议也因此发生。所以，用人单位需要重视员工离职管理的最后一个环节，以避免和减少劳动争议的发生。

（二）离职手续办理的内容

1.对从事有职业病危害作业的员工做健康检查

对于接触职业病危害作业的员工在劳动合同解除、终止前未做健康检查的，用人单位不得解除、终止劳动合同。因此，对于接触职业病危害作业的员工在劳动合同解除、终止前为其做健康检查是用人单位的法定义务，否则，劳动合同无法解除、终止。

此外，对接触职业病危害作业的员工在劳动合同解除、终止前做健康检查，也有利于分清责任。因为在劳动合同解除、终止后，员工到新单位如果发现患职业病的，员工有可能要求原单位承担责任，尤其是在新单位没有能力承担的情况下，这种可能性非常高。由此可见，劳动合同解除、终止前的健康检查有利于分清责任，使用人单位免受牵连。

2.工作交接

员工离职进行工作交接，是必备的离职手续办理的一部分。对用人单位而言，工作交接的重要性是不言而喻的，员工离职后，需要有新的员工接替离职员工的工作，工作交接做不好，工作的连贯性就无法保证；对于重要的工作岗位，工作交接做不好，会给用人单位带来巨大的损失。所以，《劳动合同法》第五十条强调了"劳动者应当按照双方约定，办理工作交接"。工作交接的主要内容包括两个方面：一是直接向接替工作的员工介绍本岗位的职责、工作范围、工作方法和业务运作程序，交清本岗位上的各种设备、设施情况，并让设备、设施在正常运转情况下交给接替的员工；二是向接替的员工或企业指定的人员交代尚未完成的工作任务，如与客户之间未履行完的合同、需要继续催要的债务以及其他与工作职责有关的尚未完成的一切事务。

工作交接是员工的义务，为使员工顺利做好工作交接，用人单位需要完善工作交接方面的制度，如规定交接的内容、对象、方式、流程、期限以及不履行工作交接义务的责任等。

在实践中，员工不配合企业做工作交接的，该如何处理呢？这也是用人单位感到困惑和无奈的事情。如果员工拒绝办理或者不积极配合企业办理工作交接，用人单位可以不支付给劳动者经济补偿金，待工作交接时再支付经济补偿金。此外，如果由于员工不进行工作交接给用人单位带来损失的，用人单位要及时行使权利、搜集证据，要求员工赔偿相应的损失。

3.公司物品归还、清理文件资料和清偿债务

员工在工作期间，因工作职责或工作需要由其保管或单位配给个人使用的、属于用人单位的办公用品和其他财物，如笔记本电脑、移动电话等，都应在离职前交还用人单位。用人单位应指定专人接收，并办理接收手续。如有损失或损害的，应由员工本人按照用人单位的规定进行赔偿。

员工离职时，应对员工在职期间保管和使用的用人单位的全部文件和有关资料进行清理，如各种图表、图纸、备忘录、客户名单、财务账目、市场信息、工作计划、工作记录、技术资料等，该收回的要收回，该销毁的要销毁，因为这些文件资料有可能涉及用人单位的商业秘密。

此外，员工离职时拖欠用人单位的债务，如所欠的借款、应赔偿的损失或应缴纳的

罚款等，应在办理离职手续时清偿完毕。具体的清偿办法，可以由员工一次性支付，也可以由用人单位一次性从工资或经济补偿金中扣除。

4.退还员工的有关证件

在劳动关系存续期间，用人单位因需要收取或保管的员工有关证件、证明、证书等，包括学历证明、技术职称证书、职业资格证书等，应在员工劳动合同解除、终止前退还给员工。用人单位不退还的，不仅需要承担行政责任，给员工造成损失的，还需承担民事赔偿责任。对此，《劳动合同法》第八十四条明确规定："用人单位违反本法规定，扣押居民身份证等证件的，由劳动行政部门责令限期退还劳动者本人，并依照有关法律规定给予处罚。劳动者依法解除或终止劳动合同，用人单位扣押劳动者档案或者其他物品的，依照前款规定处罚。"

5.薪资结算

员工离职时，用人单位应该与员工结清劳动报酬。在实践中，很多用人单位因为财务做账的原因，都安排到工资发放日结清劳动报酬，且很多用人单位认为，工资拖欠的界定是在一个工资支付周期（每月发工资的支付周期为月）内没有发的，称为拖欠，如果在一个工资支付周期内支付，就不属于拖欠。其实不然，员工与用人单位解除或终止劳动合同以后，他们之间的劳动关系也就不存在了。为了保护劳动者得到相应的劳动报酬，用人单位应在解除或终止劳动合同时付清劳动者工资，不能以原劳动合同约定的工资支付日期结算，而且必须一次付清，不能拖欠或克扣。对此，《劳动合同法》第五十条第二款规定："用人单位依照本法有关规定应当向劳动者支付经济补偿的，在办结工作交接时支付。"对于企业在解除、终止劳动合同时拖欠薪资的行为，《劳动合同法》第八十五条规定了相应的责任。《劳动合同法》第八十五条规定："用人单位有下列情形之一的，由劳动行政部门责令限期支付劳动报酬、加班费或者经济补偿；劳动报酬低于当地最低工资标准的，应当支付其差额部分；逾期不支付的，责令用人单位按应付金额50%以上100%以下的标准向劳动者加付赔偿金：（1）未按照劳动合同的约定或者国家规定及时足额支付劳动者劳动报酬的；（2）低于当地最低工资标准支付劳动者工资的；（3）安排加班不支付加班费的；（4）解除或者终止劳动合同，未依照本法规定向劳动者支付经济补偿的。"

因此，员工离职时，建议用人单位及时与员工结清工资，否则，一旦因此产生纠纷，用人单位将陷于不利境地。

6.出具离职证明

劳动合同解除或终止后，双方仍然负有通知、协助、保密等附随义务。因此在劳动合同解除、终止时，如果劳动者要求，用人单位应及时为员工出具劳动合同解除、终止证明。《劳动合同法》第五十条规定："用人单位应当在解除或者终止劳动合同时出具解除或终止劳动合同的证明，并在15日内为劳动者办理档案和社会保险关系转移手续。"由此可见，出具离职证明是用人单位的法定义务之一。如果员工要求用人单位出具离职证明，用人单位不出具证明，由此影响劳动者就业或领取失业保险的，用人单位需要承担赔偿责任，《劳动合同法》第八十九条明确规定："用人单位违反本法规定未向劳动者出具解除或者终止劳动合同的书面证明，由劳动行政部门责令改正；给劳动者造成损害的，应当承担赔偿责任。"另外，《劳动合同法实施条例》还规定了离职证明的内容，包括劳动合同期限、解除或者终止劳动合同的日期、工作岗位、在本单位的工作年限等。

7.转移档案和社会保险关系

员工离职后，其档案和社会保险关系也需要转移，这涉及员工再就业和有关社会保障权利的享有。因此，《劳动合同法》第五十条规定："用人单位应当在解除或者终止劳动合同时出具解除或者终止劳动合同的证明，并在15日内为劳动者办理档案和社会保险关系转移手续。"由此可见，法律不仅规定了用人单位为离职员工办理档案和社会保险关系转移手续的义务，还为用人单位办理档案和社会保险关系转移手续设定了时间，即员工离职15日之内办理。如果员工离职后，用人单位不及时办理档案和社会保险关系转移手续，因此而给员工带来损失的，应当承担赔偿责任。

需要指出的是，办理档案和社会保险关系转移手续是无条件的，用人单位不得以双方没有结清欠款或劳动者未支付有关赔偿金为由扣留劳动者档案或不办理社会保险关系转移的有关手续。如同用人单位以各种理由不为劳动者出具解除、终止劳动合同的证明一样，这些做法都是不明智的，也是违法的。在实践中，有些用人单位对于终止劳动关系的，为刁难劳动者，用人单位既不提请劳动争议仲裁，也不给劳动者办理人事档案转移手续。员工没有人事档案既会影响其再求职，又会造成其无法与新的用人单位建立合法、完备的劳动关系，进而影响其办理社会保险、技术职称评定等事宜，对员工极其不利。所以，法律和司法解释都对此问题作出了明确的规定。用人单位应当注意，劳动关系解除后，应当积极妥善地履行相应的附随义务。

8.办理退工登记备案手续

各地对退工登记备案手续的要求不一，主要体现在各地的地方性规定上。

三、离职手续办理的法律风险防范

1.离职手续办理要及时

员工离职的，用人单位应及时为员工办理离职手续。如果用人单位不为其办理离职手续，而继续用工，有可能会带来支付双倍工资或成立无固定期限劳动合同的风险。除了这些风险之外，不及时办理离职手续，还会引发很多纠纷。

2.办理离职手续的无条件

在办理离职手续时，用人单位的义务除在员工办理工作交接时支付经济补偿金之外，还包括出具离职证明、结清劳动报酬、转移档案和社会保险关系等。在实践中，用人单位往往以各种理由不为员工办理相应的离职手续，常见的理由包括：未及时归还公用物品，如笔记本电脑、移动手机等；未办理工作交接手续，如移交客户资料、有关财务账册等；未履行偿还义务，如单位出资培训的、出资招用的、服务期未满的等。当员工提出离职时，用人单位便要求员工履行上述义务，而当员工不及时履行义务或一走了之时，用人单位便不办理退工手续，以此作为限制的条件，为员工再就业制造障碍。当然，也有些用人单位试图以不办退工手续来留住人才。其实，上述这些做法都是不明智的，无论用人单位以何种理由不为员工办理相应的离职手续，都是违法的，由此给员工造成损失的，需要承担赔偿责任。

3.离职手续办理要避免侵犯员工的权利

用人单位出具的合同解除证明涉及对当事人人品评价的，应当客观、真实，不得有侮辱当事人人格等内容，如果用人单位证明的内容侵犯了当事人的人格权，也有可能惹来官司。

互动课堂6-5

　　张先生原来在家具公司负责采购，后来公司以"严重失职，对公司利益造成重大损失"为由辞退了他。该公司还向多家供应商发出声明，指出张先生已被辞退，无权代表公司进行任何采购业务，调查发现张先生与个别供应商之间存在不正当的商业行为等。公司向公安机关报案，指出张先生有利用职务之便接受商业贿赂的嫌疑。公安机关经审查后，认为公司的控告没有犯罪事实，不予立案。对此，张先生认为公司侵犯了他的名誉权，将公司告上法庭。

　　请问：公司的行为是否侵犯了张先生的名誉权？为什么？

互动课堂6-5

分析提示

➤➤➤ **自学测试**

自学测试6-5

一、多项选择题

1.离职文书有（　　　）。

A.劳动合同解除协议书　　　　　B.辞职通知书

C.劳动合同终止通知书　　　　　D.劳动合同解除通知书

2.离职文书的法律作用有（　　　）。

A.离职文书是处理劳动争议的证据

B.离职文书可以确定劳动争议时效的起算点

C.离职文书可有可无

D.离职文书是应用文

3.用人单位在制作劳动合同解除协议书时，应注意（　　　）。

A.应明确由哪方首先提出的动议　　　B.应当明确解除时间

C.可以不说明解除理由　　　　　　　D.应当明确经济补偿金事宜

4.用人单位在制作劳动合同解除通知书时，应注意（　　　）。

A.应当说明解除理由　　　　　　　　B.解除通知书应当列明基本事实

C.应当明确解除时间　　　　　　　　D.应当明确经济补偿金事宜

5.离职文书的送达方式有（　　　）。

A.直接送达　　　　B.留置送达　　　　C.邮寄送达　　　　D.公告送达

6.离职手续办理的内容有（　　　）。

A.对从事有职业病危害作业的员工做健康检查

B.工作交接

C.公司物品归还、清理文件资料和清偿债务

D.退还员工的有关证件

E.薪资结算

F.出具离职证明

G.转移档案和社会保险关系

H.办理退工登记备案手续

二、判断题

1.员工离职文书，是指劳动关系当事人就劳动合同解除、终止事宜制作的法律文件。（　　）

2.能直接送达、邮寄送达而未用，直接采用公告送达方式，视为无效。（　　）

3.离职手续办理，是指用人单位与劳动者就离职所涉的事项按照法律规定或约定妥善进行处理的行为。（　　）

4.员工离职的，用人单位应及时为员工办理离职手续。（　　）

5.用人单位出具的合同解除证明涉及对当事人人品评价的，应当客观、真实，不得有侮辱当事人人格等内容。（　　）

巩固与提高

一、选择题

1.用人单位在制作劳动合同终止通知书时，应注意（　　）。

A.应当明确终止的理由　　　　　B.应当明确终止的时间

C.应当明确解除时间　　　　　　D.应当明确经济补偿金事宜

2.工作交接的主要内容包括两个方面（　　）。

A.直接向接替工作的员工介绍本岗位的职责、工作范围、工作方法和业务运作程序，交清本岗位上的各种设备、设施情况，并让设备、设施在正常运转情况下交给接替的员工

B.向接替的员工或企业指定的人员交代尚未完成的工作任务

C.个人档案的移交

D.个人薪资的结算

二、判断题

1.在办理离职手续时，用人单位的义务，除在员工办理工作交接时支付经济补偿金之外，还包括出具离职证明、结清劳动报酬、转移档案和社会保险关系等。（　　）

2.离职手续办理是员工离职管理的最后一道程序。（　　）

3.离职手续办理仅仅是用人单位一方的责任。（　　）

4.办理档案和社会保险关系转移手续是无条件的，用人单位不得以双方没有结清欠款或劳动者未支付有关赔偿金为由扣留劳动者档案或不办理社会保险关系转移手续。（　　）

三、案例分析题

2016年10月，小裘进入上海SDT贸易公司工作，担任营业部业务助理一职，双方签订了为期3年的劳动合同。2017年11月底，因公司发生重大业务战略调整，经与小裘协商一致，双方同意解除劳动合同。

小裘离职后，公司发现，小裘曾经使用的工作电脑有其设置的密码尚未解锁。公司多次联系小裘，并要求其告知工作电脑的密码，移交电脑内的文件，但小裘答复道："离职当日即完成了工作电脑及物品的移交，公司并未提出异议。在移交电脑前，自己删除了部分与私人有关的文件，而且公司从未禁止删除电脑文件，劳动合同中对此也无任何约定，自己没有义务进行配合。"

按照解除劳动合同时的协商，公司应对小裘进行经济补偿，但由于其未配合交接，公司也迟迟不把经济补偿金支付给小裘。不久之后，公司为了获得电脑中相关的业务资料，只得委托了一家专业的技术公司，对小裘的工作电脑进行密码破解和硬盘恢复，并为此花费了1万元。在公司看来，这笔费用应由小裘承担，于是将小裘告上了法院，要求小裘赔偿这1万元的损失。小裘也在诉讼中提出了反诉，要求公司立即支付离职的经济补偿金。

请问：小裘离职后是否负有配合用人单位办理工作交接的义务？如果工作交接未完成，用人单位是否可以不支付经济补偿金？这个案例给我们的启示是什么？

四、问答题

1.离职手续办理有哪些内容？

2.防范离职手续办理的法律风险应注意哪些问题？

模块七
非标准用工管理

　　在企业的人力资源管理规划中，管理者首先需要考虑的问题就是单位需要使用怎样的一种用工模式。用工模式经历了从简单到复杂、从标准到特殊的发展变化，对不同用工模式进行选择成为人力资源管理的基础工作。企业的用工制度设计及用工模式选择需要综合考虑经济环境、经营模式、用工成本、法律风险等诸多事项，《劳动合同法》作为劳动用工领域的重要法律，对用工模式不可避免地产生重要影响。而在企业与员工之间最常见的用工模式就是标准劳动关系。标准劳动关系具体表现为劳动合同关系，是最为常见的劳动关系，完全符合劳动关系构成要件并使用全部的劳动基准。随着经济社会的不断发展，以派遣就业、非全日制就业为代表的非标准劳动关系开始发展起来，非标准用工开始进入企业用工模式选择的视野，以劳务派遣、非全日制用工、弹性就业为代表的非标准用工在《劳动合同法》中得到了认可并进行了必要的法律调整。本模块仅从用人单位的角度对劳务派遣用工、非全日制用工的风险防范进行介绍。

任务一　劳务派遣用工的风险防范

▶ 学习目标

◆知识目标

正确理解劳务派遣的内涵；

掌握用工单位、劳务派遣单位对被派遣劳动者应履行的义务；

了解被派遣劳动者应享有的权益；

掌握劳务派遣的适合岗位；

掌握劳务派遣中劳动合同的解除；

掌握用工单位、劳务派遣单位违反劳务派遣相关规定应承担的责任。

◆能力目标

能够依法对劳务派遣员工进行管理。

▶ 重点难点

◆教学重点

《劳动合同法》对劳务派遣的规制。

◆教学难点

劳务派遣用工的风险防范。

▶ 自学任务

（1）线上或线下学习本部分教学内容，重点关注以下问题：①《劳动合同法》对劳务派遣的规制有哪些？②劳务派遣用工的风险防范措施有哪些？

（2）自学完后完成本任务的自学测试。

自学课件 7-1-1：
《劳动合同法》对劳务派遣的规制

自学课件 7-1-2：
劳务派遣用工的风险防范措施

▶ 案例研讨

在线上或线下自学的基础上，以课程学习团队为单位，由团队负责人组织团队成员对案例进行讨论，达成一致意见，并制作 PPT，选派一名代表在课堂上展示案例研讨结果。

案例 1　某外资运输公司落户大连，想在我国聘用几名船员，但考虑到我国的一些限制性政策规定，于是决定通过劳务派遣的方式招用 12 名我国船员。由于对国内的相关派遣公司缺乏了解，只通过报纸和互联网广告找到一家从事船员派遣的、看似势力雄厚的某海事服务公司。由于航期紧迫，该外资运输公司并没有对该海事服务公司进行细致的资格审查，双方很快签订了1份2年期限的派遣协议，录用了12名体检合格、证件齐全的我国船员，双方约定根据船员的级别每月按400～900美元不等的标准支付给船员劳动报酬，由该海事服务公司负责在每月5日之前划到每个船员的银行卡里。

该外资运输公司主营中欧航线，一个航期来回2个多月，第一个航期即将结束，船在国内港口靠港进行集装箱货物装卸的时候，有部分船员可以申请几个小时的假期，下船活动。李某等人获准下船2个小时，他们最关心的是自己的工资有没有如期支付到账，于是一起去港口附近的银行查询。令他们一直担心的事情果然发生了，他们的银行卡里一分钱都没有。他们立即回船，找到船长询问此事。船长也一头雾水，感觉形势不妙，就往公司打了电话，公司称已经把这两个月的工资如数转到该海事服务公司的账户上了。听说船员没有收到钱，立即给该海事服务公司打电话，结果发现竟然是空号。后通过工商行政管理部门核实，根本没有注册过这样一家公司。

请问：该案如何处理？企业在劳务派遣中应吸取什么教训？

案例2　老王从单位下岗后，一直想趁自己还有力气再多干几年，给自己养老多留点积蓄，但他已经40多岁了，想找份工作也不是件容易的事。经朋友介绍，老王找到了一家劳务派遣公司，对方同意和他建立劳动关系，但由于是初次签约，公司对老王的业务水平放心不下，怕他给公司惹麻烦。于是公司提出先与老王签1年的合同，如果合同期限内工作表现良好，再继续签1年合同。老王想想也合情合理，于是就与公司签订了1年的劳动合同。

请问：劳务派遣公司与老王签订1年的劳动合同合法吗？为什么？

案例3　王某成立了一家劳务派遣公司，专门向制衣厂、建筑工地等劳动密集型产业大量派遣劳动者。为了降低用人成本，王某以"促进劳动力自由流动，实现劳动力优化配置"为名，在与被派遣劳动者建立劳动关系时，与所有劳动者订立的是非全日制合同。正当王某为自己的小聪明沾沾自喜的时候，劳动行政执法部门找到了他。

请问：王某为什么会沾沾自喜？劳动行政执法部门为什么找他？

案例4　某军区医院后勤保障部门正在进行医院部分房屋的修缮工程，房屋修缮班组急需一批技术熟练的瓦工、木工，受编制的影响，医院不能提供相应的编制名额，也曾考虑把整个后勤业务外包出去，但由于种种原因最终没有获批。于是，在人事部门的建议下，领导批准通过劳务派遣的方式录用这批后勤人员。人事主任找到一家从事后勤人员派遣的劳务派遣公司，劳务派遣公司负责为其招聘到合适的派遣工人，双方订立了1年的派遣协议，约定将马某等几人派到医院工作。虽然工作辛苦，但是对这份来之不易的工作，马某等全力以赴，从不偷懒、抱怨，房屋修缮部门班长对他们的手脚麻利和任劳任怨很是赏识，1年的派遣期满后，医院与劳务派遣公司协商后，破例又签了1年。可是有一天，在给马某等人发工资的时候，马某提出说，医院木工、瓦工的工资是根据工龄增长的，在医院工作满1年每月增加20元，但是自己第二年的工资并没有增加，希望劳务公司给个说法。

劳务派遣公司找到医院人事主任，声称对方在续签协议的时候没有明确这一工资发放的标准，应当按照医院的规定正常调整马某等人的工资待遇。医院解释说工资随工龄增长适用于医院的正式员工，马某等人的工资已经在双方的派遣协议中明确规定了，当初劳务派遣公司对此没有不同意见，所以，医院没有义务给马某等人调整工资。

请问：用工单位的说法合法吗？为什么？

知识点学习

一、劳务派遣概述

微课 7-1-1

劳务派遣的内涵

（一）劳务派遣的内涵

劳务派遣又称人才派遣、人才租赁、劳动力派遣、劳动力租赁。

劳务派遣是由具备合法资质的劳务派遣单位以劳务派遣形式根据用工单位的实际需求，派遣合格的员工到企业工作的一种新型的用工形式。

与普通的劳动关系不同，劳务派遣涉及劳务派遣单位、被派遣员工和用工单位三方之间的关系：劳务派遣单位与被派遣员工订立劳动合同后，依据与用工单位订立的劳务派遣协议，将被派遣员工派遣到用工单位工作。被派遣员工与劳务派遣单位之间签订劳动合同，形成劳动关系，但并不发生劳动力给付的事实；劳务派遣单位与用工单位之间签订劳务派遣协议，形成劳务派遣关系。对用工单位来说，劳务派遣是人力资源外包的一种重要形式，其最大特点是劳动力的法律雇佣和使用相分离。由于劳务派遣降低了用人成本和风险，保证了用工的灵活性，因此成为许多国家企业用工制度的一种新选择。

被派遣员工与劳务派遣单位之间签订劳动合同，形成劳动关系。被派遣员工与用工单位之间是一种劳务关系。

劳务派遣之所以受到许多用工单位的青睐，是因为其确实具有很多传统用工方式无可比拟的优点：

1.用人机制更加灵活

由于被派遣员工与用工单位只是一种简单的有偿使用关系，从而彻底解除了被派遣员工对用工单位的依附关系，从根本上解决了"员工能进不能出""干好干坏一个样"的人事管理痼疾。

2.内部竞争更加激烈

用工单位采用正式、派遣等不同用工形式，并根据员工的表现使其在不同层次上合理流动，不仅可以使较低层次员工的竞争更加激烈、员工积极性更高，而且可以使较高层次员工的危机感更强。

3.人力资源成本更低

使用被派遣员工，一是可以通过人力资源外包，简化职能部门，提高综合管理效益；二是可以减少招聘费用，降低招聘产生的人事和机会成本；三是通过市场化定价，降低被派遣员工的薪酬支出；四是根据经营状况，随时减少员工数量，总体降低人力成本支出。

4.事务工作压力更小

被派遣员工的招聘选拔、档案接轨、社会保险缴纳、职称申报评定、计划生育管理、劳动关系建立与解除、劳动纠纷处理等均由派遣机构负责，不仅节约了成本，使管理更加专业、规范，而且彻底解放了人力资源部，使其能够更加专注于核心人才的管理和服务。

5.合理规避劳动纠纷

被派遣员工由劳务派遣单位实施专业化管理，一方面可大大减少劳动纠纷的发生；另一方面，一旦出现劳动纠纷，一般由与被派遣员工建立劳动关系的劳务派遣单位处理，用工单位只需予以协助，这样就在很大程度上避免了用工单位处理劳动纠纷的麻烦。

为规范劳务派遣人员的聘用和管理，明确用工单位、劳务派遣单位和被派遣员工三方的权利义务，保证劳务用工制度的规范执行。《劳动合同法》首次用专节对劳务派遣用工方式作出规定，明确规定了劳务派遣三方的权利义务。

(二) 劳务派遣与相关概念的区别

1.劳务派遣与职业中介

劳务派遣与职业中介表面上看来有一定的相似性，但本质上是大不相同的。

职业中介只是为找工作的劳动者和用工单位之间搭起一座桥梁，提供就业居间服务，促成劳动者与用工单位之间建立劳动关系。而职业中介本身与接受就业居间服务的劳动者之间并不建立劳动关系，而只是居间民事关系，这是一种短暂的不稳定的关系，职业中介不需要为劳动者支付劳动报酬，更不需要为其办理社会保险。

而在劳务派遣中，劳务派遣单位和被派遣员工之间签订的是劳动合同，建立的是劳动关系，因此劳务派遣单位应当对被派遣员工履行劳动法上的各种义务，包括支付工资、办理社会保险等。

2.劳务派遣与业务外包

劳务派遣涉及三方，用工单位和被派遣员工之间还存在一层关系，用工单位需要对被派遣员工履行相应的义务，并且要承担连带赔偿责任。

业务外包是发包单位将项目外包给其他组织或个人，并由承包的组织或个人完成承包项目。因此，在业务外包中，除非是个人承包经营，发包单位需要对劳动者的损害承担连带赔偿责任，否则发包单位对承包单位的劳动者不需要承担法律责任。

3.劳务派遣与借调

两者相同之处都体现在向第三方输出劳动者，并由第三方为劳动者安排工作，并且劳动者均与输出方存在劳动关系，与接受方不存在劳动关系。

两者有明显区别：劳务派遣专门从事输出劳动者的业务，并以此为盈利模式；借调只是用人单位之间相互调剂职工余缺或者进行技术交流的手段。在实践中，借调单位之间一般存在关联关系或合作关系。

二、《劳动合同法》对劳务派遣的规制

由于劳务派遣容易引起纠纷，法律对劳务派遣限制比较严格，从《劳动合同法》的立法精神来看，是要限制其发展，使其不要成为主流的用工方式。具体而言，《劳动合同法》从两个方面对劳务派遣进行了限制。

（一）劳务派遣单位的限制

1.劳务派遣单位资质的特殊要求

根据《劳动合同法》第五十七条的规定，经营劳务派遣业务应当具备下列条件：

（1）注册资本不得少于人民币200万元；

（2）有与开展业务相适应的固定的经营场所和设施；

（3）有符合法律、行政法规规定的劳务派遣管理制度；

（4）法律、行政法规规定的其他条件。

经营劳务派遣业务，应当向劳动行政部门依法申请行政许可；经许可的，依法办理相应的公司登记。未经许可，任何单位和个人不得经营劳务派遣业务。

2.劳务派遣劳动合同的特殊要求

根据《劳动合同法》第五十八条的规定，劳务派遣单位是本法所称用人单位，应当履行用人单位对劳动者的义务。劳务派遣单位与被派遣劳动者订立的劳动合同，除应当载明本法第十七条规定的事项外，还应当载明被派遣劳动者的用工单位以及派遣期限、工作岗位等情况。劳务派遣单位应当与被派遣劳动者订立2年以上的固定期限劳动合同，按月支付劳动报酬；被派遣劳动者在无工作期间，劳务派遣单位应当按照所在地人民政府规定的最低工资标准，向其按月支付报酬。

3.劳动报酬的特殊要求

根据《劳动合同法》第五十八条第二款的规定，劳务派遣单位应当与被派遣劳动者订立2年以上的固定期限劳动合同，按月支付劳动报酬；被派遣劳动者在无工作期间，劳务派遣单位应当按照所在地人民政府规定的最低工资标准，向其按月支付报酬。

4.劳务派遣单位对劳动者其他法定义务要求

虽然劳务派遣单位不是实际的用工单位，但是作为劳动合同的相对方，它是《劳动合同法》所称的用人单位，应当履行用人单位对劳动者所应承担的义务，包括订立劳动合同、及时足额支付劳动报酬、缴纳社会保险费用、办理档案转移手续等义务。

5.招用形式的要求

《劳动合同法实施条例》第三十条规定了劳务派遣单位不得以非全日制用工形式招用被派遣劳动者。这意味着，劳务派遣单位只能以标准劳动关系的形式招用劳动者。

6.违法操作的严重后果

根据《劳动合同法》第九十二条的规定，劳务派遣单位、用工单位违反本法有关劳务派遣规定的，由劳动行政部门责令限期改正；逾期不改正的，以每人5 000元以上10 000元以下的标准处以罚款，对劳务派遣单位，吊销其劳务派遣业务经营许可证。用工单位给被派遣劳动者造成损害的，劳务派遣单位与用工单位承担连带赔偿责任。

可见，对劳务派遣单位违法操作的处罚是很严格的，不仅有行政责任，也有民事责

微课7-1-2

《劳动合同法》中对劳务派遣单位的规制

微课7-1-3

劳务派遣用工的风险防范措施

任，严重的还可以吊销营业执照。

（二）用工单位的限制

1.劳务派遣的适用范围的限制

《劳动合同法》第六十六条第一款规定了劳动合同用工是我国的企业基本用工形式。劳务派遣用工是补充形式，只能在临时性、辅助性或者替代性的工作岗位上实施。

微课 7-1-4

用工单位使用
劳务派遣的法
律限制

根据《劳动合同法》第六十六条第二款的规定，前款规定的临时性工作岗位是指存续时间不超过 6 个月的岗位；辅助性工作岗位是指为主营业务岗位提供服务的非主营业务岗位；替代性工作岗位是指用工单位的劳动者因脱产学习、休假等原因无法工作的一定期间内，可以由其他劳动者替代工作的岗位。

可见，劳务派遣一般在临时性、辅助性或者替代性的工作岗位上实施。

临时性岗位，主要是针对那些并非常年有劳动力需求或者需求不稳定、相对集中的季节性、短期性的工作，比如月饼、元宵生产，商家各种临时促销活动等。

辅助性岗位，是相对于核心、关键岗位而言的。核心、关键岗位是用工单位重点培养和保护的岗位，这些岗位通常掌握着取得和保持外部竞争力的关键竞争因素，因而往往也是商业秘密聚集的岗位，这些岗位上的劳动者通常需要个别培养，对其技能和素质的要求比较独特，这些特点决定了这部分岗位不适合使用劳务派遣者。辅助性岗位所从事的工作通常都是普遍需要的，不具有独特性，不会威胁到用工单位商业秘密的外泄，也不需要用工单位有针对性地培养，因而比较适合使用技术熟练的派遣劳动者。比如清洁工、保洁员等岗位。

替代性岗位，指工作岗位要求不高，很容易找到可替代的劳动者的低端工作岗位。替代性岗位也是一种临时性的而不应该是常设的岗位。在实践中，替代性岗位通常是该岗位原劳动者在接受专业技术脱产培训或休产假、病假等暂时离职的情况下，由被派遣劳动者暂时顶替该岗位空缺，直到原劳动者结束培训或休假重新上岗。

因此，用工单位在选择劳务派遣用工时应注意法律对劳务派遣岗位要求的"临时性、辅助性或者替代性"，切记不是所有岗位都能实施劳务派遣。

2.劳务派遣用工数量的限制

根据《劳动合同法》第六十六条第三款的规定，用工单位应当严格控制劳务派遣用工数量，不得超过其用工总量的一定比例，具体比例由国务院劳动行政部门规定。

《劳务派遣暂行规定》第四条明确规定：用工单位应当严格控制劳务派遣用工数量，使用的被派遣劳动者数量不得超过其用工总量的10%。

3.同工同酬的要求

《劳动合同法》第六十三条规定了被派遣劳动者享有与用工单位的劳动者同工同酬的权利。用工单位无同类岗位劳动者的，参照用工单位所在地相同或者相近岗位劳动者的劳动报酬确定。

4.用工单位对被派遣劳动者法定义务的要求

根据《劳动合同法》第六十二条的规定，用工单位应当履行下列义务：

（1）执行国家劳动标准，提供相应的劳动条件和劳动保护；

（2）告知被派遣劳动者的工作要求和劳动报酬；

（3）支付加班费、绩效奖金，提供与工作岗位相关的福利待遇；

（4）对在岗被派遣劳动者进行工作岗位所必需的培训；

（5）连续用工的，实行正常的工资调整机制。

用工单位对被派遣劳动者应履行的义务包括：

（1）执行国家劳动标准，提供相应的劳动条件和劳动保护。用工单位应当严格执行国家统一规定的劳动标准。劳动标准具体包括工作时间、最低工资、劳动条件、女职工和未成年人的保护等各项国家劳动标准。

劳动条件和劳动保护是指劳动者从事生产活动中的安全、卫生和健康条件。

劳务派遣员工实际工作场所在用人单位，因而法律要求用工单位在使用劳务派遣员工时，要切实执行国家劳动条件和劳动保护标准。具体包括：向劳动者提供符合劳动安全卫生标准的劳动条件；对劳动者进行劳动保护教育和劳动保护技术培训；建立和实施劳动保护管理制度；保障职工休息权的实现；为女工和未成年人提供特殊的保护；接受政府有关部门、工会组织和职工的监督。劳动者有权获得符合国家劳动标准的劳动条件和接受劳动安全卫生知识的教育；有权拒绝用工单位提出的违章作业要求，并在劳动过程中遇有严重危及生命安全的危险时采取紧急避险行为；有权要求进行定期健康检查；职业禁忌症患者有权要求不从事所禁忌的工作；职业病患者有权要求及时治疗并调离原岗位；此外，女职工和未成年人在健康方面的特殊利益，有权获得特殊保护。

（2）告知被派遣劳动者的工作要求和劳动报酬。劳动者在从事生产劳动的过程中享有知情权，用工单位有义务告知劳动者具体的工作要求和岗位职责，以便劳动者能够按照要求顺利完成工作任务，实现用工单位的经营目标。同时有权按照自己提供劳动的数量和质量取得劳动报酬，有权要求同工同酬，用工单位有义务告知劳动者具体劳动报酬的数额。

（3）支付加班费、绩效奖金，提供与工作岗位相关的福利待遇。劳动者在正常工作时间和应当完成的工作量之外提供额外劳动的，用工单位应当依法支付加班费。加班是劳动者在法定工作时间以外提供的额外劳动，有权依法享受加班报酬。用工单位不能因为劳动者是劳务派遣员工，而随意增加其工作量。被派遣劳动者与用工单位劳动者一样，提供额外加班劳动时依法享受加班费，加班费由用工单位额外支付。此外，用工单位还应当依法支付被派遣劳动者的绩效奖金。福利待遇，是用人单位为改善和提高劳动者的物质文化生活水平，通过举办集体福利设施、提供服务和发放补贴等形式，给予劳动者的一种生活保障和服务。

（4）对在岗被派遣劳动者进行工作岗位所必需的培训。用工单位在实际用工时，对被派遣劳动者要进行相关的岗位培训。对劳动者进行工作岗位所必需的培训，既有利于提高劳动者的技能和工作效率，又有利于安全生产和职业病预防，同时也是劳动者的一项权利。被派遣的劳动者有权要求用工单位提供必要的职业培训条件和参加用工单位组织的工作岗位必需的培训。

（5）连续用工的，实行正常的工资调整机制。劳务派遣一般在临时性、辅助性或者替代性的工作岗位上实施，因此劳动期限一般不会很长，约定的工资一般也较为固定。但如果用工单位连续用工，则须根据正常的工资调整机制，及时调整被派遣劳动者的工资、奖金和各项福利待遇，贯彻和落实同工同酬的基本原则。

5.自己派遣的限制

《劳动合同法》第六十七条规定了用人单位不得设立劳务派遣单位向本单位或者所属单位派遣劳动者。这是限制用人单位自己向自己及所属单位派遣劳动者的规定。

根据《劳动合同法实施条例》第二十八条的规定，用人单位或者其所属单位出资或者合伙设立的劳务派遣单位，向本单位或者所属单位派遣劳动者的，属于《劳动合同法》第六十七条规定的不得设立的劳务派遣单位。

6.再派遣的限制

《劳动合同法》第六十二条第二款规定了用工单位不得将被派遣劳动者再派遣到其他用人单位，即法律禁止用工单位接受派遣劳动者后再向其他单位再派遣。

根据劳务派遣协议的规定，被派遣劳动者在用工单位从事生产劳动，用工单位有权在本单位根据协议的规定合理配置劳动力资源，但无权再将劳动者派遣到其他用人单位。再派遣或转派遣将使劳动法律关系处于不稳定的状态，不利于劳动者权益的保护。为了避免二次派遣引发的权责界定不清，保护被派遣劳动者的合法权益，法律规定用工单位不得将被派遣劳动者再派遣到其他用人单位，即用工单位只对被派遣员工享有直接使用管理权，而不得实施二次派遣。

7.用工单位违法操作的后果严重

根据《劳动合同法实施条例》第三十五条的规定，用工单位违反劳动合同法和本条例有关劳务派遣规定的，由劳动行政部门和其他有关主管部门责令改正；情节严重的，以每位被派遣劳动者1 000元以上5 000元以下的标准处以罚款；给被派遣劳动者造成损害的，劳务派遣单位和用工单位承担连带赔偿责任。

（三）被派遣劳动者应享有的权益

（1）被派遣劳动者享有与用工单位的劳动者同工同酬的权利。用工单位无同类岗位劳动者的，参照用工单位所在地相同或者相近岗位劳动者的劳动报酬确定。

（2）被派遣劳动者有权在劳务派遣单位或者用工单位依法参加或者组织工会，维护自身的合法权益。

（3）被派遣劳动者可以依照《劳动合同法》第三十六条、第三十八条的规定与劳务派遣单位解除劳动合同。

（四）劳务派遣中劳动合同的解除

《劳动合同法》第六十五条规定了被派遣劳动者可以依照本法第三十六条、第三十八条的规定与劳务派遣单位解除劳动合同。被派遣劳动者有本法第三十九条和第四十条第一项、第二项规定情形的，用工单位可以将劳动者退回劳务派遣单位，劳务派遣单位依照本法有关规定，可以与劳动者解除劳动合同。

与一般劳动合同的解除相似，劳务派遣中劳动合同的解除也可以分为劳动者辞职和用人单位辞退劳动者两种情形。不同的是，由于被派遣劳动者并不是用工单位的正式员工，双方没有订立劳动合同，也就不存在直接的劳动关系，当劳动者出现严重违反用工单位的规章制度等情形时，用工单位不能直接辞退被派遣劳动者，而应当按照与派遣单位订立的协议的约定，将劳动者退回派遣单位，派遣单位作为法律上的用人单位，按照

《劳动合同法》的有关规定，可以与劳动者解除劳动合同。

劳务派遣中劳动合同的解除和终止的经济补偿，与用人单位和劳动者之间解除或终止劳动合同的经济补偿的条件是一样的，没有任何差别。

三、劳务派遣用工的法律风险防范

用工单位在采用劳务派遣用工时，需要考虑如何防范劳务派遣用工的法律风险。具体地说，应该事先做好以下几个方面的工作：

（一）审查劳务派遣单位的资质

用工单位在与劳务派遣单位签订劳务派遣协议前，应当查明劳务派遣单位是否具有法律规定的相应的资质。如果用工单位选择的合作对象是不具有办理劳务派遣资质的企业，一旦发生纠纷，有可能视为劳动者直接与用工单位建立劳动关系。因此，用工单位在签订劳务派遣协议前，查明劳务派遣企业是否具有法律规定的相应资质十分重要，不仅涉及纠纷发生时劳务派遣企业的责任承担问题，还涉及劳务派遣用工方式能否实现。

（二）签订详细的劳务派遣协议

《劳动合同法》第五十九条规定：劳务派遣单位派遣劳动者应当与接受以劳务派遣形式用工的单位订立劳务派遣协议。劳务派遣协议应当约定派遣岗位和人员数量、派遣期限、劳动报酬和社会保险费的数额与支付方式以及违反协议的责任。

用工单位应当根据工作岗位的实际需要与劳务派遣单位确定派遣期限，不得将连续用工期限分割订立数个短期劳务派遣协议。

《劳务派遣暂行规定》更加明确规定了劳务派遣协议的内容，其第七条规定了劳务派遣协议应当载明下列内容：

（1）派遣的工作岗位名称和岗位性质；

（2）工作地点；

（3）派遣人员数量和派遣期限；

（4）按照同工同酬原则确定的劳动报酬数额和支付方式；

（5）社会保险费的数额和支付方式；

（6）工作时间和休息休假事项；

（7）被派遣劳动者工伤、生育或者患病期间的相关待遇；

（8）劳动安全卫生以及培训事项；

（9）经济补偿等费用；

（10）劳务派遣协议期限；

（11）劳务派遣服务费的支付方式和标准；

（12）违反劳务派遣协议的责任；

（13）法律、法规、规章规定应当纳入劳务派遣协议的其他事项。

（三）督促劳务派遣单位规范操作

根据《劳动合同法》第九十二条的规定，劳务派遣单位、用工单位违反本法有关劳务派遣规定的，由劳动行政部门责令限期改正；逾期不改正的，以每人5 000元以上10 000元以下的标准处以罚款，对劳务派遣单位，吊销其劳务派遣业务经营许可证。用工单位给被派遣劳动者造成损害的，劳务派遣单位与用工单位承担连带赔偿责任。

这就是说，只要被派遣劳动者权益在被派遣中受到损害，即便劳务派遣单位违法操作，用工单位也要承担连带赔偿责任。用工单位为减少不必要的责任，需要督促劳务派遣单位规范操作，如要求劳务派遣单位与劳动者签订的劳动合同在用工单位备案，要求劳务派遣单位将为被派遣劳动者计发工资、缴纳社会保险的情况定期通报给用工单位。类似上述措施，可以在一定程度上减少劳务派遣单位违法操作的概率，进而减轻用工单位负连带赔偿责任的风险。

互动课堂7-1

　　　孙某是一家国有大型纺织企业的工人，在国有企业改制的浪潮中被迫下岗分流。已经42岁的她学历偏低，除了这20多年来所从事的接线工作以外，也没有学会其他的技术特长，丈夫也只是一个小型造纸厂的普通工人，没有多少收入。但是，儿子今年刚考上大学，每年将近一万元的学杂费和生活费着实给这个并不富裕的家庭出了一道难题。

　　　考虑到孙某家里的特殊情况，原纺织企业就把她介绍到一家人才服务公司，该公司与孙某签订了为期2年的劳动合同。不久就把孙某派往一家外资的玩具生产企业。它的主要工作就是用缝纫机把两片裁好的玩具面料缝合起来，经过简单的培训之后，孙某很快上岗了。

　　　每个月10日，人才服务公司按照合同约定发给她1 850元工资。但是，当玩具生产企业接到大笔订单的时候，常常需要加班，然而却从来没有发给她任何加班费。孙某找领导询问此事。"老孙啊，你是公司从外面派遣进来的，和其他员工不同。再说你的工资也不是我们来发，我们当初和人才服务公司在协议里都写清楚了，每月给你1 850元工资，你应该知足了！"领导语重心长地说。

　　　孙某困惑了，按照道理来说自己额外加班，企业应该给自己额外的加班费，但是领导说的好像也在理，自己和其他的员工确实不太一样，工资又不是玩具生产企业来发。

　　　请问：孙某额外加班，企业该不该支付加班费？为什么？

互动课堂7-1

分析提示

➤➤➤ 自学测试 ◀◀◀

一、选择题

1.《劳动合同法》第五十七条规定：经营劳务派遣业务应当具备（　　）条件。

A.注册资本不得少于人民币200万元

自学测试7-1

B.有与开展业务相适应的固定的经营场所和设施

C.有符合法律、行政法规规定的劳务派遣管理制度

D.法律、行政法规规定的其他条件

2.《劳动合同法》第九十二条规定：劳务派遣单位违反本法规定的，（　　　）。

A.由劳动行政部门和其他有关主管部门责令改正

B.情节严重的，以每人1 000元以上5 000元以下的标准处以罚款，并由工商行政管理部门吊销营业执照

C.给被派遣劳动者造成损害的，劳务派遣单位与用工单位承担连带赔偿责任

D.给予警告处分

3.《劳动合同法》第六十六条规定：劳务派遣一般在（　　　）的工作岗位上实施。

A.临时性　　　　　　　　　　　　B.辅助性

C.替代性　　　　　　　　　　　　D.关键性

4.《劳动合同法》第六十二条规定：用工单位应当履行（　　　）义务。

A.执行国家劳动标准，提供相应的劳动条件和劳动保护

B.告知被派遣劳动者的工作要求和劳动报酬

C.支付加班费、绩效奖金，提供与工作岗位相关的福利待遇

D.对在岗被派遣劳动者进行工作岗位所必需的培训

E.连续用工的，实行正常的工资调整机制

5.劳务派遣协议应当包括（　　　）。

A.被派遣员工和工作岗位的基本情况。如被派遣的劳动者的姓名、工作岗位、劳动场所地址等信息

B.劳务派遣期限

C.劳动报酬和社会保险费的数额与支付方式

D.明确违反协议的法律责任

6.用工单位在采用劳务派遣用工时，防范劳务派遣用工的法律风险应该事先做好（　　　）工作。

A.审查劳务派遣单位的资质　　　　B.签订详细的劳务派遣协议

C.督促劳务派遣单位规范操作　　　D.与劳务派遣单位搞好关系

二、判断题

1.劳务派遣又称人才派遣、人才租赁、劳动力派遣、劳动力租赁。劳务派遣是由具备合法资质的劳务派遣单位以劳务派遣形式根据用工单位的实际需求，派遣合格的员工到企业工作的一种新型的用工形式。　　　　　　　　　　　　　　　　（　　　）

2.员工与派遣单位之间签订劳动合同，形成劳动关系。　　　　　　　　（　　　）

3.劳务派遣就是职业中介。　　　　　　　　　　　　　　　　　　　　（　　　）

4.用工单位不得将被派遣劳动者再派遣到其他用人单位。　　　　　　　（　　　）

5.劳务派遣单位应当与被派遣劳动者订立2年以上的固定期限劳动合同，按月支付劳动报酬；被派遣劳动者在无工作期间，劳务派遣单位可以不支付劳动报酬。（　　　）

▶ 巩固与提高 ▶

一、选择题

1.根据《劳动合同法》第五十七条的规定，劳务派遣单位应符合（　　）条件。

A.经劳动行政部门审批同意　　　　　B.依照公司法的有关规定设立

C.注册资本不得少于200万元　　　　D.注册资本可以少于100万元

2.劳务派遣单位跨地区派遣劳动者的，被派遣劳动者享有的劳动报酬和劳动条件，按照（　　）的标准执行。

A.用工单位所在地　　　　　　　　　B.劳务派遣单位所在地

C.被派遣劳动者户籍所在地　　　　　D.工资发放地

3.用工单位违反《劳动合同法》有关劳务派遣规定的，（　　）。

A.由劳动行政部门和其他有关主管部门责令改正

B.情节严重的，以每位被派遣劳动者1 000元以上5 000元以下的标准处以罚款

C.给被派遣劳动者造成损害的，劳务派遣单位和用工单位承担连带赔偿责任

D.警告处分

二、判断题

1.被派遣劳动者享有与用工单位的劳动者同工同酬的权利。用工单位无同类岗位劳动者的，参照用工单位所在地相同或者相近岗位劳动者的劳动报酬确定。（　　）

2.用人单位可以设立劳务派遣单位向本单位或者所属单位派遣劳动者。（　　）

3.劳务派遣单位不得克扣用工单位按照劳务派遣协议支付给被派遣劳动者的劳动报酬。（　　）

4.劳务派遣单位和用工单位不得向被派遣劳动者收取费用。（　　）

5.劳务派遣单位可以以非全日制用工形式招用被派遣劳动者。（　　）

6.用工单位在与劳务派遣单位签订劳务派遣协议前，应当查明劳务派遣单位是否具有法律规定的相应的资质。（　　）

7.只要被派遣劳动者权益在被派遣中受到损害，即使劳务派遣单位违法操作，用工单位也要承担连带赔偿责任。（　　）

三、案例分析题

案例1　邓某与一家从事人才派遣服务的文化传播有限公司签了2年的劳动合同，被派到某咨询公司工作，除了无法转入正常编制以外，工资待遇和工作福利等方面都还不错，邓某对此也比较满意。该咨询公司的黄经理与另一家报社的苏社长是老同学，由于苏社长的报社中部分员工由于家庭原因无法正常上班，报社中紧缺人手。于是苏社长找到了黄经理："老黄啊，我现在手头实在缺人，你能不能帮我想想办法啊！"黄经理想了想，觉得自己的公司里目前人员还算宽裕，邓某工作能力也比较强，还是劳务派遣工，如果让邓某过去帮忙，应该不会有什么太大的问题。于是黄经理带着苏社长找到了邓某，经过双方协商，邓某又被派到了苏社长的报社工作。

请问：黄经理可以派邓某到苏社长的报社工作吗？为什么？

案例2　小杨夫妇住在湖南一个偏僻的小村庄，看见年轻人进城打工，年底揣着钱

回来很美慕。两人商量也进城打工。由于没有学历和技术，一个月也没有找到工作。后来在一个城里工作的老乡的帮助下，给他媳妇找了一份小时工，帮人打扫卫生、做饭、带孩子。小杨经人介绍到一家叫汇通人才服务有限公司的派遣单位。恰好该公司与深圳某建筑公司签订了2年期的劳务派遣协议，正在寻找合适的派遣工人，但条件是要去深圳工作。小杨愿意去，并与汇通人才服务有限公司签订了2年期的劳动合同，双方在协议中规定以湖南省当地人民政府公布的劳动力市场工资指导价确定小杨等人的劳动报酬。

开始工作后，小杨等人才发现深圳的物价实在太高了，除了吃饭、看病，每月发的工资基本没有了，存不下钱。一天，小杨偶然听见工地上的工友说，他们的工资不能按老家的标准发，应该按照深圳的工资标准发。于是小杨找到当地劳动行政部门询问此事。

请问：小杨等人的工资以湖南省工资标准发放，合法吗？为什么？

案例3　上海某外资企业与当地一家颇具规模的外企服务公司达成了派遣协议，由外企服务公司将小曹等几名劳动者派遣到该外资企业工作。第二年，该外资企业，以小曹在工作中严重失职为由向他发出了解除劳动合同的通知，并让小曹当天离开公司。小曹认为，自己只是一时疏忽，并不构成严重失职，不应该被解除劳动合同，否则应该按照法律规定给予相应的赔偿和补偿。并且自己明明是与外企服务公司签订的劳动合同，怎么该外资企业向自己发出了解除劳动合同的通知呢？于是，小曹找到外企服务公司，被告知会给他书面答复。一个月过去了，外企服务公司没有给小曹任何消息。

请问：该外资企业向小曹发出解除劳动合同的通知，合法吗？为什么？

案例4　江某与劳务派遣单位签订了2年期的劳动合同，被派往某制药厂工作。2年后，制药厂因效益下滑，被一家上市公司收购、兼并。江某也被退回劳务派遣单位。劳务派遣单位见江某的劳动合同刚好到期，加上目前经济形势也不好，工作很难找，于是就终止了与江某的劳动合同。江某提出，合同终止，劳务派遣单位应支付其经济补偿。劳务派遣单位则认为，江某是劳务派遣人员，法律没有规定享受经济补偿，因而拒绝支付，双方发生纠纷。

请问：江某有权获得经济补偿吗？为什么？

四、问答题

1.什么是劳务派遣？

2.用工单位对被派遣劳动者有哪些法定义务？

3.如何防范劳务派遣用工的风险？

任务二　非全日制用工的风险防范

➤ 学习目标

◆ 知识目标

掌握非全日制用工的含义、特点；

掌握非全日制用工劳动合同的订立；

掌握非全日制用工劳动合同的解除。

◆ 能力目标

能够依法对非全日制用工进行管理。

➤ 重点难点

◆ 教学重点

非全日制用工的灵活性。

◆ 教学难点

非全日制用工应注意的问题。

➤ 自学任务

（1）线上或线下学习本部分教学内容，重点关注以下问题：①如何正确认识非全日制用工？②非全日制用工的风险防范措施有哪些？

（2）自学完后完成本任务的自学测试。

自学课件 7-2-1：
正确认识非全日制用工

自学课件 7-2-2：
非全日制用工的风险防范

➤ 案例研讨

在线上或线下自学的基础上，以课程学习团队为单位，由团队负责人组织团队成员对案例进行讨论，达成一致意见，并制作 PPT，选派一名代表在课堂上展示案例研讨结果。

案例 1　金某高中毕业没有考上大学，整个暑假到处求职，但因为没有相应的专业技术能力，一直没有哪个单位肯接纳他。无奈之下，金某只能暂时到某快餐店应聘非全日制临时工，老板要求金某一周工作 6 天，每天工作 6 小时：上午 8 点到 11 点，晚上 9 点到 12 点。金某了解过一些劳动法知识，感觉劳动时间好像有点儿不对劲，但又不知道问题在哪里。

请问：本案中劳动时间约定合法吗？为什么？

案例2　刘某下岗后，受生计所迫，到一家快餐店应聘非全日制服务员，经过与餐厅经理的协商，双方在劳动时间、劳动条件、工作报酬等方面都达成了一致意见。刘某提出与餐厅签订劳动合同，希望通过合同保障自己的合法权益。可是，经理大手一挥："你是非全日制用工，签啥劳动合同？明早就开始上班吧，可别迟到了！"刘某感到非常纳闷，法律好像是规定所有劳动者都要签订劳动合同啊，为什么餐厅不愿意和我签呢？难道非全日制用工就不用签订劳动合同吗？

请问：非全日制用工可以口头约定，不用签订劳动合同吗？为什么？

案例3　苏某从技术院校毕业后一直找不到理想的工作，万般无奈之下，经亲戚介绍到一家超市当非全日制销售员，工作时间为每日上午8点到12点，一周工作6天。虽然在超市干得不错，但苏某还是觉得闲得慌，而且每天就工作4个小时，工资也不够自己花的。于是，苏某又到另一家夜总会应聘非全日制保安，工作时间是晚上7点到11点。超市领导在得知苏某的双重劳动关系之后，要求他与夜总会解除劳动关系，否则就要辞退他。苏某在接到通知后感觉很冤枉，自己这两项工作明明没什么冲突，现在干得也不错，超市凭啥要我与另一家用人单位解除劳动合同呢？

请问：苏某在两家单位工作合法吗？为什么？

案例4　由于进入了销售旺季，A公司急需人手进行货物装卸。为此，公司特地招聘了一批非全日制装卸工，规定每天上班时间为上午8点到12点，或者下午1点到5点，周日有1日休息。但经理向应聘者们提出：工厂需要对他们试用1周时间，干得好就留下来，并发放1周的工资，要是笨手笨脚，就会被直接辞退，也不会有任何报酬。应聘者虽然口头上都表示同意，但心里都犯起了嘀咕：这非全日制用工，可以约定试用期吗？要是试用期结束老板就把我开了，那这1周不就白干了吗？

请问：非全日制用工能约定试用期吗？为什么？

▶▶▶ 知识点学习

非全日制用工灵活性高、成本低、方便快捷，是企业低端工作岗位上的首选用工形式。但凡事都有两面性，千万不要忘记了"非全日制"中的限制性规定和用工风险。

一、非全日制用工的内涵

（一）非全日制用工的含义

根据《劳动合同法》第六十八条的规定，非全日制用工，是指以小时计酬为主，劳动者在同一用人单位一般平均每日工作时间不超过4小时，每周工作时间累计不超过24小时的用工形式。

（二）非全日制用工的特征

（1）以小时计酬为主，但不局限于以小时计酬。

（2）劳动者在同一用人单位一般平均每日工作时间不超过4小时。

（3）每周工作时间累计不超过24小时。

二、非全日制用工的灵活性

非全日制用工的灵活性主要体现在以下几个方面：

（一）协议的口头性

用人单位采用标准用工的，必须与劳动者签订书面劳动合同，否则，将支付双倍工资甚至签订无固定期限劳动合同。用工单位采用劳务派遣用工的，法律规定也需要与劳务派遣单位签订劳务派遣协议。如果用人单位选择非全日制用工，则不受书面劳动合同或协议的限制，可以选择口头协议。对此，《劳动合同法》第六十九条第一款规定了非全日制用工双方当事人可以订立口头协议。

劳动合同期限在1个月以下的，经双方协商同意，可以订立口头劳动合同。但劳动者提出订立书面劳动合同的，应当以书面形式订立。

非全日制用工不管采用口头形式还是书面形式，其所确定的劳动关系都合法有效。考虑到目前的用工实际情况，从规避用工风险出发，建议企业最好以书面形式确认与员工之间的非全日制劳动关系，避免因双方发生纠纷没有证据支持。

（二）劳动关系的多重性

根据《劳动合同法》的规定，在标准用工形式下，劳动者一般只能与一个用人单位建立正式的劳动关系。《劳动合同法》第三十九条还规定：劳动者同时与其他用人单位建立劳动关系，对完成本单位的工作任务造成严重影响，或者经用人单位提出，拒不改正的，用人单位可以解除劳动合同。

而非全日制劳动关系不是标准的劳动关系，因而不受这一规定的约束。非全日制用工的劳动者可以与多个用人单位建立劳动关系。对此，《劳动合同法》第六十九条第二款规定：从事非全日制用工的劳动者可以与一个或者一个以上用人单位订立劳动合同；但是，后订立的劳动合同不得影响先订立的劳动合同的履行。

（三）辞退的无因性、随时性和无补偿性

标准用工辞退劳动者受到严格的限制，不仅要具备法定的条件，需要符合法定的提前通知程序，还有可能需要经济补偿金等。但是，用人单位辞退非全日制用工的劳动者不需要理由、不需要提前通知，也不需要支付经济金。对此，《劳动合同法》第七十一条规定：非全日制用工双方当事人任何一方都可以随时通知对方终止用工。终止用工，用人单位不向劳动者支付经济补偿。

三、非全日制用工的法律风险防范

（一）防范非全日制用工的风险应注意的问题

1.非全日制用工不得约定试用期

全日制用工形式双方可以约定试用期，非全日制用工能否约定试用期呢？

《劳动合同法》第七十条规定了非全日制用工双方当事人不得约定试用期。因此，企业不能为非全日制用工的劳动者设定试用期。

2.非全日制用工以小时为计酬单位

非全日制劳动合同是以小时为单位建立劳动关系，与此相对应的是，其计酬单位也是小时。

微课 7-2-1

非全日制用工的正确认识

微课 7-2-2

非全日制用工的风险防范

3.非全日制用工薪酬底线

《劳动合同法》第七十二条第一款规定了非全日制用工小时计酬标准不得低于用人单位所在地人民政府规定的最低小时工资标准。

4.非全日制用工报酬结算周期

在全日制劳动关系中，劳动报酬一般按月支付给劳动者。而非全日制用工由于实行以小时计酬，因此，非全日制的劳动报酬结算也与全日制用工不同。

《劳动合同法》第七十二条第二款规定了非全日制用工劳动报酬结算支付周期最长不得超过15日。

由此可见，企业对于非全日制就业的劳动者的劳动报酬支付周期最长不能超过15日，用人单位可以与劳动者约定每天、每周、每半个月支付一次劳动报酬。

5.非全日制用工的社会保险

原则上参照个体工商户的参保办法执行。

根据原劳动和社会保障部《关于非全日制用工若干问题的意见》规定，从事非全日制工作的劳动者应当参加基本养老保险，原则上参照个体工商户的参保办法执行。对于已参加过基本养老保险和建立个人账户的人员，前后缴费年限合并计算，跨统筹地区转移的，应办理基本养老保险关系和个人账户的转移、接续手续。符合退休条件时，按国家规定计发基本养老金。

从事非全日制工作的劳动者可以以个人身份参加基本医疗保险，并按照待遇水平与缴费水平相挂钩的原则，享受相应的基本医疗保险待遇。参加基本医疗保险的具体办法由各地劳动保障部门研究制定。

用人单位应当按照国家有关规定为建立劳动关系的非全日制劳动者缴纳工伤保险费。从事非全日制工作的劳动者发生工伤，依法享受工伤保险待遇；被鉴定为伤残5~10级的，经劳动者与用人单位协商一致，可以一次性结算伤残待遇及有关费用。

由此可见，对于非全日制劳动者的社会保险，用人单位只需要缴纳工伤保险，其他保险由劳动者自己缴纳。

6.非全日制用工劳动争议处理

从事非全日制工作的劳动者与用人单位因履行劳动合同引发的劳动争议按照国家劳动争议处理规定执行，适用《劳动争议调解仲裁法》。

7.非全日制用工录用手续

用人单位招用劳动者从事非全日制工作，应当在录用后到当地劳动保障行政部门办理录用备案手续。从事非全日制工作的劳动者档案可由本人户口所在地劳动保障部门的公共职业介绍机构代管。

（二）防范非全日制用工风险的措施

1.签订书面协议，严格工作时间

在非全日制用工中，一旦发生劳动争议，用人单位首先应证明双方之间的非全日制用工关系，而劳动合同无疑是确定用工性质的最佳证明。书面合同能够证明劳动者与用人企业之间系非全日制用工关系而非事实劳动关系，有助于用人企业防范风险。因此虽然相关法律规定用人单位与劳动者无须签订劳动合同，但用人单位还是应当加强劳动合同管理，与劳动者签订书面劳动合同，进而明确关系，维护企业利益。

据《劳动合同法》的相关规定，非全日制劳动合同的内容由双方协商确定，内容上应当包括工作时间和期限、工作内容、劳动报酬、劳动保护以及劳动条件等条款，但不得约定试用期。

2.依法缴纳工伤保险

为非全日制员工购买工伤保险可有效分散工伤赔偿风险，并且用人单位所承担的工伤保险费用并不高，因此，为非全日制员工购买工伤保险，可有效防范对外承担工伤赔付或人身损害赔付的风险。

3.加强用工管理

除了以上两方面风险防范措施外，用人企业还应做好用工管理，如做好非全日制劳动者的考勤管理工作，做好关于劳务提供者工作时间的信息记录，用以佐证其非全日制用工性质；或避免出现要求非全日制劳动者"加班"等致使其工作时间超过或变相超过法定时限的情形。

互动课堂7-2

小史初中毕业后到一家建筑工地去应聘非全日制小工，工头与他约定每日工作4小时，每周休息1天，工资按小时算，每小时15元。建筑工地每日风吹日晒，工作强度大，这15元钱赚得异常辛苦。一个偶然的机会，小史找到工头，希望能加一点儿工资，结果被工头断然拒绝："你一个非全日制小工，我爱给你多少钱就给多少钱，最低工资标准和你又没有关系，你不想干就走人，我这儿还有人排队等着干呢。"

请问：非全日制用工工资受最低工资标准限制吗？为什么？

互动课堂7-2

分析提示

自学测试

一、选择题

自学测试7-2

1.非全日制用工的特征有（　　　）。

A.以小时计酬为主，但不局限于以小时计酬

B.劳动者在同一用人单位一般平均每日工作时间不超过4小时

C.每周工作时间累计不超过24小时

D.每日工作时间不超过24小时

2.非全日制用工的灵活性主要体现在（　　　）。

A.协议的口头性　　　　　　　　　B.劳动关系的多重性

C.辞退的无因性、随时性　　　　　D.无补偿性

3.根据《劳动合同法》第七十二条的规定，非全日制用工劳动报酬结算支付周期最长不得超过（　　　）。

A.30 日　　　　　　　B.10 日　　　　　　　C.15 日　　　　　　　D.2 个月

4.非全日制用工的风险防范措施有（　　　）。

A.非全日制用工不得约定试用期

B.非全日制用工以小时为计酬单位

C.非全日制用工小时计酬标准不得低于用人单位所在地人民政府规定的最低小时工
　资标准

D.非全日制用工报酬结算周期最长不得超过15日

二、判断题

1.非全日制用工是指以小时计酬为主，劳动者在同一用人单位一般平均每日工作时
间不超过4小时，每周工作时间累计不超过24小时的用工形式。　　　　　　　　（　　　）

2.非全日制用工不管采用口头形式还是书面形式，其所确定的劳动关系都合法
有效。　　　　　　　　　　　　　　　　　　　　　　　　　　　　　　　　（　　　）

3.对于非全日制劳动者的社会保险，用人单位只需要缴纳工伤保险，其他保险由劳
动者自己缴纳。　　　　　　　　　　　　　　　　　　　　　　　　　　　　（　　　）

4.非全日制用工小时计酬标准可以低于用人单位所在地人民政府规定的最低小时工
资标准。　　　　　　　　　　　　　　　　　　　　　　　　　　　　　　　（　　　）

▮▮▮➡ 巩固与提高 ▮▮▮

一、选择题

1.根据《劳动合同法》第六十八条的规定，非全日制用工，是指以小时计酬为主，
劳动者在同一用人单位一般平均每日工作时间不超过（　　　）小时，每周工作时间累计
不超过（　　　）小时的用工形式。

A.4，36　　　　　　　B.4，24　　　　　　　C.8，24　　　　　　　D.8，34

2.根据《劳动合同法》第六十九条的规定，非全日制用工双方当事人（　　　）订立
口头协议。

A.可以　　　　　　　　　　　　　　　B.不可以

C.在特殊情形下可以　　　　　　　　　D.在特殊情形下也不可以

3.根据《劳动合同法》第六十九条的规定，从事非全日制用工的劳动者可以与
（　　　）用人单位订立劳动合同。

A.一个　　　　　　　B.一个以上　　　　　　　C.至少二个　　　　　　　D.没有任何限制

4.根据《劳动合同法》第七十条的规定，非全日制用工双方当事人（　　　）约定试
用期。

A.双方协商　　　　　　　　　　　　　B.不得

C.可以　　　　　　　　　　　　　　　D.按照全日制用工的标准确定

5.根据《劳动合同法》第七十一条的规定，非全日制用工情况下，（　　　）。

A.双方当事人任何一方都可以随时通知对方终止用工

B.双方当事人一方应提前30日通知对方终止用工

C.除非有法定情形，双方当事人不能通知对方终止用工

D.双方约定的合同期满了才可以终止

6.根据《劳动合同法》第七十一条的规定，非全日制用工终止时，（　　　）。

A.用人单位应向劳动者支付经济补偿

B.用人单位不向劳动者支付经济补偿

C.双方协商而定是否支付经济补偿

D.用人单位应向劳动者支付经济赔偿

二、判断题

1.非全日制用工可以约定试用。　　　　　　　　　　　　　　　　　（　　）

2.用人单位录用非全日制工应到当地劳动保障行政部门办理录用备案手续。

（　　）

三、案例分析题

案例1　罗某下岗以后，到一家企业应聘为一名非全日制清洁工，与企业口头约定了2年的合同期，3个月后，由于公司财政出现了困难，公司领导提出与罗某解除非全日制劳动合同，罗某则要求公司支付补偿金。公司认为罗某是在无理取闹，拒绝了罗某的要求。罗某于是提起劳动仲裁。

请问：罗某要求公司支付补偿金合法吗？为什么？

案例2　小涛高中毕业后到当地一家工厂当了一名非全日制搬运工，每日工作4小时，工资10元/小时，工资一月一结。对于这份工作，小涛基本上还算满意，但小涛是个手里留不住钱的人，每月的工资过不了几天就被他花完了，为此，他找到厂方，希望能把自己的工资改为10天一结，以增强自己的自律性。但厂方认为小涛是在无理取闹，拒绝了他的要求。

请问：厂方给非全日制员工工资一月一结，这种做法合法吗？为什么？

四、问答题

1.什么是非全日制用工？

2.非全日制用工的灵活性体现在哪些方面？

模块八

劳动争议预防与处理

自《劳动合同法》实施以后，各地劳动争议纠纷急剧增加，企业如何尽量避免劳动争议的发生？在劳动争议发生后，企业该如何做？这是企业关心的问题。本模块从用人单位的角度对如何避免劳动争议的发生，以及在劳动争议发生后怎样正确处理，进行了介绍。

任务　劳动争议的预防和处理

▶ **学习目标**

◆知识目标

正确理解劳动争议的含义、原则；

掌握劳动争议处理的程序；

掌握劳动争议解决的途径；

了解劳动争议的时效。

◆能力目标

能够正确预防和处理劳动争议。

▶ **重点难点**

◆教学重点

劳动争议解决的途径。

◆教学难点

劳动争议解决的途径。

▶ **自学任务**

（1）线上或线下学习本部分教学内容，重点关注以下问题：①劳动争议如何预防？②劳动争议处理的途径有哪些？

（2）自学完后完成本任务的自学测试。

自学课件8-1-1：
劳动争议的预防

自学课件8-1-2：
劳动争议的处理

▶ **案例研讨**

在线上或线下自学的基础上，以课程学习团队为单位，由团队负责人组织团队成员对案例进行讨论，达成一致意见，并制作PPT，选派一名代表在课堂上展示案例研讨结果。

案例1　余某是某玉器珠宝实业公司职工。2018年2月余某因单位没有按照规定为其支付独生子女一次性奖金而与某玉器珠宝实业公司发生争议，遂于2018年3月向该玉器珠宝实业公司所在地的人民法院提起诉讼。法院经审理认为，余某因单位没有按照规定为其支付独生子女一次性奖金而与该玉器珠宝实业公司发生争议，不属于劳动合同约定的权利义务范畴，故本案不属于法院民事诉讼的受案范围，裁定驳回了余某的起诉。余某不服法院的一审裁定，于2018年7月，向中级人民法院提起上诉。

请问：本案是否属于劳动争议处理范畴？为什么？

案例2　某橡胶厂操作工李华，在工作时间擅自离岗受到批评并被扣发奖金。两个星期后，李华再次脱岗到商场购物，橡胶厂研究作出辞退李华的决定。李华深表后悔，写书面检讨，拒不离开橡胶厂，并申请厂劳动争议调解委员会调解。在厂劳动争议调解委员会着手调查尚未调解时，橡胶厂已直接向当地劳动争议仲裁委员会申请仲裁。对此李华强烈不满，认为调解委员会正在调解，橡胶厂不应直接向当地劳动争议仲裁委员会申请仲裁。

请问：橡胶厂能不能直接向当地劳动争议仲裁委员会申请仲裁？为什么？

案例3　印刷厂为了提高印刷质量，贷款从德国引进先进的全自动生产线。2018年3月25日，全自动生产线运到印刷厂并开始安装调试，并书面通知员工：不久全自动生产线就要投入使用，公司只留下8名年龄稍大一些的员工，2018年4月25日，要与其他年轻的员工解除劳动合同，希望他们能够及时重新联系新工作。公司对此表示歉意，愿意再给每人1个月的工资作为补偿。接到公司的通知后，年轻的员工中当即就有人表示反对。公司多次派人与这批员工协商也没有达成一致意见。2018年5月，印刷厂宣布劳动合同解除，每位员工多发1个月工资2 200元，同时每人再发500元过节费。张某等十几名员工由于未联系到工作，要求继续留在印刷厂工作，但遭到拒绝，于是向人民法院起诉，要求保护他们的合法权益。人民法院以劳动争议应先仲裁为由驳回起诉。张某等人摸不着头脑，认为法院不为他们撑腰说理。

请问：人民法院以劳动争议应先仲裁为由驳回起诉合法吗？

▶ 知识点学习

一、劳动争议的含义

劳动争议，也称劳动纠纷、劳资争议、劳资纠纷，是劳动关系中的双方当事人因劳动权利与义务而发生的争议。

二、劳动争议的预防

微课8-1-1

[二维码]

劳动争议的预防

作为人力资源管理人员，如果能够避免劳动争议的发生是最理想不过了。

劳动争议属于企业内部的争议，内部争议解决不好会影响团队的氛围、士气甚至企业领导的权威，给企业的持续健康运转埋下隐患。另外，劳动争议虽然是小案件，但处理起来比较麻烦，会牵涉企业不少的人力、财力，导致处理劳动争议的成本很高。所以，从上面两个角度来讲，劳动争议预防的重要性远远大于劳动争议的处理。

（一）树立规则意识，注重劳动关系的法制化

一系列劳动法规的出台，对用人单位的员工关系管理提出了更高的要求，赋予了劳动者很多、很具体的权利。这些法律的直接诉求就是要求用人单位的员工管理要走向规范化和法制化。对此，用人单位应有充分的认识，并需要引起高度重视。用人单位在推动劳动关系法制化过程中，应注意以下几点：

1.加强劳动法律的系统学习和培训

劳动法律是用人单位员工关系管理中最基础、最重要的依据，且是员工关系管理的底线。因此，预防劳动争议的发生，做好员工关系管理工作，熟悉劳动法律法规，是一项基础性工作。学习劳动法律法规不仅仅是用人单位内部从事人力资源管理人员应该做的，各部门管理人员也应该了解劳动法律法规的有关规定。因为，实践中是部门领导在具体从事员工的管理工作，如果部门领导不熟悉劳动法律法规的有关规定，也容易引发纠纷。如很多用人单位的部门领导随意为员工调岗降薪、随意辞退员工等，都是劳动法律知识欠缺的表现。

2.根据法律制定完善的企业规章制度

用人单位根据国家和地方性法规制定的规章制度是用人单位的"内部法"，是用人单位员工关系管理的主要依据。而且企业的"内部法"，可以在更大范围、更深层次上体现企业的意志，使企业在员工关系管理中占据主动地位。因此，制定完善的规章制度，对于企业而言，具有重要意义，不仅可以建立健康而良好的管理秩序，同时也因其中包含了员工的行为规范及员工的责权利，对规范企业的管理起着至关重要的作用。

3.严格依规则管理

用人单位在管理员工的过程中，需要严格按照规则进行，国家的法律是最基本的要求，用人单位需要严格执行。对于用人单位的规章制度，用人单位也应该严格执行。在实践中，几乎每个企业都有规章制度。但是，执行到位的很少，首要原因是规则观念淡薄。很多企业习惯于随心所欲进行管理，仅凭个人感觉和情感对待员工。这样处理结果不仅会引发很多纠纷，而且也无法使企业的员工关系管理走上法制化轨道。

(二) 强化合同观念，注重劳动关系的契约化

用人单位用工必须签订书面劳动合同，否则，将会面临用工风险。劳动合同（包括集体合同）与国家法律、用人单位规章制度共同构成员工关系管理的主要依据。完善的劳动合同在预防劳动争议中的作用也是不可或缺的。

(三) 重构劳资关系，建立劳动关系的协调机制

目前我国大部分企业的劳资关系由双方构成，即劳动者和企业。根据成熟市场经济国家的经验，完善的劳动关系应该由三方构成，即劳动者、工会、企业。这是微观"三方机制"。宏观"三方机制"是由政府、工会、企业组成的。

我国宏观"三方机制"已经运行，2001 年 8 月，中国劳动和社会保障部同中华全国总工会、中国企业联合会/中国企业家协会建立了国家协调劳动关系三方会议制度。之后，各省市也建立了地区性劳动关系协调机制。《劳动合同法》第五条规定：县级以上人民政府劳动行政部门会同工会和企业方面代表，建立健全协调劳动关系三方机制，共同研究解决有关劳动关系的重大问题。

目前微观"三方机制"在我国大部分企业还是缺失的，主要原因是工会组织的缺失。目前全国总工会正在推进企业集中建立工会活动。用人单位尤其是上了一定规模的企业，在工会组织组建方面应变被动为主动。

首先，从经济学的理论来看，工会组织的制度安排，如果功能到位，既会保护处在弱势一方的劳动者的合法权益，也会降低企业的交易成本，如用人单位只需与工会组织签订一个集体合同，节省了一个一个单独签约的交易成本，是一种市场机制下资源调控的重要手段之一。

其次，组建工会也有利于用人单位的员工关系管理。如用人单位在履行规章制度的制定程序时，如果有工会只需工会代表与用人单位协商即可，比没有工会组织的更为方便。

此外，工会在协调企业与员工的关系，帮助企业建立规范有序、互利双赢、和谐稳定的新型的劳动关系方面也有不可替代的作用。

(四) 加强组织建设，建立劳动争议的化解机制

用人单位应注重内部的劳动争议化解机制的构建，如建立员工申诉制度、组建内部的劳动争议调解委员会等。当企业与员工发生纠纷时，力争通过内部的渠道化解劳动争议，也是企业预防劳动争议的重要措施之一。

员工申诉，是指员工认为单位对自己的工作考核不当，或对公司的行为、做法有异议时，以书面或口头的方式提出要求解决的行为。目前许多大公司都建立有员工申诉制度，使员工能够通过企业的内部途径发泄自己的不满情绪，及时化解各种内部矛盾和紧张关系，预防劳动争议发生。

企业内部的劳动争议调解委员会是专门为调解劳动争议而设定的。《劳动争议调解仲裁法》第十条第二款规定，劳动争议调解委员会由职工代表和企业代表组成。职工代表由工会成员担任或由全体职工推举产生，企业代表由企业负责人指定。企业劳动争议调解委员会主任由工会成员或双方推举的人员担任。

用人单位应该重视员工申诉制度与企业劳动争议调解委员会的组建，在企业内部建立劳动争议的化解机制。因为，在劳动法律法规逐步健全和完善的背景下，用人单位的用工将受到越来越严格的约束，发生劳动争议后直接进行劳动仲裁或诉讼，用人单位败诉的风险高、概率大。如果用人单位能够在企业内部建立一种矛盾化解机制，不仅可以化解一部分劳动争议，避免败诉的风险，还可以节约企业的成本，减少劳动争议败诉给企业带来的负面影响。

我们应当重视劳动争议的预防工作。把劳动争议由事后的消极处理转为事先采取积极措施，把劳动争议消除在萌芽状态，从而防止争议的发生。这一工作要由劳动关系的各个方面来共同努力。如果劳动关系各方都严格依法办事，是可以有效地预防争议的发生的。一方面，应当加强劳动法制的普及、宣传教育，提高劳动者和管理者的劳动法律意识和知法、守法观念，自觉依法办事；另一方面，要对企业内部的规章制度严格检查，既要符合法律法规，又要符合企业的实际情况。同时，工会应完善职工民主管理和民主监督，使职工与企业之间的矛盾及时解决，不致酿成劳动争议。但一旦发生了劳动争议，劳动争议是否得到及时妥善的处理，不仅关系到能否保护当事人的合法权益，而且影响双方当事人的生产和生活。

三、劳动争议的处理

(一) 劳动争议处理的适用范围

根据《劳动争议调解仲裁法》第二条的规定，中华人民共和国境内的用人单位与劳动者发生的下列劳动争议，适用本法：

（1）因确认劳动关系发生的争议；

（2）因订立、履行、变更、解除和终止劳动合同发生的争议；

（3）因除名、辞退和辞职、离职发生的争议；

（4）因工作时间、休息休假、社会保险、福利、培训以及劳动保护发生的争议；

（5）因劳动报酬、工伤医疗费、经济补偿或者赔偿金等发生的争议；

（6）法律、法规规定的其他劳动争议。

（二）劳动争议的处理原则

《劳动争议调解仲裁法》第三条规定：解决劳动争议，应当根据事实，遵循合法、公正、及时、着重调解的原则，依法保护当事人的合法权益。根据以上法律，劳动争议的处理原则有：

1.合法原则

劳动争议的处理方法和行为都应符合法律的规定。既要遵循实体法的规定，也要遵循程序法的规定。处理劳动争议坚持依法办事，是健全法制的关键。这一基本原则是处理任何案件都应强调和遵循的原则，即我们常说的处理案件必须遵守"事实是根据、法律是准绳"的准则。在处理劳动争议案件中只有搞清事情的原委，才有正确处理纠纷的基础，同时也只有严肃依照法律的规定判断是非曲直，才不会出现冤假错案。

2.公正原则

劳动关系的双方当事人在法律上居于平等的地位，绝不能因为职务高低、权力的大小、人数的多少而改变其在法律上的地位。不论是个别劳动者与用人单位之间发生的劳动争议，还是劳动者集体与用人单位发生的劳动争议，都只有坚持双方当事人在适用法律上一律平等、一视同仁，才不会出现偏袒一方的现象。我们强调的执法公正、法平如水，就是要求严格依法办事，对合法的权益给予保护，对来自任何一方的违法行为均应予以纠正和制裁。

3.及时处理原则

劳动争议一定要及时处理。因为劳动争议与用人单位的生产、工作和职工的生活有极大的关系，不能久拖不决，力争及时得到解决，不得违背时限方面的法定要求。

4.调解原则

调解是指在第三人主持下，通过说服、劝导，使劳动争议在当事人双方互谅互让的基础上得到解决。

解决劳动争议应着重于采用调解的方式使双方在自愿的基础上化解矛盾，以利于建立和谐的劳动关系。采用调解方式解决争议可以避免伤感情，也易于为双方所接受。劳动争议发生之后，要求先由本单位劳动争议调解委员会调解，即使进入仲裁阶段和法院审理阶段也应先经过调解。调解不成才可以作出裁决或判决。在实际生活中大量的劳动争议案件也是主要通过调解方式解决的。

（三）劳动争议的解决途径

《劳动争议调解仲裁法》第四条规定：发生劳动争议，劳动者可以与用人单位协商，也可以请工会或者第三方共同与用人单位协商，达成和解协议。

《劳动争议调解仲裁法》第五条规定：发生劳动争议，当事人不愿协商、协商不成或者达成和解协议后不履行的，可以向调解组织申请调解；不愿调解、调解不成或者达成调解协议后不履行的，可以向劳动争议仲裁委员会申请仲裁；对仲裁裁决不服的，除本法另有规定的外，可以向人民法院提起诉讼。

可见，劳动争议解决途径有协商（和解）、调解、仲裁和诉讼四种途径。

1.协商

劳动争议发生后，当事人双方应当协商解决，协商一致后达成和解协议。

2.调解

调解是指在第三方主持下，通过说服、劝导，使劳动争议在当事人双方的互谅互让中得以解决。

根据《劳动争议调解仲裁法》第十条的规定，发生劳动争议，当事人可以到下列调解组织申请调解：

（1）企业劳动争议调解委员会；

（2）依法设立的基层人民调解组织；

（3）在乡镇、街道设立的具有劳动争议调解职能的组织。

企业劳动争议调解委员会由职工代表和企业代表组成。职工代表由工会成员担任或者由全体职工推举产生，企业代表由企业负责人指定。企业劳动争议调解委员会主任由工会成员或者双方推举的人员担任。

《劳动争议调解仲裁法》第十一条规定：劳动争议调解组织的调解员应当由公道正派、联系群众、热心调解工作，并具有一定法律知识、政策水平和文化水平的成年公民担任。

《劳动争议调解仲裁法》第十二条规定：当事人申请劳动争议调解可以书面申请，也可以口头申请。口头申请的，调解组织应当当场记录申请人基本情况、申请调解的争议事项、理由和时间。

《劳动争议调解仲裁法》第十四条规定：经调解达成协议的，应当制作调解协议书。调解协议书由双方当事人签名或者盖章，经调解员签名并加盖调解组织印章后生效，对双方当事人具有约束力，当事人应当履行。

3.仲裁

仲裁是一种处理纠纷的方式，亦称"公断"，是指当事人双方对事件或问题的争执由第三者居中裁决。

劳动争议仲裁是指劳动争议仲裁机构对当事人请求解决的劳动争议，依法居中公断的执法行为，包括对劳动争议依法审理并进行调解、裁决的一系列活动。

《劳动争议调解仲裁法》第十四条规定：自劳动争议调解组织收到调解申请之日起15日内未达成调解协议的，当事人可以依法申请仲裁。

《劳动争议调解仲裁法》第十五条规定：达成调解协议后，一方当事人在协议约定期限内不履行调解协议的，另一方当事人可以依法申请仲裁。

《劳动争议调解仲裁法》第十九条规定：劳动争议仲裁委员会由劳动行政部门代表、工会代表和企业方面代表组成。劳动争议仲裁委员会组成人员应当是单数。

《劳动争议调解仲裁法》第二十一条规定：劳动争议仲裁委员会负责管辖本区域内发生的劳动争议。劳动争议由劳动合同履行地或者用人单位所在地的劳动争议仲裁委员会管辖。双方当事人分别向劳动合同履行地和用人单位所在地的劳动争议仲裁委员会申请仲裁的，由劳动合同履行地的劳动争议仲裁委员会管辖。

《劳动争议调解仲裁法》第二十九条规定：劳动争议仲裁委员会收到仲裁申请之日起五日内，认为符合受理条件的，应当受理，并通知申请人；认为不符合受理条件的，应当书面通知申请人不予受理，并说明理由。对劳动争议仲裁委员会不予受理或者逾期未作出决定的，申请人可以就该劳动争议事项向人民法院提起诉讼。

劳动争议仲裁是劳动争议解决的前置程序，未经这一程序，劳动争议的双方不可以直接就劳动争议向法院提起诉讼。

4.诉讼

劳动争议诉讼是指劳动争议当事人不服劳动争议仲裁机构的仲裁裁决，依法向人民法院起诉并由人民法院通过法律规定的程序进行审理和判决的活动。

劳动争议诉讼是处理劳动争议的最终程序。

（四）劳动争议处理的时效

1.申请仲裁的时效

《劳动争议调解仲裁法》第二十七条规定：劳动争议申请仲裁的时效期间为1年。仲裁时效期间从当事人知道或者应当知道其权利被侵害之日起计算。

2.提起诉讼的时效

《劳动争议调解仲裁法》第四十八条规定：劳动者对本法第四十七条规定的仲裁裁决不服的，可以自收到仲裁裁决书之日起15日内向人民法院提起诉讼。

《劳动争议调解仲裁法》第五十条规定：当事人对本法第四十七条规定以外的其他劳动争议案件的仲裁裁决不服的，可以自收到仲裁裁决书之日起15日内向人民法院提起诉讼；期满不起诉的，裁决书发生法律效力。

互动课堂8-1

　　2017年11月，贾某被某市某房地产开发有限公司聘为工程部工程师，同日，双方签订为期2年的劳动合同。2018年3月7日，房地产公司以公司销售不好、经营业绩差为由，要求解除与贾某的劳动合同，但双方就补偿金支付未达成一致，贾某遂于2018年5月6日，向某市劳动争议仲裁委员会提出申请，要求房地产公司按照规定支付其解除劳动合同经济补偿金4 140元、额外经济补偿金2 070元以及上季度奖金2 400元。2018年7月20日，某市劳动仲裁委员会作出仲裁裁决书，认为贾某与某市某房地产开发有限公司签订的劳动合同符合法律规定，双方应予遵守。房地产公司以公司销售不好、经营业绩差为由，要求解除与贾某的劳动合同，属于劳动法规定的用人单位单方解除劳动合同的情形，应当按照规定支付贾某经济补偿金，但认为贾某提出的2 400元的奖金的要求，没有足够的依据，所以，裁决房地产公司支付贾某解除劳动合同经济补偿金4 140元、额外经济补偿金2 070元。裁决书分别于2018年7月22日、24日送达房地产公司和贾某，但贾某对该裁决不太满意，认为应当支付季度奖金，但贾某到2018年8月15日才起诉。某市人民法院裁定驳回贾某的起诉。

　　请问：某市人民法院驳回贾某的起诉，为什么？

互动课堂8-1

分析提示

➡ 自学测试 ▮▮▮

自学测试8-1

一、选择题

1.劳动争议的预防措施有（　　　）。

A.树立规则意识，注重劳动关系的法制化

B.强化合同观念，注重劳动关系的契约化

C.重构劳资关系，建立劳动关系的协调机制

D.加强组织建设，建立劳动争议的化解机制

2.劳动争议的处理原则有（　　　）。

A.调解原则　　　　　B.合法原则　　　　　C.公正原则　　　　　D.及时处理原则

3.劳动争议的解决途径有（　　　）。

A.协商　　　　　B.调解　　　　　C.仲裁　　　　　D.诉讼

4.劳动争议当事人对仲裁裁决不服的，可自收到仲裁裁决书之日起（　　　）日内向人民法院提起诉讼。

A.15　　　　　B.20　　　　　C.25　　　　　D.10

二、判断题

1.劳动争议即劳动纠纷、劳资争议、劳资纠纷，是劳动关系中的双方当事人因劳动权利与义务而发生的争议。　　　　　　　　　　　　　　　　　　　　（　　　）

2.企业劳动争议调解委员会由职工代表和企业代表组成。劳动争议调解委员会主任由工会成员或者双方推举的人员担任。　　　　　　　　　　　　　　　（　　　）

3.仲裁是一种处理纠纷的方式，亦称"公断"，是指当事人双方对事件或问题的争执由第三者居中裁决。　　　　　　　　　　　　　　　　　　　　　　（　　　）

4.劳动争议仲裁是劳动争议解决的前置程序，未经这一程序，劳动争议的双方不可以直接就劳动争议向法院提起诉讼。　　　　　　　　　　　　　　　　（　　　）

5.劳动争议诉讼是指劳动争议当事人不服劳动争议仲裁机构的仲裁裁决，依法向人民法院起诉并由人民法院通过法律规定的程序进行审理和判决的活动。劳动争议诉讼是处理劳动争议的最终程序。　　　　　　　　　　　　　　　　　　　（　　　）

➡ 巩固与提高 ▮▮▮

一、选择题

1.下列纠纷属于劳动争议的是（　　　）。

A.用人单位与劳动者因确认劳动关系发生的争议

B.用人单位与劳动者因社会保险而发生的争议

C.用人单位与劳动者因加班费而发生的争议

D.劳动者与单位进行交易而发生的争议

2.微观"三方机制"构成要素包括（　　　）。

A.劳动者　　　　　B.工会　　　　　C.企业　　　　　D.政府

二、判断题

1.工会在协调企业与员工的关系，帮助企业建立规范有序、互利双赢、和谐稳定的新型的劳动关系方面也有不可替代的作用。　　　　　　　　　　　　　（　　）

2.员工申诉，是指员工抱怨。　　　　　　　　　　　　　　　　　　（　　）

3.劳动争议调解委员会由职工选举代表组成。　　　　　　　　　　　（　　）

4.提出仲裁要求的一方应当自劳动争议发生之日起60日内向劳动争议仲裁委员会提出书面申请。仲裁裁决一般应在收到仲裁申请的60日内作出。对仲裁裁决无异议的，当事人必须履行。　　　　　　　　　　　　　　　　　　　　　　　（　　）

5.当事人对仲裁裁决不服的，自收到裁决书之日起15日内，可以向人民法院起诉；期满不起诉的，裁决书即发生法律效力。　　　　　　　　　　　　　（　　）

6.劳动者与用人单位发生劳动争议的，可以向劳动争议仲裁机关提请仲裁，也可以向人民法院提起劳动诉讼。　　　　　　　　　　　　　　　　　　　（　　）

三、案例分析题

某县铸造厂与该县一乡联营成立一加工厂，铸造厂派技术骨干孙某到加工厂工作，负责技术管理。2018年5月，孙某因与加工厂领导发生矛盾被借故辞退。孙某不服，多次找铸造厂要求给个说法，拖了很久未得到解决。2018年12月，孙某向法院起诉，然而法院不予受理。

请问：法院的做法合法吗？为什么？

四、问答题

1.什么是劳动争议？

2.劳动争议处理应坚持哪些原则？

3.劳动争议的解决途径有哪些？

主要参考文献

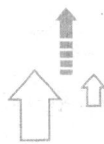

［1］法律出版社法规中心．中华人民共和国劳动和社会保障法规全书［M］．北京：法律出版社，2019．

［2］郝云峰．HR劳动争议案例精选与实务操作指引［M］．北京：中国法制出版社，2018．

［3］国务院法制办公室．中华人民共和国劳动合同法注解与配套［M］．4版．北京：中国法制出版社，2017．

［4］王桦宇．企业法律与管理实务操作系列：劳动合同法实务操作与案例精解［M］．7版．北京：中国法制出版社，2017．

［5］陈亚东．人力资源法律一本通：最新劳动和社会保障法规分解集成［M］．北京：法律出版社，2017．

［6］法律出版社法规中心．中华人民共和国劳动合同法注释本［M］．北京：法律出版社，2017．

［7］尤锡怀．劳动合同管理HR应用指南［M］．北京：中国法制出版社，2017．

［8］王明．企业裁员、调岗调薪、内部处罚、员工离职风险防范与指导［M］．北京：中国法制出版社，2013．

［9］现代管理词典编委会．现代管理词典［M］．3版．武汉：武汉大学出版社，2012．

［10］程延园．劳动合同法教程［M］．北京：首都经济贸易大学出版社，2014．

［11］郭家．常用法律400问［M］．北京：金盾出版社，2012．

［12］石先广．企业人力资源管理法律风险防范与操作实务［M］．北京：中国法制出版社，2012．

［13］王桦宇．企业用工成本控制与法律风险防范后金融危机时代的人力资源管理［M］．北京：中国法制出版社，2010．

［14］曹胜亮，冯梅．劳动法［M］．武汉：华中科技大学出版社，2009．

［15］中华人民共和国人力资源和社会保障部．社会保险国家标准［EB/OL］．［2019-09-26］．http://www.mohrss.gov.cn/gkml/ghtj/bzhjs/shbxbz/201802/t20180207_288130.html.

［16］中华人民共和国人力资源和社会保障部．国务院办公厅关于印发降低社会保险费率综合方案的通知［EB/OL］．［2019-09-16］．http://www.mohrss.gov.cn/yanglaobxs/YLBXSzhengcewenjian/201904/t20190408_314038.html.